Akkumulationsprobleme der technischen Revolution

Hochschule für Ökonomie Berlin
Institut Politische Ökonomie

Wissenschaftliche Konferenz anläßlich des
15jährigen Bestehens der Hochschule

Akkumulationsprobleme der technischen Revolution

gesammelte Beiträge

herausgegeben von

ROLAND HAUK

AKADEMIE-VERLAG · BERLIN

1966

Wissenschaftliche Redaktion:

Dr. Helmar Brenner

Erschienen im Akademie-Verlag GmbH, 108 Berlin, Leipziger Straße 3—4

Lizenznummer: 202 · 100/264/66
Gesamtherstellung: VEB Druckerei „Thomas Müntzer", 582 Bad Langensalza
Bestellnummer: 5629 · ES 5 B 2

Inhaltsverzeichnis

Vorwort

Referate

R. Hauk, Berlin

Möglichkeiten und Probleme des ökonomischen Nutzeffektes von Automatisierungsvorhaben in der Industrie der DDR 3

H.-J. Schulz, Berlin

Die Wirkungen der technischen Revolution auf den Vorschuß an Grundfonds in der Industrie der DDR und Probleme der Stimulierung ihrer rationellen Ausnutzung unter besonderer Berücksichtigung der Produktionsfondsabgabe 25

R. Reichenberg, Berlin

Zu einigen Zusammenhängen zwischen der technischen Revolution und der volkswirtschaftlichen Akkumulationskraft in der DDR 65

K. Neelsen, Berlin

Die ökonomischen Auswirkungen der technischen Revolution auf die Investitionsstruktur der Wirtschaft — insbesondere der Industrie — Westdeutschlands 101

Diskussionsbeiträge

O. Mrazek, Prag

Die Berechnung des Nutzeffektes von Investitionen und die dabei gesammelten Erfahrungen in der CSSR 127

R. Stransky, Halle

Die Abrechnung des ökonomischen Nutzens 135

H. Brenner, Berlin

Die Bedeutung der Verkürzung des Realisierungszeitraumes von Automatisierungsmaßnahmen und die Möglichkeiten der Stimulierung 143

K. Steinitz, Berlin

Zu einigen Problemen der Bestimmung des volkswirtschaftlichen Nutzeffekts 149

R. Reichenberg, Berlin

Zum Problem der Grundfondsintensität und ihrer Beziehung zum Nettoprodukt 157

M. Pelzer, Berlin

Der Zusammenhang zwischen Grundfondsausstattung und Steigerung der Arbeitsproduktivität 167

R. Weiß, Berlin

Der Zusammenhang zwischen der Fondsintensität der Produktion und dem Grad der Ausnutzung der Grundfonds 175

R. Hauk, Berlin

Probleme des Entwicklungsverhältnisses von Grundmitteln und Nationaleinkommen sowie einige theoretische Aspekte der Reproduktion bei wachsender ökonomischer Effektivität der Produktionsmittel 185

G. Bretschneider, Berlin

Zu einigen Problemen des Struktureffektes 189

H. Dameris, Berlin

Zum Problem der Ermittlung des perspektivischen Bedarfs an Ausrüstungen für den Bau kompletter Chemieanlagen für Inland und Export 195

H. Stiebe, Berlin

Wechselbeziehungen zwischen Militarismus und ökonomischer Basis in Westdeutschland 203

G. Hoell, Berlin

Technischer Fortschritt und Investitionen in der westdeutschen Landwirtschaft 211

K. Mueller-Bülow, Berlin

Zu Problemen der Entwicklung des Aufwandes an vergegenständlichter Arbeit unter den Bedingungen forcierter Automatisierung im westdeutschen Fahrzeugbau 221

P. Zodtke, Berlin

Bemerkungen zum Einfluß des technischen Fortschritts auf die bürgerliche Wachstumstheorie 231

V o r w o r t

Die vorliegende Broschüre umfaßt die wichtigsten Beiträge der wissenschaftlichen Konferenz, die vom Institut für Politische Ökonomie der Hochschule für Ökonomie im Rahmen der Hochschulfestwoche anläßlich des 15-jährigen Bestehens der Hochschule für Ökonomie im Oktober 1965 durchgeführt wurde. Diese Konferenz beschäftigte sich mit einigen ökonomischen Problemen der technischen Revolution. Viele der aufgeworfenen Fragen bedürfen weiterer theoretischer Durchdringung und der Diskussion. Gerade unter diesem Aspekt möchten wir den interessierten Leser mit unseren Gedanken und mit Ergebnissen unserer Forschungsarbeit bekannt machen. Im Rahmen der zweiten Etappe der Durchführung des neuen ökonomischen Systems der Planung und Leitung geht es in den nächsten Jahren darum, die wissenschaftlich-technische Revolution in der DDR erfolgreich zu verwirklichen. Die vorliegende Arbeit betrachten wir als einen Beitrag zur weiteren Durchdringung damit zusammenhängender ökonomischer Probleme.

Roland Hauk

Roland Hauk, Berlin

Möglichkeiten und Probleme des ökonomischen Nutzeffektes von Automatisierungsvorhaben in der Industrie der DDR

1. Allgemeine Probleme des Nutzeffektes von Automatisierungsvorhaben

1.1. Möglichkeiten zur Ökonomisierung der Produktion durch Automatisierung

Die Beherrschung aller grundlegenden Fragen der technischen Revolution im Interesse der siegreichen Durchführung des Sozialismus-Kommunismus ist das Kernproblem der vor uns liegenden Entwicklungsperiode.
Die Leninsche These, wonach der endgültige Sieg des Sozialismus letzten Endes durch das Erreichen eines höheren Niveaus der Arbeitsproduktivität erzielt werden kann, bedeutet heute vor allem Durchsetzung der technischen Revolution. Die Automatisierung (Automation) ist eine der Hauptlinien des technischen Fortschritts in der Periode der technischen Revolution. Sie bedeutet Übergang zu selbsttätigen Maschinen, Mechanismen, Maschinensystemen, Anlagen und Anlagesystemen, die ohne unmittelbares Eingreifen der Menschen Produktionsaufgaben lösen.

Die Automatisierung ermöglicht große Schritte zur Ökonomisierung der Produktion. Dafür gibt es Beispiele in allen fortgeschrittenen Industrieländern.

Die westdeutsche Zeitschrift "Rationalisierung" berichtete, daß durch Maßnahmen des technischen Fortschritts, darunter vielseitige Schritte der Automatisierung in einer westdeutschen Fahrzeugfabrik im Verlaufe von 10 Jahren die Abgabepreise für Automobile um 20 Prozent gesenkt werden konnten, obgleich in diesem Zeitraum die Löhne sowie die Material- und Energiekosten auf mehr als das Doppelte anstiegen.[1] Sicher läßt sich die Größenordnung dieser Angaben für andere Zweige, Länder und Zeiträume nicht einfach verallgemeinern. Dennoch zeigt dieser Fakt, welche ökonomischen Ergebnisse

1 Vgl. Dr. Heinz Seelig, Der technische Fortschritt und seine Probleme, in: Rationalisierung, Heft 7/1965

in einem Bereich erzielt werden konnten, in dem vielfältige Automatisierungsmaßnahmen durchgeführt wurden. Im genannten Falle verringerte sich der laufende Aufwand je Erzeugnis, bei Unterstellung gleichbleibender Preise und Löhne, auf ein Drittel, die Kosten zu effektiven Preisen und Löhnen auf etwa 3/4 des ursprünglichen Niveaus, bei gleichzeitiger qualitativ technischer Weiterentwicklung des Produktes.

Einzelne Automatisierungsvorhaben in der Sowjetunion zeigen ähnliche Ergebnisse. Auf dem Symposium zu Fragen des Nutzeffektes der Automatisierung in Budapest (Dezember 1964) wies Prof. Klimenko u. a. darauf hin, daß durch die Einrichtung einer automatischen Fließreihe im Charkower Traktorenwerk die Selbstkosten je bearbeitetes Erzeugnisteil im Jahre 1961 auf etwa 26 % des Niveaus von 1949 verringert wurden. Im Wolgograder Traktorenwerk reduzierten sich die Selbstkosten bei der automatischen Fertigung von Einzelteilen 1961 auf 41 % gegenüber dem Stand von 1951.[1]

Es gibt Fälle, das ist jedoch nicht immer so, wo bei Automatisierung der Produktion, trotz sprunghaften absoluten Anwachsens der Investitionen, der spezifische einmalige Aufwand (Investbedarf und Amortisationskosten je Fertigungseinheit) sinkt. So sind die anteiligen Investkosten bei dem angeführten Beispiel in Charkow auf 39 % gesunken, während sie in Wolgograd auf 113 % stiegen. Entsprechend verringerten sich im ersten Falle die Amortisationen je Erzeugniseinheit auf 31 %, während sie im zweiten Falle auf 114 % anstiegen. Hier zeigt sich das Problem der Entwicklung der Grundfondsintensität, auf das ich noch zurückkomme.

Die Automatisierung ist ein wichtiges Mittel zur Erhöhung des ökonomischen Nutzeffektes der Produktion, das unter kapitalistischen Bedingungen dem Profitstreben der Monopole untergeordnet ist. Die ökonomische Zielsetzung der Automatisierung im Sozialismus besteht in der Erweiterung der quantitativen und qualitativen Produktionsmöglichkeiten entsprechend der Bedarfsentwicklung sowie in der gleichzeitigen Erhöhung der ökonomischen Effektivität der Produktion (Reduzierung des spezifischen Gesamtaufwandes je Erzeugniseinheit). Beide Aspekte (Gebrauchswertvolumen und Effektivitätsniveau seiner Erzeugung) liegen im Interesse der wachsenden Bedürf-

1 Vgl. Prof. Klimenko, Der ökonomische Nutzeffekt der komplexen Automatisierung der Produktion in Betrieben des Maschinenbaus, Vortrag auf dem wissenschaftlichen Symposium in Budapest am 10. 12. 1964

nisbefriedigung der Werktätigen. Automatisierung erfordert einerseits ein raschwachsendes absolutes Akkumulationsvolumen; andererseits ist dessen Aufkommen vorläufig begrenzt. Um mit den zunächst verfügbaren Mitteln optimale Ergebnisse zu erzielen, sind möglichst exakte Kenntnisse über die effektivsten Einsatzbereiche der Automatisierungstechnik, über das effektivste Niveau der Automatisierung, über die ökonomisch zweckmäßigste Art der Automatisierungstechnik in einem gegebenen Bereich etc. für sachkundige Entscheidungen notwendig.

Der Umstand, daß die Automatisierung enorme Möglichkeiten zur Ökonomisierung der Produktion bietet, berechtigt uns jedoch nicht dazu, in ihr eine Art beliebig anwendbares "ökonomisches Wundermittel" zu sehen. Auch in der Ökonomie gibt es keine Wunder. Vor ökonomischen Resultaten der Automatisierung steht Forschung und Entwicklung von technischen Lösungen für die Automatisierungstechnik, die qualitativ gute Herstellung der Automationsmittel und die Sicherung ihres ökonomisch sinnvollen Einsatzes. Oberflächliche Beurteilung oder Fehlentscheidungen, ungeklärte Zuliefer- und Absatzbeziehungen, fehlende Arbeitskräfte für mehrschichtige Ausnutzung und andere ungeklärte Folgemaßnahmen sowie durch technische Unzulänglichkeiten verursachte Störungen und Ausfälle führen bei automatischen Anlagen zu unvergleichlich höheren Verlusten als bei herkömmlicher Technologie. Daher erfordert die Automatisierung ein höheres Niveau der Entscheidungsvorbereitung, gründlichere komplexe Entscheidungen, einwandfreie wissenschaftlich-technische Lösungen und zügige Schritte der Realisierung beschlossener Vorhaben. Auf zentraler Ebene können nur Grundorientierungen für Ausmaß, Richtung, Volumen und Mindestergebnis der Automatisierung entschieden werden. Die konkreten Entscheidungen im gegebenen Rahmen müssen auf der Ebene der Zweige und Betriebe getroffen werden. Auf allen Ebenen sind jedoch ökonomische Analysen über die Probleme, Konsequenzen, Aufwendungen, Möglichkeiten und Ergebnisse zur Entscheidungsfindung notwendig. Es geht dabei vor allem um die prognostische Erkenntnis der ökonomischen Folgen und Konsequenzen der verschiedenen Schritte der Automatisierung.

1.2. Die Bedeutung des neuen ökonomischen Systems für fundierte Entscheidungen über Schritte der Automatisierung

In der Vergangenheit diente der Nachweis des Nutzeffektes in erster Linie dazu, die Notwendigkeit einer Zuweisung staatlicher Mittel zu begründen. Zwischen dem dabei angegebenen Nutzen und der unmittelbaren Abrechnung bestand kein direkter Zusammenhang. Das hatte zur Folge, daß der ökonomische Nutzen in vielen Fällen übertrieben hoch veranschlagt wurde, während der dafür notwendige Aufwand oftmals zu niedrig ausgewiesen wurde. Ich persönlich schätze, daß in der DDR der in Wirklichkeit bei Automatisierungsvorhaben erforderliche Investitionsaufwand im Durchschnitt um 25 % höher lag, als die Angaben zu ihrer Begründung auswiesen. Wenn aber der effektive Bedarf an Investitionsmitteln höher als geplant ist, ergeben sich daraus eine Reihe von Schwierigkeiten im Ablauf des Investitionsgeschehens. Andererseits wurde der ökonomische Nutzen oft übertrieben hoch veranschlagt. Es blieb meist unberücksichtigt, daß die Automatisierung neben den Einsparungen auch einen zusätzlichen Aufwand für Wartung und Instandhaltung und auch zusätzliche Amortisationskosten verursacht. Unter Berücksichtigung dieser zusätzlichen Aufwendungen zeigte eine Untersuchung des Nutzeffektes von Automatisierungsvorhaben in der Braunkohlenindustrie, daß die tatsächliche Rückflußdauer um 50 bis 60 % länger ist, wenn sie auf Grundlage des Nettogewinnzuwachses berechnet wird. Diese Ungenauigkeiten der Nutzensberechnung werden noch verstärkt dadurch, daß exakte Primärdaten für die Berechnungen in vielen Fällen fehlten und oft nur eine einseitige Betrachtung der Nutzenswirkungen erfolgte. Der ökonomische Nutzeffekt von Automatisierungsmaßnahmen hängt jedoch in der Regel von einer Vielzahl differenzierter technischer und ökonomischer Bedingungen ab und hat verschiedene Aspekte seiner Auswirkungen.

Wie für die Berechnung des Nutzeffektes von Investitionen überhaupt, finden auch für Automatisierungsvorhaben die Kennziffern der Rückflußdauer Anwendung. Exakte Kennziffern der Rückflußdauer auf Grundlage des Nettogewinnzuwachses zu Industrieabgabepreisen oder auf Grundlage des Nettogewinnzuwachses zu Weltmarktpreisen haben für die Beurteilung des Nutzeffektes der Automatisierungsinvestitionen vor allem bei der Auswahl der günstigsten Variante für gegebene Vorhaben, große Bedeutung. Für die Beurteilung der ökonomischen Zweckmäßigkeit von Automatisierungsvorhaben überhaupt ist jedoch in jedem Falle eine weitergehende ökonomische Analyse notwendig. Den Kennziffern der Rückflußdauer sind im Hinblick auf volkswirtschaftliche Entscheidungen über Durchführung oder Nichtdurchführung von Automatisierungsvorhaben Grenzen in der Aussagekraft gesetzt. Am deutlichsten wird dies bei Automatisierungsvorhaben, die vor allem eine Verbesserung der Erzeugnisqualität zum Ziele haben, wie beispielsweise eine automatische Programmsteuerung beim Härteprozeß von Werkzeugen.

Weder Kennziffern über die Rückflußdauer, noch andere einzelne oder synthetische Kennziffern des Nutzeffekts können für sich allein etwas über die ökonomische Zweckmäßigkeit einer Maßnahme oder über die Ursachen eines großen oder geringen Nutzens einem Vorhaben gegenüber anderen Vorhaben im gleichen Zweig oder sogar in anderen Bereichen aussagen. Die Rückflußdauer und ihr Vergleich mit möglichst wissenschaftlich begründeten Normativen gibt bei Vergleichen unterschiedlicher Vorhaben eine ganz allgemeine Vorstellung, welche Relation das Ergebnis einer Maßnahme zum Durchschnitt oder anderen ähnlichen Vorhaben aufweist.

Es wäre falsch, bei Automatisierungsmaßnahmen mit Kennziffern der Rückflußdauer oder anderen Kennziffern formal so zu arbeiten, wie dies in der Vergangenheit auf anderen Gebieten mit der Kennziffer Bruttoproduktion geschah. Diese Feststellung schmälert jedoch in keiner Weise die große Bedeutung der Kennziffer Rückflußdauer bei den Ermittlungen des Nutzeffektes verschiedener Varianten für ein und dasselbe Vorhaben und die Auswahl der optimalen Variante. Wir brauchen jedoch eine exakte Methode zur Ermittlung der Rückflußdauer. Eine Ergänzung der Kennziffer Rückflußdauer durch gründliche ökonomische Überlegungen und Analysen zur Entscheidungsfindung hinsichtlich verschiedener Vorhaben und Einsatzmöglichkeiten der Automatisierungstechnik ist jedoch unumgänglich. Die notwendige ökonomische Analyse wird ihrerseits durch exakte Kennziffern und Normative der Rückflußdauer erleichtert und fundiert, wodurch eine qualifiziertere, sachkundigere Entscheidung ermöglicht wird.

Die Investitionsverordnung vom 25. 9. 1964 legt eindeutig fest, daß die technisch-ökonomische Zielstellung für Rationalisierungsmaßnahmen Kennziffern über den volkswirtschaftlichen Nutzen, den einmaligen Aufwand, die Veränderung des laufenden Aufwandes, die Veränderung des Reineinkommens (Fondsabgabe und Nettogewinn) den Durchführungszeitraum sowie über die Entwicklung der Arbeitskräfte und die Arbeitsproduktivität enthalten muß.[1]

Die Investitionsverordnung fordert gleichzeitig eine Kontrolle dieser Kennziffern bei der Vorbereitung und Durchführung des Vorhabens und den Ausweis des effektiv erzielten Nutzens nach der Inbetriebnahme.[2]

1 Vgl. Die Investitionsverordnung - Instrument zur Durchsetzung des neuen ökonomischen Systems, Berlin 1964, S. 23

2 Vgl. ebenda S. 42

Die Verwirklichung dieser Forderungen ist ein bedeutender Schritt zur Durchsetzung des neuen ökonomischen Systems und ein wichtiger Beitrag zur Vervollkommnung der Nutzensbetrachtung bei Maßnahmen des technischen Fortschritts. Wenn bisher die Grundprinzipien der Investitionsverordnung nicht vollständig realisiert werden konnten, so liegt das vor allem daran, daß andere Seiten des neuen ökonomischen Systems noch nicht wirksam waren. Die vollständige Durchsetzung dieser Forderungen ist nur im Zusammenhang mit der komplexen Anwendung der Grundsätze des neuen ökonomischen Systems der Planung und Leitung, so wie dies in der 2. Etappe vorgesehen ist, möglich. Dabei spielen 3 Problemkreise eine besondere Rolle:

1. Die Sicherung eines echten Anreizes am technischen Fortschritt und an der Erhöhung der Effektivität der Produktion,
2. die Sicherung exakter Primärdaten für die Nutzensrechnung auf der Grundlage eines modernen Informationssystems und
3. die Entwicklung des komplexen analytischen Durchdenkens der ökonomischen Problematik vor der Entscheidung.

Zwischen diesen Problemkreisen bestehen enge Zusammenhänge. Die materielle Interessiertheit am technischen Fortschritt mit hohen ökonomischen Ergebnissen wird gleichzeitig die Bemühungen um exakte Angaben und Berechnungen verstärken.

Die erhöhte Verantwortung der Betriebe und VVB für die Investitionstätigkeit und die Anwendung ökonomischer Hebel zur Stimulierung der ökonomischen Effektivität fördert ihr Interesse am exakten Ausweis des Nutzeffektes und einer tieferen ökonomischen Durchdringung des technischen Fortschrittes. Dabei bietet die Sicherung eines echten materiellen Anreizes an der Erhöhung der Effektivität der Produktion gleichzeitig einen Anreiz für die Vervollkommnung der Nutzensrechnung. Wenn die leitenden Kader und die Betriebskollektive an einer echten Erhöhung des ökonomischen Nutzens interessiert werden und materielle Resultate statt eines hohen Plannutzens abzurechnen haben, dann wird es auch stärkere Bemühungen um exaktere Berechnungen des Nutzeffektes geben.

Die Schaffung eines einheitlichen modernen Informationssystems in der Volkswirtschaft, das auf exakter Primärdokumentation der Betriebe beruht, wird die Nutzensberechnung sehr erleichtern. Die heute bei einer genauen Berechnung sehr aufwendige Beschaffung und Ermittlung der notwendigen Daten kann bei einem einheitlichen System der Erfassung von ökonomischen Primärdaten auf der Grundlage moderner Methoden der Datenerfassung und Datenverarbeitung in sehr rationeller Weise erfolgen.

Schließlich sind aber auch bei Vorliegen exakter Daten vielseitige gezielte Untersuchungen, Analysen, Vergleiche und durchdachte Einschätzungen als Grundlage für Entscheidungen notwendig.

Man muß sich vor einer vereinfachten Vorstellung hüten, wonach die Handhabung einer einfachen Methodik der Nutzensermittlung sozusagen von allein fertige Entscheidungen über die auszuwählenden Vorhaben geben könnte. Selbst auf exakten Angaben beruhende genaue Berechnungen über den Nutzeffekt entheben uns nicht der Notwendigkeit, auf ihrer Grundlage die Entscheidung durchdacht zu fällen. Das ist eine Grundfrage sozialistischer Leitungstätigkeit.

"Über die notwendige Information verfügen, das ist die erste, aber längst nicht hinreichende Bedingung einer wissenschaftlichen Leitungstätigkeit. Auch im Sozialismus liegt das Wesen der Dinge nicht an der Oberfläche der Erscheinungen, sondern es ist eine gründliche Analyse erforderlich, um in das Wesen der gesellschaftlichen Prozesse einzudringen, den Zusammenhang von Ursachen und Folgen zu erforschen."[1]

Ich glaube, daß bei den Bemühungen um die "Objektivierung" ökonomischer Entscheidungen und um die Überwindung des Subjektivismus zwar viele Ideen über die Steuerung der Volkswirtschaft und ihrer Teilsysteme mit Hilfe von Plan und Hebel entwickelt werden, aber dabei mitunter die notwendige Rolle selbständiger kluger Überlegungen der Führungskader und Werktätigen der verschiedenen Bereiche etwas zu kurz kommt. Für den Nutzeffekt der Automatisierung hat gerade dieser Faktor ökonomischen Denkens auf der Grundlage solider Fakteninformation enorme Bedeutung.

Aus dem bisher Gesagten ergibt sich, daß die ökonomische Durchdringung von Automatisierungsvorhaben untrennbar verknüpft ist mit der weiteren Durchsetzung der Grundsätze des neuen ökonomischen Systems der Planung und Leitung, mit der Schaffung eines modernen einheitlichen ökonomischen Informationssystems und der breiten Anwendung der bekannten Methoden zur Ermittlung des ökonomischen Nutzeffektes bei der Automatisierung. Gleichzeitig ist es notwendig, die herkömmlichen Methoden der Nutzensrechnung durch komplexere Überlegungen zu vervollkommnen und weiter zu entwickeln.

1 Vgl. G. I. Glesermann, Objektive Bedingungen und subjektiver Faktor beim Aufbau des Kommunismus, in: Sowjetwissenschaft, Heft 10/1965, S. 1016

2. Inhaltliche Probleme aus Untersuchungen über den ökonomischen Nutzeffekt von Automatisierungsmaßnahmen[1]

2.1. Beziehungen zwischen Aufwandsgröße sowie Einsatzbereich von Automatisierungsvorhaben und ihrem Nutzeffekt

Untersuchungen unseres Instituts erbrachten dieselbe Feststellung, die schon von Mitarbeitern der Zentralstelle für Automatisierung beim Volkswirtschaftsrat getroffen wurde, nämlich, daß kleinere Automatisierungsvorhaben oftmals höhere Resultate bringen als große Vorhaben.

Rückflußdauer in Jahren	Zahl und Vorhaben	Ø einmaliger Aufwand TDM
bis 0,5	5	10
0,5 - 1,0	4	150
1,0 - 4,0	5	250
über 4,0	4	4.000

Trotz der kleinen Zahl der untersuchten Vorhaben kann man bis jetzt die hier sichtbare Tendenz (große Vorhaben - geringer Nutzen) wenn auch nicht unbedingt mit dem hier vorhandenen Differenzierungsgrad, so doch der Tendenz nach verallgemeinern.

1 Die Darstellung dieser Fragen stützt sich auf Ergebnisse und Untersuchungsmaterial folgender im Institut für Politische Ökonomie der Hochschule für Ökonomie verfaßter Arbeiten:

a) Ernst Goder, Probleme der Nutzeffektsermittlung von Automatisierungsmaßnahmen - untersucht am Beispiel der Brikettfabrik West des VEB Kombinat "Schwarze Pumpe", Dissertationsschrift der Hochschule für Ökonomie 1964

b) Helmar Brenner, Der Nutzeffekt der Automatisierungstechnik unter besonderer Berücksichtigung der BMSR-Technik, untersucht in Grundlastkraftwerken der DDR, Dissertationsschrift der Hochschule für Ökonomie 1965

c) Manfred Roder, Forschungsbericht zu Problemen des Nutzeffektes von Automatisierungsmaßnahmen in der Wälzlagerindustrie, November 1964

d) Manfred Seerig, Ökonomisches Gutachten zur Einschätzung des volkswirtschaftlichen Nutzeffektes bei Anwendung von radioaktiven Isotopenflächengewichtsregelanlagen in der Papierindustrie der DDR vom 28. 11. 1963

e) Manfred Seerig, Ökonomisches Gutachten zur Einschätzung des volkswirtschaftlichen Nutzeffektes bei Anwendung von Feuchtegehaltsregelanlagen in der Papierindustrie vom 24. 4. 1964

Allerdings dürfen wir aus dieser Tatsache keine vereinfachten Schlußfolgerungen ziehen, weil die Differenziertheit im Detail und die Ursachen für geringe Ergebnisse bei einer Reihe großer Vorhaben berücksichtigt werden müssen. Goder stellte beispielsweise bei seinen Untersuchungen in der Braunkohlenindustrie fest, daß ein größeres der von ihm untersuchten Vorhaben, die Automatisierung des Kohlenwagenkippens in der Brikettierung des VEB Kombinat "Schwarze Pumpe" einen sehr hohen ökonomischen Nutzen erbringt. Dieses Vorhaben führt nicht nur zu einer beträchtlichen Steigerung der Arbeitsproduktivität (auf 130 %) und einer Senkung der Produktionsselbstkosten (Rückflußdauer 0,9 Jahre), sondern auch zu einer bedeutenden Einsparung an Investitionsmitteln. Daran zeigt sich, daß es falsch wäre, generell nur auf kleine Vorhaben zu orientieren. Das Herausfinden solcher mittlerer und größerer Vorhaben mit hoher Effektivität und ihre Anwendung in allen dafür geeigneten Betrieben des Zweiges ist viel mehr geeignet, effektive Schritte der Automatisierung einzuleiten. Im angeführten Beispiel bringt der Einsatz von 357 TDM einen Gesamtnutzen von 3,8 Mill. MDN im Verlauf von 10 Jahren und eine Ersparnis von 2,1 Mill. MDN an Investitionsmitteln. Es gibt eine Reihe von Betrieben, in denen diese Automatisierungslösung anwendbar ist.

Die Ursache für die ungenügende Effektivität einer Reihe größerer Automatisierungsvorhaben in der Vergangenheit sind außerordentlich vielfältig. Bei vielen Betrachtungen über Automatisierung und Nutzeffekt werden vor allem Maschinenfließreihen in der metallverarbeitenden Industrie betrachtet. Wir haben umgekehrt vor allem Automatisierungsvorhaben in anderen Zweigen untersucht, wo kontinuierliche Produktionsvorgänge existieren. Die vorliegenden Angaben zeigen, daß in den meisten Fällen der Einsatz von Automatisierungsmitteln an Maschinen und Anlagen, die bereits kontinuierliche Prozesse bewerkstelligen, effektiver ist als die mit hohen Rekonstruktionsaufwendungen der Gesamtausrüstung verbundene Einrichtung automatischer Fließreihen in der metallverarbeitenden Industrie. Die Betrachtung der von uns untersuchten Vorhaben nach Zweigen ergibt folgendes Bild:

Zweig	Zahl der Vorhaben	Ø Rückflußdauer Jahre	einmaliger Aufwand TMDN
Papier	2	1,5	38
Energie	10	2	154
Kohle	4	3	367
Wälzlager	2	7	7.300

Bei diesen Angaben fällt vor allem der relativ hohe Aufwand der Vorhaben in der Wälzlagerindustrie auf, der aber typisch für die Einrichtung von automatischen Fließreihen in Bereichen der metallverarbeitenden Industrie ist. Die durchschnittliche Rückflußdauer beträgt dort 7 Jahre gegenüber 1,5 Jahren in der Papierindustrie, 2 Jahre in der Energie und 3 Jahre in der Kohleindustrie.

Hierbei entsteht natürlich die Frage nach der Vergleichbarkeit der Aufwandsdaten: Bei der Einrichtung von Fließreihen in der metallverarbeitenden Industrie sind mehr oder weniger große Aufwendungen für die Grundausrüstung enthalten, in anderen Fällen oft nur die reine Automatisierungstechnik. Umgekehrt gibt es auch bei der Ausstattung vorhandener Anlagen mit Automatik Fälle, wo kein zusätzlicher ökonomischer Effekt nachweisbar ist. Das gilt z. B. für viele Regelungen bei der Roheisen- und Stahlerzeugung, bei denen außer Bedienungserleichterungen oft kein anderer Effekt nachgewiesen werden kann. Deshalb läßt sich auch aus der Feststellung, daß die Automatisierung im Bereich der Energieerzeugung, Chemie, Papierindustrie etc. gegenüber der Metallverarbeitung in der Regel effektiver ist, keine generelle Schlußfolgerung über die Einsatzbereiche der Automatisierungsmittel ziehen. Es ist jedoch notwendig, dort besonders sorgfältig zu prüfen, wo es um die höchsten Einsätze geht.

Die von uns in die Betrachtung einbezogenen 2 Automatisierungsvorhaben aus der metallverarbeitenden Industrie sind jedoch von den 18 untersuchten Vorhaben die kostspieligsten. Es handelt sich um 2 Wechselfließreihen in der Wälzlagerindustrie mit einem einmaligen Aufwand von 10,6 Mill. MDN bzw. 4 Mill. MDN.[1] Das ist vom Aufwand her gesehen etwa das 50-fache und im anderen Falle das 20-fache gegenüber dem durchschnittlichen Aufwand der untersuchten Automatisierungsmaßnahmen in der Kohle-, Energie- und Papierindustrie. Die Rückflußdauer beträgt im ersten Falle 8 - 9, im zweiten Falle 4,7 bis 5,7 Jahre. Auch die anderen Werte der Nutzensrechnung sind hier ungünstiger als bei den in anderen Bereichen untersuchten Vorhaben, mit Ausnahme der erzielten Kapazitätsausweitung und Produktionssteigerung.

Nach den Gesichtspunkten der vorläufigen Rahmenmethodik wären diese Maßnahmen sicher als "Erweiterungsinvestitionen" aufzufassen, wobei neben der Rückflußdauer (die in den Projekten zunächst erheblich günstiger aussah), gerade der letzte Fakt (Produktionssteigerung) als Entscheidungskriterium herangezogen werden soll. Es steht

1 Vgl. M. Roder, Forschungsbericht zu Problemen des Nutzeffektes v. Automatisierungsmaßnahmen in der Wälzlagerindustrie der DDR

außer Zweifel, daß die Einrichtung automatischer Fließreihen in der Metallverarbeitung fast immer mit einer beträchtlichen Produktionsausweitung verknüpft sein wird. Das ist sogar unbedingt notwendig, weil hier die Automatisierung mit dem Wachstum der Produktion aus 2 Gründen eng verknüpft sein muß: 1. Ohne rapide Erhöhung der Stückzahlen ist ein effektiver Einsatz der Automatik meist nicht möglich, 2. an den Stellen, wo Wachstumserfordernisse die bedeutendsten neuen Kapazitäten verlangen, wo für die "Erweiterung" auf jeden Fall bedeutende Investmittel eingesetzt werden müssen, liegen günstige Möglichkeiten durch qualitativ hochstehende Lösungen gleichzeitig Schritte zur Automatisierung zu gehen. Dabei ist sorgfältig zu überlegen, ob in neue Automatenreihen Teile der alten Ausrüstung einbezogen werden. Das ist unter dem Aspekt des einmaligen Aufwandes zwar billig, kann aber die Leistungsfähigkeit der neuen Anlage durch alte Arbeitsgeschwindigkeiten und Technologien vermindern und zu unnötig hohen laufenden Kosten führen.

Dieser Fakt spielt eine gewisse Rolle bei den beiden zuletzt genannten Vorhaben. Der ökonomische Effekt wird dort außerdem durch lange Realisierungszeiten und relativ kleine Stückzahlen begrenzt. In der Kugellagerproduktion der USA werden konstante automatische Reihen für einzelne Kugellagertypen von 8 Mill. Stück und mehr pro Jahr eingesetzt. In unseren Fällen handelt es sich um Wechselfließreihen, wobei einmal von 4 Typen insgesamt über 6 Mill. Stück (darin ein Zuwachs um 35 %) pro Jahr gefertigt werden sollen.

Zweifellos können weitergehende Schritte der internationalen Arbeitsteilung zwischen den sozialistischen Ländern und eine Erhöhung der Flexibilität der Anwendungsmöglichkeit von Fließreihen diese Möglichkeiten bedeutend verbessern.

Wenn man die Nutzenswirkung der von uns untersuchten Vorhaben nach dem Verhältnis des Gesamtnutzens (zusätzlich erzielbares Reineinkommen während der gesamten Nutzensdauer) zum einmaligen Aufwand betrachtet, gibt es zwar gewisse Verschiebungen, aber die Relation zwischen den Fließreihen der Wälzlagerindustrie und den anderen Vorhaben ist auch hier in gleicher Weise vorhanden.

Zweig	Zahl der Vorhaben	Gesamtaufwand Mill. MDN	Gesamtnutzen Mill. MDN	Einfacher Nutzenskoeffizient = Gesamtnutzen / Aufwand
Papier	2	0,08	0,5	6,3
Energie	10	0,7	4,4	6,3
Kohle	4	1,47	8,3	5,7
Wälzlager	2	14,6	40,0	2,7

Wir sehen hier eine Differenzierung der Nutzenskoeffizienten (bei Abzinsung des Gesamtnutzens auf den Barwert wären die Koeffizienten entsprechend kleiner bei analogen Unterschieden) zwischen 6,3 und 2,7.

Ohne aus dem begrenzten Untersuchungsmaterial endgültige Schlüsse zu ziehen, sollte hier auf die festgestellten Nutzensunterschiede zwischen verschiedenen Bereichen und verschieden aufwendigen Vorhaben hingewiesen werden. Es wird auf jeden Fall deutlich, daß man die Automatisierung nicht einseitig auf die Einrichtung von Fließreihen in der metallverarbeitenden Industrie orientieren kann und die Vergleichbarkeit der Daten verschiedener Zweige Grenzen hat, die außerdem durch die Preisgestaltung noch verstärkt werden.

Es kommt darauf an, in den verschiedenen Bereichen die effektivsten Automatisierungslösungen zu finden und die ökonomischen Einsatzmöglichkeiten festzustellen. Soviel zu einigen Aspekten von Größe und Einsatzrichtung der Automatisierungstechnik.

2.2. Die Einsparung von Arbeitskräften durch Automatisierung

Für unsere unter Arbeitskräftemangel leidende Wirtschaft ist die rationelle Freisetzung von Arbeitskräften eine wichtige Frage. Hier interessiert natürlich in erster Linie die absolute Freisetzung der dann neu einsetzbaren Arbeitskräfte.

In der DDR ist es bei der Errichtung neuer Produktionskapazitäten erforderlich, die benötigte Anzahl von Arbeitskräften in anderen Bereichen freizusetzen. Wir verfügen über keine Arbeitskraftreserven, es besteht vielmehr ein Arbeitskräftedefizit. Der Beschäftigungsgrad ist bereits relativ hoch, und die Gesamtzahl der Arbeitskräfte wird in den nächsten Jahren infolge der durch die beiden Weltkriege deformierten Bevölkerungsstruktur zurückgehen. Der notwendige Prozeß der Freisetzung von Arbeitskräften für neue Produktionskapazitäten muß planmäßiger und systematischer als in der Vergangenheit erfolgen, um negative Auswirkungen auf die Arbeitskräftesituation und das Lohngefüge zu vermeiden.

Bei der volkswirtschaftlichen Betrachtung dieser Frage sind vor allem zwei Kennziffern erforderlich: Erstens der Aufwand für die Freisetzung einer Arbeitskraft und zweitens der gebietswirtschaftliche Aufwand für die Ansiedlung einer Arbeitskraft im Bereich der neuzuerrichtenden Betriebe.

Der Aufwand für die Freisetzung einer Arbeitskraft ist sehr unterschiedlich, er liegt in den meisten Bereichen zwischen 6.000 MDN und 300.000 MDN.

Bei den von uns im einzelnen untersuchten 18 Automatisierungsvorhaben war bei 9 Vorhaben die Einsparung von Arbeitskräften eines der Hauptziele, und bei weiteren 5 Vorhaben wurde eine Arbeitskräfteeinsparung erzielt. Insgesamt wurden bei diesen 14 Vorhaben mit einem einmaligen Aufwand von 17,4 Mill. MDN 205 Arbeitskräfte eingespart, das bedeutet einen durchschnittlichen Aufwand von 85 TMDN je eingesparter Arbeitskraft. Dabei liegt die Schwankungsbreite zwischen einem Aufwand von 0,6 und 624 TMDN je eingesparter Arbeitskraft. Er betrug im Durchschnitt der jeweiligen Vorhaben, bei denen die Arbeitskräfteeinsparung der Hauptzweck war, 9,6 TMDN je Arbeitskraft.

Überhaupt läßt sich feststellen, daß der Aspekt der Arbeitskräfteeinsparung bei den Bemühungen um die Automatisierung starke Beachtung findet.

Der gebietswirtschaftliche Aufwand für die Ansiedlung einer Arbeitskraft kann im Durchschnitt mit rund 50 TMDN angenommen werden.

Wenn ich nun in einem neuen Industriekomplex, dessen erste Baustufe bereits in Betrieb ist, durch Automatisierung Arbeitskräfte für die zweite Baustufe freisetze, so ist dies selbst in solchen Bereichen zulässig, wo der damit verbundene Aufwand größer ist, als in Betrieben anderer Gebiete, wo ich sonst eine Arbeitskraft freisetzen könnte, da ich hier den gebietswirtschaftlichen Aufwand einspare.

In diesem Falle ist also eine Automatisierungsmaßnahme selbst bei längerer Rückflußdauer als in anderen Zweigen ökonomisch gerechtfertigt. Allerdings ist es in diesem Falle auch möglich, gebietswirtschaftlichen Aufwand in die Berechnung der Rückflußdauer einzubeziehen. Wenn die Freisetzung einer Arbeitskraft in anderen in Frage kommenden Bereichen mit einem Aufwand von 15.000 MDN möglich ist, sind Automatisierungsmaßnahmen mit einem Aufwand bis unter 65.000 MDN je eingesparter Arbeitskraft im eigenen Bereich unter diesem Aspekt günstiger.

Die von Goder im Kombinat "Schwarze Pumpe" durchgeführten Nutzeffektsberechnungen von Automatisierungsmaßnahmen weisen einen Aufwand je eingesparter Arbeitskraft zwischen 10 und 37 TMDN je eingesparter Arbeitskraft aus. Da diese Aufwendungen noch unter dem gebietswirtschaftlichen Aufwand je Arbeitskraft dieses Bereiches liegen, sind diese Maßnahmen allein schon unter diesem Aspekt effektiv. Außerdem sind Umsetzungen von Arbeitskräften im eigenen Bereich erheblich leichter zu realisieren.

Für Überlegungen über Schwerpunkte für den Einsatz von Automatisierungsmitteln sollte deshalb komplex die Effektivität der Frei-

setzung von Arbeitskräften gesondert durchdacht werden.
Bei der Erarbeitung von Konzeptionen über Schwerpunkte der Automatisierung muß die volkswirtschaftliche Notwendigkeit zur Schaffung von Arbeitskraftreserven für größere neue Produktionskapazitäten berücksichtigt werden. Für diese vorbereitende Analyse ist ein wichtiger Gesichtspunkt für die Beurteilung des Nutzeffektes der Automatisierung die volkswirtschaftliche Effektivität der Freisetzung von Arbeitskräften für neue Produktionskapazitäten. Hierbei muß die Kennziffer

$$\frac{\text{Automatisierungsaufwand + gebietswirtschaftlicher Aufwand}}{\text{Zahl der gewonnenen Arbeitskräfte}}$$

das Kriterium sein.
Die Berechnung muß selbstverständlich die absolute Nettoeinsparung an Arbeitskräften umfassen. In der Praxis wird auch oft außer acht gelassen, daß die Automatisierungstechnik gleichzeitig einen Neubedarf an Wartungs- und Instandhaltungspersonal erfordert.

So kann man in einigen Bereichen der Chemieindustrie damit rechnen, daß bei Freisetzung von 2 Arbeitskräften durch den Einsatz von Regelanlagen eine zusätzliche Arbeitskraft für Wartung und Instandhaltung benötigt wird. Für die Freisetzung einer Arbeitskraft sind dort im Durchschnitt etwa 30 - 50 TMDN erforderlich, während für 80 - 100 TMDN BMSR-Technik eine Arbeitskraft für Wartung und Instandhaltung benötigt wird. Die absolute Freisetzung einer Arbeitskraft kostet hier demnach in Wirklichkeit 45 - 75 TMDN, d. h. die Nettoeinsparung ist um 50 % teurer.[1]

Vergleichsweise sei hier angeführt, daß nach den von uns untersuchten Vorhaben in der Kohle- und Papierindustrie für 100 - 300 TMDN BMSR-Technik und in der Energieerzeugung für 300 - 600 TMDN BMSR-Technik eine zusätzliche Arbeitskraft im Wartungs- und Instandhaltungsbereich notwendig wurde. Zur Fixierung von Normativen für Effektivitätsrechnungen reichen diese Angaben jedoch noch nicht aus.

Sofern die Standortwahl neuer Großbetriebe nicht rohstoffbedingt ist, oder in Gebieten mit einem Arbeitskräfteüberschuß erfolgen kann, ist ein Standort in unmittelbarer Nähe traditioneller Industriegebiete in den meisten Fällen mit einem größeren Nutzen verbunden. Der gebietswirtschaftliche Aufwand ist in diesem Bereich relativ niedrig, die Freisetzung von Arbeitskräften durch Rationalisierung und Automatisierung in den traditionellen Industriebereichen ist mit geringe-

1 Vgl. Roland Wunder, Forschungsbericht über Nutzeffekt der Automatisierung in der Chemie, 1962

ren Aufwendungen verbunden, und gleichzeitig kann mit den Investmitteln eine bedeutende Modernisierung der vorhandenen Industriezweige erreicht werden. Die Entscheidung solcher Fragen verlangt eine komplexe Nutzensanalyse.

Wahrscheinlich sieht das Problem der Sicherung von Arbeitskräften für neue Produktionskapazitäten in solchen Ländern, die über freie Arbeitskraftreserven verfügen, etwas anders aus. In der DDR ist jedoch keine Neuinvestition möglich, ohne gleichzeitige Rationalisierung und Automatisierung in anderen Bereichen. Um die Auswahl der ökonomisch günstigsten Lösung zu stimulieren, ist es zweckmäßig, dem Investträger eines Neuvorhabens gleichzeitig die Finanzierung der damit verbundenen gebietswirtschaftlichen Aufwendungen, sowie die Finanzierung der Freisetzung von benötigten Arbeitskräften aus anderen Bereichen zu übertragen.

2.3. Zusammenhänge zwischen der Automatisierung und die Okonomie vergegenständlichter Arbeit

Für die DDR als rohstoffarmes Industrieland ist die Verminderung des spezifischen Material- und Energiebedarfes ebenso wie die Verminderung des spezifischen Investbedarfes durch Erhöhung des Ausnutzungsgrades der Arbeitsmittel ein brennendes Problem.
Wie hinsichtlich der Einsparung von Arbeitskräften muß auch für die Ökonomisierung der vergegenständlichten Arbeit (Arbeitsgegenstände und Arbeitsmittel) eine gesonderte Einschätzung erfolgen. Gerade auf diesem Gebiet wurde bisher theoretisch und praktisch viel versäumt und das nicht nur bei Automatisierungsvorhaben. In der Vergangenheit waren die Methoden zur Ermittlung des Nutzeffektes der lebendigen Arbeit unzulänglich, und die Betrachtung des Nutzeffektes der Arbeitsmittel und Arbeitsgegenstände wurde überhaupt vernachlässigt. Darin liegt eine der Ursachen, daß der technische Fortschritt in vielen Bereichen mit einer Verringerung der Effektivität der eingesetzten Grundmittel sowie einer ungenügenden Erhöhung der Effektivität der eingesetzten Arbeitsgegenstände verbunden war. So erhöhte sich in den letzten Jahren in vielen Bereichen die Grundfondsintensität und damit der spezifische Investbedarf für die Erweiterung der Produktion.

Der Ausnutzungsgrad der Arbeitsgegenstände nahm eine unterschiedliche Entwicklung. Insgesamt verbesserte sich der Wirkungsgrad der eingesetzten Arbeitsgegenstände zu langsam, wobei er sich in einzelnen Bereichen zeitweilig sogar verschlechterte. So ist beispielsweise der Ausnutzungsgrad der eingesetzten Primärenergie bei der Erzeugung von Elektroenergie noch zu niedrig. Der spezifische Walzstahlbedarf des Maschinenbaus der DDR hat sich in den vergangenen Jahren sogar erhöht. Unseren Möglichkeiten entsprechend ist jedoch bis 1970 eine Verringerung des spezifischen Walzstahlbedarfs um mindestens 30 % notwendig. Die Erfahrungen der fortgeschrittenen kapitalistischen Länder und unsere eigenen Erfahrungen zeigen, daß die Automatisierung als eine Hauptrichtung des wissenschaftlich-technischen Fortschritts bedeutende Möglichkeiten und Wirkungen zur Erhöhung der Effektivität der Arbeitsmittel und Arbeitsgegenstände enthält, obwohl bei automatischen Anlagen der Einsatz von Produktionsmitteln je Arbeitskraft außerordentlich rasch wächst. Hierbei muß die Entwicklungsrelation zwischen dem Wachstumstempo des Aufwandes an Produktionsmitteln je Arbeitskraft und dem Wachstumstempo der Produktionsleistung je Arbeitskraft untersucht werden. Anzustrebendes Ziel ist ein mindestens gleiches oder größeres Wachstum der Arbeitsproduktivität gegenüber dem Wachstum des Ausstattungsgrades der Arbeit mit Produktionsmitteln.

Die von uns durchgeführten Untersuchungen machten ebenfalls deutlich, daß bei der Suche nach Automatisierungslösungen die Ökonomisierung des Energie- und Materialeinsatzes, sowie der Arbeitsmittel in erheblichem Maße außerhalb des Blickfeldes blieb. Nur 2 von den 18 Automatisierungslösungen, und zwar in der Papierindustrie, führen in der Hauptwirkung für den Herstellerbetrieb zur Verminderung des spezifischen Materialbedarfes. In beiden Fällen mußte den Anwendern gerade diese unmittelbare Wirkung erst nachgewiesen werden. Danach wurde allerdings Kurs auf breitere Anwendung dieser Regelanlagen im Industriezweig genommen. In einigen weiteren Fällen gab es geringfügige Material- und Energieeinsparungen von untergeordneter Bedeutung. In bezug auf die Ökonomie der Arbeitsmittel ist das Ergebnis ähnlich. Bei 13 Vorhaben gab es keine Produktionssteigerung, so daß sich hier die Grundfondsintensität erhöhte. Bei den übrigen 5 Vorhaben gab es folgendes Verhältnis von Jahreszuwachs an Bruttoproduktion (UPP) zum Zuwachs der Grundfonds durch die Automatisierung.

Vorhaben	$\frac{\Delta \text{ Bruttoproduktion (UPP)}}{\Delta \text{ Grundfonds}}$
1	0,25
2	0,80
3	1,34
4	1,12
5	1,5

Diese Zuwachsfondsquote liegt nur bei Vorhaben 2, 3 und 5 günstiger als die durchschnittliche Fondsquote der betreffenden Betriebe, so daß hinsichtlich der Grundfondsintensität nur in 3 Fällen eine Verbesserung eintrat.

Selbstverständlich kann niemand die Forderung erheben, daß bei jeder einzelnen Automatisierungsmaßnahme eine Reduzierung des spezifischen Bedarfs an Arbeitsmitteln und Arbeitsgegenständen eintritt. Das ist schon wegen der verschiedenartigen Grundzielsetzung nicht möglich. Aber wir müssen den Anteil der Vorhaben mit dieser Zielsetzung erhöhen und auch bei den Lösungen anderer Vorhaben die Möglichkeit der Ökonomisierung der Produktionsmittel besser berücksichtigen. Meines Erachtens bestehen z. B. in der chemischen Produktion und bei allen wärmetechnischen Prozessen noch vielfältige Möglichkeiten zur Verringerung des spezifischen Material- und Energiebedarfs.

Besonders problemreich und differenziert ist die Auswirkung der Automatisierung auf die Effektivität der Arbeitsmittel. Das betrifft sowohl inhaltliche als auch methodische Fragen. Trotz der Vielfältigkeit dieses Problems muß die allgemeine Forderung erhoben werden, daß, auf komplexe automatische Gesamtanlagen bezogen, das spezifische Leistungsvermögen rascher wachsen muß als der dafür notwendige spezifische (auf eine Leistungseinheit bezogene) einmalige Aufwand (Investitionen + Forschungs-, Entwicklungs- und Anlaufkosten). Diese Forderung muß auch auf in ihrer Funktion vergleichbare Ausrüstungsteile und Einzelmaschinen erhoben werden, denn sie ist ein Kriterium dafür, welchen Einfluß der technische Fortschritt auf den ökonomischen Nutzeffekt ausübt. Das Leistungsvermögen neuer Ausrüstungen muß in dieser Hinsicht rascher wachsen als ihr Preis. Diese Forderung sollte entsprechenden Niederschlag in der Preispolitik finden. Ohne diese Bedingung sind Preiserhöhungen für neue Ausrüstungen und Ausrüstungsteile ökonomisch nicht gerechtfertigt. Andererseits wird es immer Automatisierungsvorhaben geben, die keinen Zuwachs des Produktionsvolumens bewirken. Das trifft u. a. auf die Automatisierung von Hilfs- und Nebenprozessen zu. Dabei erhöht sich die Fondsintensität. Eine solche Erhöhung der Fondsintensität kann nicht generell negativ beurteilt werden. Das Kriterium für die Beurteilung dieser Frage sind die Auswirkungen solcher Automatisierungsmaßnahmen auf die Entwicklung des Gesamtaufwandes je Erzeugniseinheit. Solange die Automatisierung den spezifischen Aufwand je Erzeugnis verringert, ist sie trotz eventueller Erhöhung der Fondsintensität vertretbar. (Allerdings müßte die Einsparung an laufendem Aufwand absolut größer sein als der einmalige Aufwand plus Zinsfaktor.) In den 15 Fallen unserer Untersuchungen, die eine Erhöhung der Grundfondsintensität bewirkten, wird überall die Erhöhung der erzeugnisbezogenen Amortisationskosten durch andere Kostensenkungen überkompensiert.

Diese ganze Problematik muß zweifellos noch weiter durchdacht werden. Das Bemühen um Verminderung der Fondsintensität durch hohe Leistungsfähigkeit neuer Technik darf nicht reale Probleme ignorieren. Vielleicht muß auch ein solcher Fakt durchdacht werden, wieso in der japanischen Industrie in den Jahren von 1955 - 1961 die Investitionen jährlich um 40 %, das Produktionsvolumen jedoch nur um 10 % zunahmen.

Im Zusammenhang mit der Bedeutung der Ökonomisierung der vergegenständlichten Arbeit durch den technischen Fortschritt muß man unbedingt zwei der volkswirtschaftlichen Aspekte des Nutzeffektes sehen, die nicht bei Einzelvorhaben unmittelbar in Erscheinung treten.

1. Eine Senkung des spezifischen Material- und Energieeinsatzes ermöglicht ein rascheres Wachstum der verarbeitenden Zweige gegenüber dem Rohstoffaufkommen. Das ist eine relative Entlastung von kostspieligen Investitionen in der Grundstoffindustrie und von Rohstoffimporten, die das ökonomische Wachstum beschleunigt und die Möglichkeiten der Konsumtion vergrößert.
2. Eine Ökonomisierung der vergegenständlichten Arbeit verändert die Entwicklungsrelation von Gesamtprodukt und Nationaleinkommen, wodurch bei gleichem Zuwachs des Gesamtproduktes eine raschere Entwicklung des Nationaleinkommens möglich wird.

Dieser Fakt führt bis an solche allgemeinen volkswirtschaftlichen Fragen heran, wie das Verhältnis im Entwicklungstempo zwischen Gesamtprodukt und Nationaleinkommen und an das Entwicklungsverhältnis zwischen Abteilung I und Abteilung II. In der DDR führt gegenwärtig ein Wachstum des Gesamtproduktes um 1 % zu einer Zunahme des Nationaleinkommens um etwa 0,6 bis 0,7 %. Wenn es jedoch gelingt, vor allem mit Hilfe der Automatisierung und anderer Schritte des technisch-wissenschaftlichen Fortschrittes, die Ökonomie der Arbeitsmittel und der Arbeitsgegenstände zu erhöhen, dann wird sich das Entwicklungstempo des Nationaleinkommens dem Entwicklungstempo des Gesamtproduktes annähern. Bei gleichem Entwicklungstempo des Gesamtproduktes würde dies eine Erhöhung des Entwicklungstempos des Nationaleinkommens um 50 % bedeuten. Das wäre zweifellos ein bedeutender Beitrag zur Lösung der ökonomischen Aufgaben beim umfassenden Aufbau des Sozialismus und zur Vergrößerung unserer Akkumulation und Konsumtion. In gleicher Weise würde eine Verbesserung der Ökonomie der vergegenständlichten Arbeit ein günstigeres Entwicklungsverhältnis zwischen den beiden Abteilungen der gesellschaftlichen Produktion ermöglichen. Qualitative Vervollkommnung der Produktionsmittel und Erhöhung ihres Wirkungsgrades ist ökonomisch viel vorteilhafter als eine nur quantitative Ausdehnung der Produktion.

2.4. Zusammenhänge zwischen Automatisierung und Erzeugnisqualität

Von der Automatisierung gehen viele qualitative Impulse aus, die nur teilweise unmittelbar sichtbar werden. Die Automatisierung der Produktion stellt erhöhte Anforderungen an Qualität und Genauigkeitsgrad der Ersatzteile und des Einsatzmaterials. Dies trägt zu einer qualitativen Vervollkommnung der Arbeitsgegenstände bei, wie umgekehrt die Automatisierung hohe Qualität und gleichbleibende Genauigkeit der Erzeugnisse ermöglicht. Diese qualitativen Verbesserungen können die Ökonomie der vergegenständlichten Arbeit erhöhen.

Umgekehrt ist die Effektivität der vergegenständlichten Arbeit bei modernen Produktionsverfahren mit extrem hohen Arbeitsgeschwindigkeiten bzw. extrem hohen Druck- oder Temperaturverhältnissen etc. in wachsendem Maße von der Zuverlässigkeit der Automatik, vor allem der Meß- und Regeltechnik, abhängig. Stillstand, Ausfall oder Leistungsminderung moderner Anlagen verursachen enorme Verluste. Deshalb ist die Qualität der Automatisierungstechnik, vor allem die Qualität der Meßtechnik von großer Bedeutung für den Wirkungsgrad der Gesamtanlage. Die Automatisierung drängt daher nach hoher Qualität der BMSR-Erzeugnisse. Auch ohne eigene Luftfahrt- und Raketenindustrie muß dieser Forderung größerer Nachdruck verliehen werden. Dazu müssen wir im neuen ökonomischen System diese Impulse stärker materiell spürbar machen, obwohl diese Frage nicht allein dadurch lösbar ist. Ein Drittel der von uns untersuchten Automatisierungsvorhaben bewirkt seinerseits eine direkte Verbesserung der Qualität der Erzeugnisse. In der Kohleindustrie ist inzwischen durch die Preisdifferenzierung ein Anreiz für die Erhöhung der Qualität vorhanden. In der Papierindustrie ist das noch nicht der Fall. Der durch die Anwendung der Regelanlagen bei der Papiererzeugung erzielte Nutzen durch Materialeinsparung ist viel geringer als der mögliche Nutzen bei den Anwendern. Seerig wies in seinem Gutachten über den Nutzeffekt von Flächengewichtsregelanlagen darauf hin, daß die durch den Einsatz einer solchen Anlage in der Papierfabrik Heinsberg verbesserte Papierqualität bei einem Abnehmer bedeutende Effekte ermöglichte. Auf Grund der verbesserten Papierqualität konnte die Berliner Druckerei die Technologie und Arbeitsorganisation verändern, wodurch 18 Arbeitskräfte eingespart und die Druckleistung erhöht werden konnte. Dadurch wurde hier eine Kosteneinsparung von 176 TMDN und ein Mehrgewinn von 190 TMDN erzielt. Solche Nutzenswirkungen sind schwer erfaßbar, sie fallen volkswirtschaftlich in diesem Falle stärker ins Gewicht als der unmittelbare Nutzen der Automatisierung. Deshalb ist auch hier eine Preisdifferenzierung angebracht, die außerdem die Nutzung der durch Qualitätssteigerung gegebenen Möglichkeiten in anderen Bereichen anregen soll.

2.5. Probleme des Nutzeffektes sowie des Niveaus der Automatisierung, die mit der Größe und Leistungsfähigkeit der Grundtechnologie zusammenhängen

Zwischen der Größe und Leistungsfähigkeit einer Gesamtanlage und dem Nutzen bzw. zweckmäßigen Niveau der Automatisierungstechnik bestehen zweifellos wesentliche Beziehungen.

Die erste Seite dieses Problems läßt sich in der Regel verhältnismäßig leicht beurteilen. Der Nutzeffekt der Automatisierung wird stark von der Größe des möglichen Leistungsvolumens einer Anlage beeinflußt. Diese Größe hängt aber selbst ab von solchen Faktoren wie der Bedarfsgröße (Markt), dem Stand der Arbeitsteilung, dem Grad der Spezialisierung und Standardisierung, dem Stand von Wissenschaft und Technik etc. Im allgemeinen wächst der Nutzeffekt der Automatisierung mit der Dimension des Leistungsvolumens der Anlagen. Gleiche Automatik hat dabei einen umso höheren Effekt, je größer die Leistungsfähigkeit der Anlage.

Nach dem ökonomischen Gutachten von Seerig ergibt der Einsatz der Flächengewichtsregler an Papiermaschinen unterschiedlicher Arbeitsbreite, Bauart und mit verschiedenem zu fertigenden Sortiment folgenden jährlichen Nettonutzen:

Maschine	TMDN
1	16,2
2	89,9
3	9,2
4	19,6
5	6,0
6	17,0

Diese vor allem infolge der Leistungsfähigkeit der Grundtechnologie unterschiedliche Nutzenswirkung für die gleiche Automatisierungstechnik führt zu entsprechenden Unterschieden der Rückflußdauer und des Gesamtnutzens. Es ist notwendig, im Einzelfalle über die "Automatisierungswürdigkeit" vorhandener Technik zu entscheiden. Ähnlich wie beim angeführten Beispiel liegen die Dinge auch bei größeren Vorhaben. In den Kraftwerken kostet die Automatisierungstechnik für Turbinensätze mit einer Leistung von 25 Megawatt fast genau so viel, wie die Automatik für Turbinensätze mit der doppelten und vierfachen Leistung. Auch hier ist der Nutzen für eine gleiche Automatik mit einem durch den Leistungsgrad der Gesamtanlage verbundenen Nutzen verbunden und drückt sich in einer unterschiedlichen Rückflußdauer aus. Die zweite Seite des Problems, nämlich welcher Automatisierungsgrad und welches Automatisierungsniveau im jeweiligen Falle als optimal anzusehen ist, bereitet erheblich mehr Schwierigkeiten. Im allgemeinen wird das "optimale Automatisierungsniveau" zweifellos um so höher sein, je moderner und leistungsfähiger die Gesamtanlage ist. Im Einzelfalle treten dabei jedoch so viele Besonderheiten auf, daß man kaum noch von einem allgemeinen Zusammenhang zwischen dem Niveau einer Gesamtanlage und dem optimalen Niveau der Automatisierungstechnik sprechen kann. Wenn beispielsweise bei einer hochleistungsfähigen Chemieanlage mit verhältnismäßig einfachen Einzelregelungen ein dem Optimum naheliegender Ausnutzungsgrad erreichbar ist, wäre es ökonomisch nicht vertretbar, dafür einen teuren Prozeßrechner einzusetzen. Dasselbe trifft auch auf die Regelung vieler wärmetechnischer Prozesse zu.

Diese Frage läßt sich konkret nur durch den Vergleich des zusätzlichen Aufwandes für ein höheres Niveau der Automatik mit dem dadurch erzielbaren zusätzlichen Nutzen entscheiden. Auf einer wissenschaftlichen Konferenz der Okonomen des VEB Leuna Werke "Walter Ulbricht" im April 1964 wurde z. B. festgestellt, daß der Einsatz einer Datenverarbeitungsanlage mit einem Anschaffungswert von 2 Mill. MDN unter der Bedingung, daß sie das Betriebsergebnis um 1 % verbessert, erst bei Anlagen mit einer jährlichen Produktionsleistung von mehr als 70 Mill. MDN vertretbar ist und bei einem Einsatz in Verbindung mit Neuanlagen die Zweckmäßigkeit im Komplex mit der Gesamtkonzeption geprüft werden muß.[1] Im Kraftwerksbau zeigen erste Überlegungen, daß der Einsatz einer Zentralsteuerung wahrscheinlich erst in Großkraft-

1 Vgl. K. H. Steuer, Okonomische Probleme der Automatisierung der chemischen Produktion, in: Betriebsökonomische Probleme bei der Durchsetzung des Neuen Okonomischen Systems der Planung und Leitung der Volkswirtschaft, Heft 1 der Schriftenreihe: Technik und Okonomie, Kammer der Technik, Berlin 1964, S. 160 ff

werken mit Blockeinheiten von 200 MW und mehr ökonomisch vertretbar ist. Hier zeichnet sich ab, daß ein hohes Niveau der Automatisierung nur bei großen modernen hochleistungsfähigen Anlagen mit ökonomischen Nutzen möglich ist. Die ökonomischen Grenzen der Einsatzfähigkeit müssen hier weiter präzisiert werden.

In den kapitalistischen Ländern wird zwar viel über Datenverarbeitungsanlagen, Zentralsteueranlagen und andere moderne Automatisierungstechnik geschrieben, aber über die Nutzensproblematik einer solchen Automatik herrscht weitgehendes Schweigen. So fand sich in einem Artikel der westdeutschen Zeitschrift "Elektronische Datenverarbeitung" folgende bezeichnende Äußerung: "Der wichtigste im Augenblick anstehende Aufgabenkomplex ist die Lösung von Werksteuerungsproblemen. Hierum bemühen sich fast alle Hersteller, z. B. unter erheblichem Einsatz von Maschinen und Mitarbeitern. Sie bemühen sich aber auch, die gewonnenen Erfahrungen nicht nach außen dringen zu lassen. Das ist für den interessierten Benutzer sehr unangenehm, da er so nicht die Möglichkeit hat, die von den Herstellern vielfach vorgebrachten Werbeargumente auf ihren Wahrheitsgehalt zu überprüfen, der - wie jüngste Erfahrungen auf dem Werksteuerungsgebiet zeigen - manchmal zu wünschen übrig läßt."[1]
Das macht deutlich, daß wir in diesen Fragen nicht einfach auf die Erfahrungen kapitalistischer Länder warten können und auch die Werbeargumentation kapitalistischer Herstellerfirmen mit der notwendigen Vorsicht behandeln müssen. Vor allem aber sind fundierte eigene Überlegungen notwendig.

Mit dieser Bemerkung komme ich zum Schluß meiner Ausführungen. Ich sagte am Beginn, daß die Automatisierung viele Möglichkeiten zur Ökonomisierung der Produktion bietet. Diese Ergebnisse sind nur nach gründlicher wissenschaftlicher Erforschung erzielbar. Dabei gibt es eine Fülle von Problemen zu lösen, von denen ich auf Grund unserer Forschung einige, teilweise mit allgemeineren Aspekten darzustellen versuchte. Ich hoffe, daß sie Anstoß reger Diskussionen sind und Anregungen für ihre weitere Durchdringung geben, damit wir die Automatisierung im Dienste des Sozialismus klug und mit hohen Ergebnissen anwenden lernen.

1 Vgl. H. K. Schuff, Der Rechenanlagenmarkt 1965 - ein Situationsbericht, in: Elektronische Datenverarbeitung, Heft 2/1965, S. 65/66

Hans-Jürgen Schulz, Berlin

Die Wirkungen der technischen Revolution auf den Vorschuß an Grundfonds in der Industrie der DDR und Probleme der Stimulierung ihrer rationellen Ausnutzung unter besonderer Berücksichtigung der Produktionsfondsabgabe

Im Prozeß der technischen Revolution vollzieht sich eine Verdrängung der lebendigen Arbeit aus dem unmittelbaren Produktionsprozeß; der Mensch tritt, wie Marx hervorhebt, immer mehr "neben den Produktionsprozeß, statt sein Hauptagent zu sein".[1]

Im Zusammenhang damit wächst der Umfang der im Produktionsprozeß fungierenden vergegenständlichten Arbeit, was seinen Ausdruck in zwei Tendenzen findet:

Erstens vergrößert sich der Anteil der im Produktionsprozeß verbrauchten vergegenständlichten Arbeit an der verausgabten Gesamtarbeit, wobei dieser Teil ein immer stärkeres Gewicht erlangt, zum entscheidenden Bestandteil der im Produktionsprozeß verausgabten Gesamtarbeit wird bzw. in einer Reihe von Industriezweigen bereits tatsächlich ist;

Zweitens wächst der Umfang der je Arbeitskraft angewandten vorgeschossenen vergegenständlichten Arbeit, insbesondere jener Teil, der die Arbeitsmittel verkörpert - die Grundfonds.

Dementsprechend erlangt die Ökonomie der vergegenständlichten Arbeit im Reproduktionsprozeß eine hervorragende Bedeutung, wird die Verringerung des Aufwandes an gesellschaftlicher Arbeit bei der Herstellung der Erzeugnisse in immer höherem Grade von der Einsparung vergegenständlichter Arbeit abhängig. In diesem Zusammenhang erhält auch die rationelle Nutzung der Grundfonds ein entscheidendes Gewicht und vor allem deshalb wird diesem Problem im neuen ökonomischen System der Planung und Leitung entscheidende Aufmerksamkeit gewidmet.

Untersuchen wir die Grundfonds im Prozeß der erweiterten sozialistischen Reproduktion, so ist zunächst festzustellen, daß die Entwicklung der nationalen Wirtschaft der DDR auf der Grundlage der modernen Technik mit einem ständigen Anwachsen der Grundfonds verbunden ist. Setzen wir das Jahr 1957 = 100, so stieg der Grundfondsbestand in der

1 Vgl. Karl Marx, Grundrisse zur Kritik der Politischen Ökonomie, Berlin 1953, S. 593

sozialistischen Industrie in vergleichbaren Preisen bis in die Gegenwart auf etwa 148 - 150 Prozent[1] und erreichte damit einen Umfang, der etwa dem anderthalbfachen des jährlich in der Volkswirtschaft der DDR erzeugten Nationaleinkommens entspricht. Charakteristisch für diesen Prozeß ist jedoch zugleich die Tatsache, daß er mit einem beträchtlichen Anwachsen der organischen Zusammensetzung der Fonds, die sich u. a. in der Ausstattungsquote niederschlägt, verbunden ist; d. h. es handelt sich bei der Vergrößerung der fungierenden Grundfonds um einen Prozeß der Durchsetzung des technischen Fortschritts, der Vervollkommnung der technisch-ökonomischen Grundlagen der Produktion, insbesondere in den entscheidenden Zweigen der Volkswirtschaft. Das findet vor allem in dem unterschiedlichen Wachstum der Ausstattungsquote in den einzelnen Industriezweigen seinen Ausdruck.

So erhöhte sich beispielsweise die Ausstattungsquote in der Industrie der Deutschen Demokratischen Republik von 1957 = 100 bis in die Gegenwart, also in sieben Jahren, je Beschäftigten auf etwa 150 Prozent, darunter in der Grundstoffindustrie auf 162 Prozent, in der metallverarbeitenden Industrie auf 140 Prozent, in der Leichtindustrie auf 138 Prozent und in der Nahrungs- und Genußmittelindustrie auf 115 Prozent.[2] Wenn wir berücksichtigen, daß im Verlaufe des Siebenjahrplans bis 1970 auf der Grundlage einer wachsenden Akkumulationsrate die Nettoinvestitionen von Jahr zu Jahr beträchtlich zunehmen werden und gleichzeitig mit einem, wenn auch im Vergleich zu den vergangenen Jahren geringeren Rückgang der Gesamtbeschäftigten zu rechnen ist, so wird sich in den nächsten Jahren

1 Diese sowie die folgenden Angaben wurden vom Verfasser auf Grund verschiedener Angaben sowie überschlägiger Berechnungen ermittelt, erheben also keinen Anspruch auf völlige Exaktheit. Die statistischen Angaben von Willi Stoph in: Volkswirtschaftlich denken - wissenschaftlich leiten - mit hohem Nutzen bauen, Schlußwort auf der IV. Baukonferenz, Beilage in: Die Wirtschaft, 46/1965, S. 68 bestätigen jedoch diese Daten.

2 Die Angaben beruhen ebenfalls auf überschlägigen Berechnungen. Es sei in diesem Zusammenhang darauf verwiesen, daß die auf der Grundlage $\frac{\text{Fonds}}{\text{Beschäftigten}}$ berechnete Ausstattungsquote insofern einen Ungenauigkeitsfaktor enthält, als Veränderungen in der Schichtarbeit zu einer Bewegung dieser Quote führen. So schlägt sich z. B. ein Rückgang in der Schichtarbeit in einer steigenden Ausstattungsquote nieder. Folglich muß bei einer Einschätzung dieser Aspekt beachtet werden.

der Ausstattungsgrad beträchtlich erhöhen, insbesondere in den Zweigen, die die Träger des technischen-wissenschaftlichen Fortschritts sind.

Eine ökonomische Konsequenz dieser Entwicklung besteht darin, daß das Anwachsen des gesellschaftlichen Reichtums in zunehmendem Maße von der Leistungsfähigkeit der im Produktionsprozeß fungierenden Anlagen und Aggregate abhängig wird. "In dem Maße, wie die große Industrie sich entwickelt, wird die Schöpfung des wirklichen Reichtums abhängig weniger von der Arbeitszeit und dem Quantum angewandter Arbeit, als von der Macht der Agentien, die während der Arbeitszeit in Bewegung gesetzt werden und die selbst wieder ... in keinem Verhältnis steht zur unmittelbaren Arbeitszeit, die ihre Produktion kostet, sondern vielmehr abhängt vom allgemeinen Stand der Wissenschaft und dem Fortschritt der Technologie oder der Anwendung dieser Wissenschaft auf die Produktion."[1]

Damit wird jedoch zugleich deutlich, daß allein die Betrachtung des quantitativen Wachstums der Grundfonds schlechthin nicht ausreichend ist, sondern angesichts ihrer hervorragenden Rolle im Reproduktionsprozeß vor allem die qualitativen Veränderungen von Interesse sind, weil sie über die erzielbaren Produktionssteigerungen maßgeblich entscheiden.
Meines Erachtens sind bei einer Untersuchung dieser Zusammenhänge vor allem zwei Komplexe von Bedeutung:

1. Die Veränderungen in der Zusammensetzung der Grundfonds nach bestimmten, charakteristischen Funktionen im Produktionsprozeß (z. B. Gebäude einerseits, Arbeits- und Werkzeugmaschinen andererseits). Dieser Aspekt ist wichtig, weil die erzielbaren Produktionssteigerungen entscheidend vom Wachstum jener Grundfondsbestandteile abhängen, die die Arbeitsinstrumente im weitesten Sinne verkörpern.
2. Die Veränderungen in der Zusammensetzung der Grundfonds nach der Qualität, dem technischen Niveau und damit der Leistungsfähigkeit der im Produktionsprozeß fungierenden Grundfonds, Charakteristika, die wir u. a. in der Altersstruktur und den Gütegraden der Grundfondsbestandteile zu messen versuchen.

Untersuchen wir den zuerst genannten Komplex etwas genauer, so ergibt sich für die Industrie der DDR folgendes interessante Bild:

1 Vgl. Karl Marx, Grundrisse zur Kritik der Politischen Ökonomie, Berlin 1953, S. 592

Platz wichtiger Bestandteile der Grundfonds im Zuwachstempo 1957 - 1963 [1]

Grundmittelart / Zweig	Gebäude/ bauliche Anlagen	Kraftmaschin.	Arbeits- u. Werkzeugm.	Fahrz. Hebez. Fördermittel	Labor/Meß/ Prüf-Einrich. Betriebsausstattung
Grundstoffind.(ohne Chemie)	3	2	4	5	1
Chemie	4	2	3	5	1
Metallverarb. Industrie	5	1	3	4	2
Leichtind. (ohne Textil)	5	3	2	1	4
Textilind.	5	3	2	1	4
Industrie insgesamt	5	2	4	3	1

Eine Wertung dieser Entwicklung ist nur schwer und gegenwärtig nur sehr vorsichtig möglich. Denn dazu wäre eine gründliche Analyse der Ursachen dieser Entwicklung innerhalb jedes Zweiges sowie eine vergleichende Analyse zwischen den Zweigen notwendig, wobei neben den Wirkungen des technisch-wissenschaftlichen Fortschritts vor allem solche Fragen zu untersuchen wären wie die Überwindung von Disproportionen in der Grundmittelstruktur, die Erneuerung der überalterten Grundfonds, die wir als "Erbschaft" der faschistischen Kriegswirtschaft übernehmen mußten, u. a. m.

Ungeachtet dieser Einschränkungen sind unseres Erachtens vor allem folgende, mit der technischen Entwicklung verbundene Prozesse und Tendenzen zu beachten.

a) Das besonders schnelle Wachstum der Position "Labor-, Meß- und Prüfgeräte". Dieser Prozeß hängt vor allem mit den umfangreichen Maßnahmen zur Sicherung des wissenschaftlich-technischen Höchststandes und zur Vervollkommnung der Qualität der Erzeugnisse zusammen, ist aber auch verbunden mit Prozessen zur Freisetzung von Arbeitskräften aus den teilweise sehr aufwendigen Prüfprozessen. Wir können diese Tendenz des verstärkten Einsatzes von Investitionen zur Qualitätssicherung und -verbesserung auch in anderen entwickelten Industrieländern beobachten.[2]

1 Ermittelt nach Angaben der Staatlichen Zentralverwaltung für Statistik über Auswirkungen der Umbewertung der Grundmittel

2 Sehr ausführlich behandelt R. Schoob diese Problematik in seiner Dissertation: Die Anforderungen der Qualitätssicherung an die Investitionstätigkeit in Produktionsbetrieben der Nachrichten-

b) Der relativ schnelle Zuwachs an Kraftmaschinen als Ausdruck des zunehmenden Übergangs zur mechanisierten bzw. automatisierten Fertigung, insbesondere in der metallverarbeitenden Industrie.

c) Die allgemein zu beobachtende relativ geringe Zunahme an Gebäuden und baulichen Anlagen. Entscheidenden Einfluß haben darauf die durch neue mechanisierte und automatisierte Fertigungsverfahren möglichen Einsparungen an Produktionsfläche und damit an entsprechenden Gebäuden usw.[1]
Es darf nicht unerwähnt bleiben, daß sich unter dieser Entwicklung zugleich auch außerordentlich komplizierte Probleme unserer ökonomischen Entwicklung verbergen, wie z. B. die erzwungene Aufrechterhaltung veralteter bzw. zersplitterter Fertigungen in Gebäuden, die den Aufbau einer modernen Technologie nicht zulassen u. a. m. auf Grund des Mangels an Investitionsbaukapazitäten.

d) Die unterschiedlichen strukturellen Tendenzen der Grundfondsentwicklung in der Grundstoffindustrie und der metallverarbeitenden Industrie einerseits sowie der Leicht- und Textilindustrie andererseits.
Bei dem zur Verfügung stehenden Beobachtungszeitraum dürfen jedoch besonders auch jene Prozesse eine Rolle gespielt haben, die mit dem Aufholen von beträchtlichen Rückständen in der quantitativen und besonders qualitativen Grundfondsausstattung der Leichtindustrie zusammenhängen.

e) Auffallend ist schließlich die Tatsache, daß das Zuwachstempo bei Arbeits- und Werkzeugmaschinen in der gesamten Industrie im Vergleich zu anderen Positionen an 1. Stelle rangiert, obwohl der absolute Zuwachs alle anderen Positionen, mit Ausnahme der Position "Gebäude und bauliche Anlagen", übertrifft. Obwohl diese Tatsache eine Erklärung darin finden kann, daß der technische Fortschritt nicht nur in der Erneuerung und Erweiterung dieser Grundfonds, sondern sehr wesentlich auch in der Verbesserung und Vervollkommnung vorhandener Ausrüstungen

Fortsetzung der Fußnote

technik, eingereicht an der Hochschule für Ökonomie 1965, unveröffentlicht; sowie in: Die Rolle der Investitionen bei der Qualitätssicherung der Produktion und Probleme ihres Nutzeffektes, wiss. Zeitschrift der Hochschule für Ökonomie, Sonderheft 1965

1 Wir verweisen in diesem Zusammenhang auf die außerordentlich interessanten Angaben von J. Auerhan in seinem Buch: Die Automatisierung und ihre ökonomische Bedeutung, Berlin 1961, S. 91 ff

seinen Ausdruck findet, darf andererseits jedoch nicht übersehen werden, daß sich hierin noch wesentliche Rückstände in der technischen Ausstattung bestimmter Bereiche unserer Industrie sowie die Existenz eines teilweise überalterten Maschinenparks ausdrücken, die als Folgen des faschistischen Krieges trotz aller Anstrengungen noch nicht vollständig beseitigt werden konnten.

Dieses zuletzt genannte Problem berührt bereits die oben im zweiten Problemkreis angedeutete Frage nach der Qualität der Grundfonds. Dazu liegt leider nur wenig zusammenfassendes Material vor. Einen Anhaltspunkt bietet jedoch die bei der Umbewertung der Grundmittel vorgenommene Ermittlung der Restnutzungsdauer. Die Analyse dieses Materials zeigt, daß trotz der in den vergangenen Jahren vollbrachten hohen Leistungen zur Modernisierung und Erneuerung der Grundfonds in wesentlichen Positionen der Anteil der überalterten Maschinen und Ausrüstungen noch recht beträchtlich ist, vor allem in bestimmten Bereichen der Leichtindustrie und des allgemeinen Maschinenbaus. Charakteristisch ist ferner die Tatsache, daß der Anteil der Ausrüstungen mit einer mittleren Restnutzungsdauer relativ gering ist - im Vergleich zu Ausrüstungen mit einer nur noch kurzen bzw. noch relativ langen Restnutzungsdauer.[1]

Wir haben jedoch für unsere Problemstellung vor allem die Frage zu stellen, welche Auswirkungen die hier kurz skizzierte Grundfondsentwicklung auf die Produktion, die Effektivität der eingesetzten Grundfonds hat. Denn für die sozialistische Gesellschaft ist ja vor allem die Frage wichtig, mit welcher Wirksamkeit die stets wachsenden Aufwendungen an vorgeschossener Arbeit eingesetzt werden. Wenn wir uns beispielsweise Rechenschaft darüber ablegen, daß 1 % unserer jährlichen Investitionen dem Wert nach mehr als einem Tagesverbrauch der Bevölkerung der DDR an Konsumtionsmitteln entsprechen, so wird damit hinlänglich deutlich, daß es bei einem möglichst wirkungsvollen Einsatz dieser Mittel um beträchtliche ökonomische Potenzen geht und hinter jeder unrationellen Verwendung von Mitteln für die Bildung und den Einsatz von Grundfonds erhebliche Potenzen des wirtschaftlichen Wachstums stehen, die praktisch verschenkt werden und der sozialistischen Gesellschaft im ökonomischen Wettstreit verloren gehen.

1 Auf die sich daraus ergebenden Reproduktionsprobleme der Grundfonds, die Anforderungen an den Maschinenbau hinsichtlich der einfachen Reproduktion der Grundfonds, kann hier nicht eingegangen werden.

Wenngleich solche Kennziffern wie die Grundfondsquote oder die Grundfondsintensität auch sehr globale Größen sind, deren Entwicklung durch zahlreiche Komponenten und Faktoren unterschiedlichen Charakters beeinflußt werden - es ist hier nicht möglich, diese Frage näher zu untersuchen - so geben sie doch wichtige Anhaltspunkte für die Beantwortung der Frage nach Effektivität des Fondseinsatzes. Das gilt vor allem, wenn relativ kurze Zeiträume betrachtet werden, in denen die Wirksamkeit der die Aussage verzerrenden Komponenten gering ist, wie z. B. grundlegende Veränderungen der gesellschaftlichen Arbeitsteilung.

Die Analysen und Aussagen über die Entwicklung der Grundfondsquote bzw. Fondsintensität in der DDR sind sehr unterschiedlich und man findet sehr verschiedene Angaben. Die nach der Umbewertung der Grundmittel vorgenommenen Berechnungen weisen aus, daß die Grundfondsintensität von 1957 bis 1963 in der Industrie um etwa 11 Prozent gesunken ist, sich also zunächst eine durchaus günstige Entwicklung vollzogen hat. Eine nähere Analyse ergibt jedoch, daß dieser Prozeß vor allem in den Jahren 1958 bis 1960 vor sich ging, seit 1961 eine Stagnation, sogar eine Erhöhung der Fondsintensität eingetreten ist, die sich auch 1964 fortsetzte.[1]

Eine solche Entwicklung ist keineswegs eine notwendige Konsequenz der Durchsetzung des technischen Fortschritts, obwohl es unter gewissen Bedingungen und in bestimmten Zweigen zeitweilig durchaus zu derartigen Erscheinungen kommen kann (z. B. Verschlechterung der Abbau-Bedingungen im Bergbau, Umstellungsprobleme im Zusammenhang mit der Einführung neuer technischer und technologischer Verfahren u. a. m.). Vielmehr zeigen die Erfahrungen und Ergebnisse in den fortgeschrittenen Industrieländern gerade im Gegenteil, daß der technische Fortschritt vielfältige Möglichkeiten erschließt, den Fondsvorschuß im Vergleich zur Produktion, d. h. die Fondsintensität zu senken. Die Automatisierung, Mechanisierung und Chemisierung der Produktion, die komplexe Rationalisierung vorhandener Anlagen auf der Grundlage moderner technischer, technologischer und ökonomischer Kenntnisse erschließen vielfältige Möglichkeiten, den Aufwand an gesellschaftlicher Arbeit, die in den Fonds vergegenständlicht ist und vorgeschossen werden muß, je Einheit Produktion zu verringern.

So heißt es z. B. in einem Bericht des Deutschen Wirtschaftsinstituts: "Nach den Berechnungen, die in den USA ... gemacht wurden und bei denen die Preisveränderungen ausgeschaltet sind, ist in der In-

1 Vgl. O. Kratsch, Zur Methodologie der Fondsintensität, in: Wirtschaftswissenschaft 8/1965, S. 1256

dustrie das vorhandene Netto-Anlagekapital je Einheit der Produktion von 1929 bis 1963 bei den Ausrüstungen um fast ein Fünftel gesunken, bei den Gebäuden um fast zwei Drittel, der Wert von Anlagen und Gebäuden zusammen auf die Hälfte" (Hervorhebung d. d. Autor)[1] Für die westdeutsche Industrie berechnet Gruihn einen Index der sogenannten "Kapitalproduktivität" (etwa der Grundfondsquote vergleichbar) von 1950 bis 1960 von 123,9 Prozent, was dem Index einer Kapitalintensität von etwa 80 Prozent entspricht!

Es wäre natürlich falsch, die entgegengesetzte Entwicklung in der DDR nur aus dem Einfluß negativ wirkender Faktoren zu erklären. Unbedingt muß beachtet werden, daß die Strukturveränderungen in unserer Volkswirtschaft und damit im Zusammenhang die Entwicklung der Produktionsfonds, insbesondere in anlageintensiven Industriezweigen, steigende Tendenzen der Grundfondsintensität auslösen. In gleicher Richtung wirken auch Investitionen zur Kompensierung des Rückgangs an Arbeitskräften, d. h. Investitionen, die vor allem der Sicherung des erreichten Produktionsstandes bei abnehmender Zahl von Arbeitskräften dienen. Ähnliche Probleme entstehen auch bei Investitionen, die ausschließlich oder vorwiegend der Qualitätssicherung bzw. Qualitätssteigerung der Produkte dienen, ohne daß sich das Produktionsvolumen erhöht. Ebenso spielt auch die Tatsache eine Rolle, daß ein beträchtlicher Teil an Grundfonds überaltert ist und damit die Leistungsfähigkeit der fungierenden Fonds gemindert wird. Aber andererseits spiegeln sich in der steigenden Grundfondsintensität auch alle diejenigen Faktoren wider, die mit einer Verringerung der Fondsausnutzung, mit bestimmten Disproportionen in der Fondsstruktur, mit der unbefriedigenden Effektivität von Investitionen u. a. m. verbunden sind, wie z. B. mit dem Rückgang in der Schichtausnutzung der Anlagen, mit der Ausführung von Investitionen, die dem technischen Höchststand nicht entsprechen, mit dem Nichterreichen der projektierten Leistungsfähigkeit, den erhöhten Aufwendungen bei einzelnen Investitionsvorhaben auf Grund ungenügender Vorbereitung sowie der unzureichenden Konzentration von Investitionen zur komplexen Rationalisierung bestehender Anlagen. Bei aller Anerkennung jener objektiven Faktoren, die notwendig eine Tendenz zur Erhöhung der Fondsintensität zur Folge haben, weist die Entwicklung der Fondsintensität in den vergangenen Jahren nachdrücklich darauf hin, daß der Ökonomie

1 Vgl. Technischer Fortschritt und Hemmung der Produktivkräfte in den USA, DWI-Bericht 19/1965, S. 353 (9)

der in den Fonds vergegenständlichten Arbeit bisher zu wenig Aufmerksamkeit geschenkt wurde bzw. die eingeleiteten Maßnahmen zur Sicherung eines hohen Nutzeffekts der investierten Fonds nicht wirksam genug sind.

Analysen in der VVB Elektrogeräte beispielsweise ergaben, daß ein Betrieb seit Jahren über Primärdaten verfügt, die es ermöglichen, die effektive Auslastung der Maschinen mit einem hohen Genauigkeitsgrad zu ermitteln. Praktisch jedoch wurde nichts unternommen, um dieses Material mit Hilfe der vorhandenen Datenverarbeitungsanlage aufzubereiten und auszuwerten, da sich niemand im Betrieb für derartige Fragen interessierte. In der gleichen VVB ergab eine Untersuchung der Aussagefähigkeit der in der statistischen Berichterstattung berechneten Kennziffern der Fondsausnutzung, insbesondere der zeitlichen Auslastung der Maschinen, daß ein großer Teil der Angaben auf "Schätzungen" beruht und zwischen den Betrieben große Unterschiede in der Bestimmung der Ausgangsdaten bestehen, so daß Vergleiche unmöglich sind und Zusammenfassungen völlig falsche Vorstellungen über die tatsächliche Auslastung der Maschinen vermitteln.[1] Dementsprechend fehlen natürlich exakte Ansatzpunkte für eine Einbeziehung der "Grundfondsausnutzung" in die Leitungstätigkeit der Betriebe und ihre Beurteilung. Daß damit auch wesentliche Grundlagen und Voraussetzungen für eine wissenschaftlich begründete Gestaltung des Investitionsprozesses nicht gegeben sind, bedarf kaum einer näheren Ausführung. Dementsprechend besteht eine entscheidende Aufgabe der sozialistischen Wirtschaftsführung darin, die Ökonomie der Fonds - in unserem Fall der Grundfonds -, in das System der Planung und Leitung allseitig einzubeziehen - angefangen von der langfristigen, perspektivisch begründeten Planung des Einsatzes der Grundfonds bis hin zur ökonomisch wirksamen Stimulierung ihres Einsatzes und ihrer rationellen Ausnutzung.

Dabei müssen zwei Grundfragen gelöst werden:

1. Die Bildung, der Einsatz neuer Fonds, insbesondere von Grundfonds, muß so erfolgen, daß auf der Grundlage einer optimalen Struktur der Fonds ein möglichst günstiges Verhältnis zwischen

1 Ich stütze mich hier auf die umfangreichen Untersuchungen, die Renate Weiß, wissenschaftlicher Assistent im Institut für Politische Ökonomie der Hochschule für Ökonomie, in der VVB Elektrogeräte durchgeführt hat.

der Leistungsfähigkeit der Anlagen und Aggregate und dem gesellschaftlichen Arbeitsaufwand zu ihrer Herstellung erreicht wird. "Je geringer im Verhältnis zu seiner Wirksamkeit der Wert des capital fixe, desto mehr entspricht es seinem Zweck."[1]

2. Durch die extensive und intensive Ausnutzung der vorhandenen Fonds muß die volle Ausschöpfung der gegebenen Produktionspotenzen erreicht und durch die Vervollkommnung der vorhandenen Anlagen im Rahmen der sozialistischen Rationalisierung ein möglichst günstiges Verhältnis zwischen dem Fondsvorschuß und dem Produktionsausstoß durchgesetzt werden.

Auf diese Grundaufgaben muß auch die Gestaltung der ökonomischen Hebel gerichtet werden. Es soll versucht werden, im folgenden einige Gedanken dazu darzulegen.

Ausgangspunkt aller Überlegungen muß sein, daß ein hoher Wirkungsgrad, ein hoher Nutzeffekt der in den Fonds vergegenständlichten, vorgeschossenen gesellschaftlichen Arbeit maßgeblich vom Bildungsprozeß der produktiven Fonds selbst abhängig ist. Alle Potenzen, die in diesem entscheidenden Stadium verschenkt werden, sind später im Prinzip kaum aufzuholen. Deshalb greifen auch die zwischen den Betrieben und Zweigen bestehenden ökonomischen Beziehungen, die an der Bildung der produktiven Fonds beteiligt sind, in die Ökonomisierung des Fondsvorschusses gravierend ein und müssen so entwickelt werden, daß jeder Beteiligte an einer den Grundsätzen einer rationellen Wirtschaftsführung entsprechenden Fondsbildung interessiert ist. Nur dann kann eine hohe Wirksamkeit der in den Fonds vergegenständlichten Arbeit erreicht werden. Unbedingt gilt, daß der Betrieb, der die Grundmittel in seinem Produktionsprozeß anwendet, für den rationellen Einsatz und höchstmögliche Nutzung der jeweiligen Anlagen verantwortlich ist.

Aber der Aufwand, mit dem diese Grundmittel hergestellt werden, ihre Leistungsfähigkeit und ihr Leistungsvermögen, die den Bedürfnissen des jeweiligen Betriebes entsprechende termingerechte Bereitstellung neuer Grundmittel u. a. m. hängen in zahlreichen Fällen nicht allein und nicht ausschließlich vom Investitionsträger ab. Vielmehr entscheidet darüber maßgeblich die Arbeit der Projektanten bzw. Projektionsbetriebe, der Haupt- bzw. Generalauftragnehmer und aller an der Bereitstellung einer bestimmten Produktionsanlage be-

1 Vgl. Karl Marx, Grundrisse zur Kritik der Politischen Ökonomie, Berlin, 1953, S. 627

teiligten Betriebe. Das heißt, im gesamten Prozeß der Vorbereitung und Durchführung der Investition wird über die spätere Effektivität der eingesetzten Grundmittel, der zum Einsatz gelangenden Fonds entschieden.

Folglich kann es nicht genügen, die Effektivität der Grundfonds allein über die Anwendung entsprechender Hebel beim Anwender der Fonds zu stimulieren; denn zahlreiche, den Nutzen der eingesetzten Fonds bestimmende Faktoren lagen in gewissem Maße außerhalb des unmittelbaren Einflußbereiches derjenigen, die schließlich die investierten Grundfonds nutzen.

Deshalb besteht eine entscheidende Aufgabe darin, alle an der (materiellen oder geistigen) Produktion von Investitionsgütern beteiligten Betriebe an einem hohen technischen und ökonomischen Niveau der investierten Grundmittel zu interessieren und zu sichern, daß der gesamte Investitionsprozeß lückenlos in dieser Richtung stimuliert wird und die ökonomischen Hebel, die in den einzelnen arbeitsteiligen Gliedern der Volkswirtschaft zur Anwendung gelangen, aufeinander abgestimmt, d. h. als System in dieser Richtung wirken.

Betrachten wir die damit verbundenen Fragen etwas eingehender. Eine grundlegende Aufgabe besteht zunächst darin, den Investitionsträger selbst zu veranlassen, exakte Berechnungen über die Effektivität der Investitionen durchzuführen und, entsprechend der Produktionsaufgabe, technische und ökonomische Daten über den Leistungsumfang der Anlagen, die Kosten der Erzeugnisse und die einzuhaltenden Aufwendungen für die Investition, u. a. m. vorzugeben.[1]
Es muß für die Investition gelten, daß nicht nur die technischen Leistungsdaten und die Kosten der Erzeugnisse, die mit dieser Anlage produziert werden, zu ermitteln sind, sondern es muß auch erreicht werden, daß die im Vergleich zur Leistung zulässigen Aufwendungen für den Aufbau einer neuen Anlage, der zulässige Höchstwert, den die neuen Grundmittel annehmen dürfen, annähernd bestimmt und den ökonomischen Berechnungen, Vorgaben, Vergleichen usw. zugrunde gelegt wird. Es muß also den Auftraggeber von vornherein die Frage interessieren, was eine neue Anlage und nicht nur das mit ihr produzierte Erzeugnis im Höchstfall kosten darf! Erst damit wird es möglich, den ökonomisch gerechtfertigten Einsatz neuer Fonds zu bestimmen. Gerade diese Frage spielte aber in der Vergangenheit so gut wie gar keine Rolle, da sich der unterschiedliche Investitionsauf-

1 Vgl. Nick, Probleme der Ökonomie der vergegenständlichten Arbeit, in: Wirtschaftswissenschaft Heft 2/1965, S. 181

wand über die Abschreibungen in den Erzeugniskosten kaum bemerkbar machte. Und hier liegt meines Erachtens ein entscheidender Ansatzpunkt für die Hebelwirkung der Produktionsfondsabgabe, indem sie erfordert und ermöglicht, den unterschiedlichen Investitionsaufwand im Ergebnis des Betriebes sichtbar zu machen und zum sparsamen, ökonomisch vertretbaren Einsatz von Investitionsmitteln anzuhalten.

Ist die Aufgabenstellung für die Investition in dieser Weise umrissen, kommt es darauf an, den Projektanten dazu anzuhalten, durch die Anwendung der modernen, wissenschaftlichen Erkenntnisse Lösungen zu finden, die vor allem

eine höchstmögliche Leistungsfähigkeit der Aggregate und eine kurzfristige Fertigstellung der Investitionen sichern;

die Aufwendungen für die Investition gering halten und einen niedrigen Aufwand für die laufende Unterhaltung erfordern;

ein günstiges Verhältnis zwischen Investitionsaufwand und Leistungsfähigkeit der Anlage gewährleisten; die sichern, daß eine neue Anlage nicht so vollkommen und damit u. U. so teuer wie möglich, sondern so vollkommen und aufwendig, wie technisch und ökonomisch notwendig, produziert wird.

Die ökonomischen Hebel müssen die Tätigkeit der Projektanten in diese Richtung lenken und dazu anregen, die Daten der vorgegebenen Aufgabenstellung möglichst zu unterbieten. Hier liegt zugleich eines der kompliziertesten Probleme in der ökonomischen Stimulierung des Investitionsprozesses. Seine Lösung verlangt die Überführung der Projektierungsbetriebe auf das Prinzip der wirtschaftlichen Rechnungsführung und damit im Zusammenhang vor allem eine Preisbildung für Projekte, die diesen Anforderungen gerecht wird und eine leistungsgerechte Gewinnbildung in den Projektierungsbetrieben entsprechend der skizzierten Anforderungen sichert.[1]

Sind vom Projekt her exakte Grundlagen für die Investition geschaffen, so kommt es darauf an, den Hauptauftragnehmer bzw. den die Investition ausführenden Betrieb durch die Preisgestaltung und die Ausnutzung des Gewinns daran zu interessieren, die Investition mit dem geringsten Aufwand und in einwandfreier Qualität auszuführen, um die projektierte Leistung zu sichern, u. U. sogar zu überbieten, sowie die Investitionen termingerecht fertigzustellen bzw. diese Termine zu unterbieten. Das schließt ein, daß auch die Kooperations-

1 Vgl. Apel/Mittag, Neues ökonomisches System und Investitionspolitik, Berlin 1965, S. 79 ff und
VO über das Projektierungswesen, GBl II/1964, Nr. 115, § 9

beziehungen zwischen den an der Ausführung der Investition beteiligten Betrieben nach diesem Grundsatz gestaltet sein und entsprechende ökonomische Hebel zur Anwendung gelangen müssen.

In diesem Zusammenhang kommt es vor allem darauf an, durch die Gestaltung der ökonomischen Hebel, insbesondere des Preises, die Investitionsgüter produzierenden Betriebe dazu anzuhalten, hochleistungsfähige Maschinen und Ausrüstungen durch die Anwendung moderner wissenschaftlich-technischer und ökonomischer Erkenntnisse mit niedrigsten Aufwendungen zu produzieren. Denn die Produktionsmittel produzierende Industrie entscheidet maßgeblich über den Nutzeffekt der zum Einsatz gelangenden Grundfonds.

Bei der Verwirklichung und Nutzung dieser Zusammenhänge spielt die Herstellung echter Beziehungen des Kaufs und Verkaufs der Objekte bzw. Projekte zwischen den Investitionsträgern, den Projektanten und investitionsführenden Betrieben eine entscheidende Rolle, wobei die Beziehungen so gestaltet werden müssen, daß ökonomisch spürbare Nachteile eintreten, wenn einer der Beteiligten seinen Aufgaben nicht nachkommt bzw. diese nicht oder nur unvollkommen erfüllt. Das heißt es ist erforderlich, die Beziehungen und dementsprechend die ökonomischen Hebel so zu gestalten, daß z. B. bei einem Nichterreichen der geplanten Leistungen vor allem der tatsächliche Verursacher ökonomisch getroffen wird.

Insgesamt geht es darum, den gesamten Prozeß der Fondsbildung durch ein System ökonomischer Hebel in den verschiedenen Phasen des Investitionsprozesses wirksam zu stimulieren und damit einen hohen Wirkungsgrad der eingesetzten Fonds zu sichern.

Damit wird zugleich sichtbar, daß sich die Aufgabe zur Ökonomisierung der in den Fonds vergegenständlichten Arbeit keineswegs in der Einführung der Produktionsfondsabgabe, die beim Anwender der Fonds erhoben wird, erschöpft. Vielmehr ist es erforderlich, die ökonomischen Hebel, insbesondere Preis, Kosten und Gewinn und Kredit in allen Bereichen, die auf die Wirksamkeit der Fonds Einfluß haben, so zu gestalten, daß sie die Ökonomisierung der in den Fonds vergegenständlichten Arbeit stimulieren, in diesem Sinne also in der gleichen Wirkungsrichtung miteinander verkettet sind. Umgekehrt: Jeder Ausfall bzw. jede ungenügende Wirkung von ökonomischen Hebeln in einem dieser Bereiche würden u. U. umfangreiche negative Auswirkungen auf die Ökonomisierung des Fondsvorschusses haben und die Ergebnisse der Anstrengungen der übrigen Betriebe aufheben oder zumindest teilweise zunichte machen.

Der rationelle Einsatz und die rationelle Ausnutzung der in den Fonds vergegenständlichten Arbeit ist also ein komplexes ökonomisches Problem, das nur erfolgreich gelöst werden kann, wenn bei der Durchführung von einzelnen Maßnahmen der Gesamtzusammenhang stets im Auge behalten wird.

In ähnlicher Weise müssen auch die Probleme der ökonomischen Stimulierung des Einsatzes und der Ausnutzung der Fonds beim Anwender behandelt und gelöst werden. Wovon ist dabei auszugehen?

Die zentrale Stellung des Gewinns im System der ökonomischen Hebel verlangt notwendig, die mit der Herstellung der Erzeugnisse verbundenen Aufwendungen an gesellschaftlicher Arbeit so mit dem Gewinn zu verbinden, daß sich eine Erhöhung bzw. Verminderung der Aufwendungen bei der Herstellung der Erzeugnisse in einer Verringerung bzw. Vergrößerung des Gewinns je Erzeugnis sowie für den Betrieb insgesamt niederschlägt.

Entsprechend der wachsenden Bedeutung, die die Ökonomie der in Fonds vorgeschossenen gesellschaftlichen Arbeit für eine rationelle Wirtschaftsführung erlangt, ergibt sich die Notwendigkeit, den Fondsvorschuß, seine Erhöhung oder Verminderung, unmittelbar mit der Gewinnerwirtschaftung zu verbinden. Das heißt, das Problem besteht darin, die Bedingungen der Gewinnerwirtschaftung so zu gestalten, daß bei der Produktion neuer Erzeugnisse nicht nur die rationelle Verausgabung von lebendiger und verbrauchter vergegenständlichter Arbeit im Gewinn spürbar wird, sondern daß auch der Fondseinsatz und die Ausnutzung der Fonds die Höhe des Gewinns nachhaltig beeinflußt.

Der Ansatzpunkt für eine solche Verbindung des Fondsvorschusses mit der Gewinnerwirtschaftung ergibt sich aus dem Umschlag der Fonds selbst. Dieser läuft nicht losgelöst vom Prozeß der Produkt- und Wertbildung sowie Wertrealisierung. Er vollzieht sich vielmehr im bzw. mit dem Prozeß der Produkt- und Wertbildung, der Entstehung der Kosten und der Erzeugung des Reineinkommens sowie der Realisierung des erzeugten Produkts und Mehrprodukts durch die beständige Formwandlung der Fonds aus Geldfonds in Produktionsfonds, aus Produktionsfonds in Warenfonds und aus diesen wiederum in Geldfonds usf.

Demtentsprechend kann auch die Effektivität des Fondseinsatzes und der Fondsausnutzung nicht gesondert, nicht losgelöst von dem Ergebnis dieser wechselseitig miteinander verbundenen und ineinander verschlungenen Prozesse beurteilt, gemessen und stimuliert werden, kann auch die materielle Interessiertheit der Betriebe an der rationellen Ausnutzung der Fonds nicht für sich vorgenommen werden. Vielmehr erfolgt ja gerade der Einsatz von Fonds in jedem sozialistischen Betrieb mit dem Ziel, einen möglichst hohen volkswirtschaftlichen Nutzeffekt zu erreichen, d. h. vergegenständlichte und lebendige Arbeit im betrieblichen Reproduktionsprozeß so zu kombinieren, lebendige Arbeit qualitativ und quantitativ mit Fonds so auszustatten, daß die Arbeitsproduktivität erhöht und eine Erhöhung der Rentabilität erreicht wird.

Es gilt also für die sozialistischen Betriebe, daß vermittels des Einsatzes von Fonds Gewinn produziert und realisiert wird, die Fonds also einen Kreislauf von der Form

$$\underline{G}f - Wf \ldots Pf \ldots Wf' - \underline{G}f'$$

beschreiben.

Qualitativ erscheint in der Erwirtschaftung von Gewinn die Effektivität des Fondseinsatzes doppelt:

1. Mit Hilfe der eingesetzten Fonds wurde ein Mehrprodukt, ein Reineinkommen, erzeugt.
2. Die eingesetzten Fonds haben einen vollständigen Kreislauf durchlaufen; damit kann ihre Reproduktion vollzogen werden, da das mit ihrer Hilfe erzeugte Produkt, damit auch das Mehrprodukt, realisiert wurde und in den volkswirtschaftlichen Kreislauf eingetreten ist.

Quantitativ kommt es darauf an, das Mehrprodukt bzw. Reineinkommen mit einem möglichst geringen Fondsvorschuß zu produzieren bzw. mit den eingesetzten Fonds ein möglichst hohes Mehrprodukt zu erzeugen; d.h., es geht darum, quantitativ das Verhältnis Reineinkommen : Fonds möglichst günstig zu gestalten.

Aus dem Dargestellten folgt zunächst:

Die Entwicklung des Gewinns zum Leistungsmaßstab der ökonomischen Tätigkeit und zur entscheidenden Finanzierungsquelle der in den Betrieben zu bildenden Fonds, damit zum zentralen ökonomischen Hebel, ist demzufolge auch der Dreh- und Angelpunkt zur ökonomischen Stimulierung der Fondsausnutzung beim Anwender.

Hier liegt zugleich der Ansatzpunkt für die Wirksamkeit der Produktionsfondsabgabe. Sie bildet gewissermaßen das Bindeglied zwischen der Gewinnerwirtschaftung und der Ökonomie der Fonds.

Indem die Produktionsfondsabgabe als Teil des Gewinns[1] in einem bestimmten Prozentsatz, berechnet auf das Jahr, auf die eingesetzten, beanspruchten Fonds erhoben werden soll, wird ein Teil des Reineinkommens in seiner Bewegung ausschließlich an die Okonomie der Fonds gebunden. Denn durch Fondsabgabe wird nicht schlechthin eine Anforderung an die Höhe des auf die Fonds zu erwirtschaftenden Reineinkommens bestimmt, sondern auch an die Zeit, in der dieser Teil des Reineinkommens zu erwirtschaften ist. Das heißt, ein Produktionsfondsabgabesatz von z. B. 10 Prozent pro Jahr bedeutet, daß mit den beanspruchten Fonds bereits in einem Jahr mindestens ein zehnprozentiges Reineinkommen zu erwirtschaften ist, und nicht etwa in einer Umschlagperiode. Erst durch diese zeitlich fixierte Festlegung des Fondsabgabesatzes wird die Ökonomie der Fonds in die Gewinnerwirtschaftung tatsächlich einbezogen.[2]

Dadurch schlägt sich in jedem Fall ein veränderte Fondsausnutzung in der Bewegung des Nettogewinns, keineswegs jedoch unbedingt in der Entwicklung der Fondsabgabe nieder, woraus gleichzeitig folgt, daß die Erhöhung oder Verminderung der zu leistenden Produktionsfondsabgabe keineswegs Kriterium für eine bessere oder schlechtere Ausnutzung der produktiven Fonds ist.

Damit wird aber gleichzeitig sichtbar:
Die Produktionsfondsabgabe wirkt nicht losgelöst vom Gewinn bzw. Nettogewinn als dem zentralen ökonomischen Hebel. Es handelt sich vielmehr grundsätzlich darum, den Gewinn als ökonomischen Hebel auch für den zweckmäßigsten Einsatz und die rationelle Nutzung der Fonds auszunutzen und die Produktionsfondsabgabe als Bindeglied zwischen dem Fondseinsatz und der Gewinnerwirtschaftung in diesen Wirkungszusammenhang einzuordnen. Deshalb heißt es auch in der Richtlinie über das neue ökonomische System: "Indem alle gewinnorientierenden ökonomischen Hebel innerhalb der VVB-Bereiche und innerhalb der Betriebe an den Gewinn minus Produktionsfondsabgabe gebunden werden, entsteht ein starkes materielles Interesse, mit den gegebenen Pro-

1 "Die Produktionsfondsabgabe könnte ... den Ausdruck einer staatlichen Mindestforderung ... an die Produktion von Reineinkommen bilden." Vgl. Richtlinie für das neue ökonomische System S. 65

2 "Beim Zinstragenden Kapital erscheint alles äußerlich ... So auch ... die Bestimmung, daß die Profitrate bestimmt ist nicht nur durch das Verhältnis des in einem einzelnen Umschlag gemachten Profits zum vorgeschossenen Kapitalwert, sondern auch durch die Länge dieser Umschlagszeit selbst." Vgl. Karl Marx, Das Kapital, Bd. III, S. 390

duktionsfonds ein hohes Maß an Gewinn zu erzielen, damit die Ausnutzung der Produktionsfonds zu verbessern und nicht benötigte Produktionsfonds der Volkswirtschaft zur Verfügung zu stellen."[1]
Damit wird deutlich: Die ökonomische Stimulierung der Fondsausnutzung hängt keineswegs ausschließlich von der Gestaltung der Produktionsfondsabgabe ab, sondern entscheidend von der Entwicklung und Gestaltung des Gewinns zum zentralen ökonomischen Hebel, damit auch vor allem von der Preisbildung und Preisgestaltung sowie von einer wirkungsvollen Gestaltung der Beziehungen zwischen Nettogewinn und Produktionsfondsabgabe im System der ökonomischen Steuerung des Reproduktionsprozesses. Insofern reicht also bereits vom Standpunkt des unmittelbaren Umschlagsprozesses im Betrieb die ökonomische Stimulierung der in den Fonds vorgeschossenen gesellschaftlichen Arbeit über die Produktionsfondsabgabe hinaus.

Vom Standpunkt des Umschlags der Fonds ist noch ein weiterer Aspekt zu behandeln:
Der Kreislaufprozeß der betrieblichen Fonds ist zugleich ein Prozeß der erweiterten Reproduktion. Im Zusammenhang mit der Entwicklung der Produktion vollzieht sich auch eine Ausdehnung, Erweiterung der Produktionsfonds (Investitionen, Umlaufmittelerweiterung). Das heißt vom Standpunkt des Kreislaufs der Fonds betrachtet vollzieht sich der Prozeß

$$\ldots \underline{P} \ldots W' - G - W' \ldots \underline{P}' \ldots$$

Die entscheidende Quelle der Fondserweiterung ist der erwirtschaftete Gewinn, entsprechende materielle Struktur des Mehrprodukts vorausgesetzt. Für den Umfang der erweiterten Reproduktion lassen sich daraus zwei Konsequenzen ableiten:

a) Das Ausmaß der Fondserweiterung ist entscheidend abhängig von der Masse des produzierten Gewinns. Denn je höher der Gewinn, desto größer auch die Mittel für die Entwicklung der produktiven Fonds.

b) Das Tempo der Fondserweiterung ist entscheidend abhängig vom erreichten Ausnutzungsgrad der Fonds, gemessen am Verhältnis $\frac{R}{F}$.
Denn bezeichnen wir das Tempo der Erweiterung der Fonds mit t und den prozentualen Anteil des für die Erweiterung der Fonds zu verwendenden Gewinns mit p, so gilt

1 Vgl. Richtlinie ..., a. a. O., S. 65/66

$$t = \frac{F + R \cdot p}{F}\text{, woraus folgt} \quad (1)$$

$$t = 1 + \frac{R}{F} \cdot p \quad (2)$$

Vom Standpunkt des Kreislaufs und Umschlags der Fonds als Prozeß der erweiterten Reproduktion ergibt sich damit ein wesentlicher Anknüpfungspunkt für die ökonomische Stimulierung der Fondsausnutzung, nämlich die Fondserweiterung an die Erwirtschaftung von Gewinn zu binden, vom erwirtschafteten Gewinn abhängig zu machen.

Eine gewisse mehr oder minder starke Abhängigkeit der Fondsbildung vor allem von bzw. im Zusammenhang mit Maßnahmen der Rationalisierung interessiert die Betriebe infolge der oben dargestellten Zusammenhänge in doppelter Weise an einem wirksamen Einsatz der Fonds:

An der Erreichung eines günstigen Verhältnisses von $\frac{R}{F}$, um die Quelle für die Fondserweiterung möglichst umfassend zu erschließen.

An einem möglichst wirkungsvollen Einsatz der zur Verfügung stehenden Mittel, um vermittels der Fondserweiterung einen hohen Gewinnzuwachs zu erzielen.

Das heißt, von der Verwendung des im Umschlagsprozeß der Fonds produzierten und realisierten Gewinns gehen entscheidende Impulse für einen rationellen Einsatz der Fonds, für die Ökonomisierung des Fondsvorschusses aus.[1]

Demzufolge ist es auch notwendig, die stimulierende Wirkung der Gewinnverwendung auszunutzen.

Im Zusammenhang mit der Entwicklung des selbsterwirtschafteten Gewinns zur Quelle der Fondserweiterung gewinnt schließlich der Kredit sowie der mit ihm verbundene Zins als Hebel der Fondsausnutzung an Bedeutung. Der Kredit kann hier wirksam werden, weil er untrennbar mit dem Kreislauf und Umschlag der Fonds sowie der Fondsbildung ver-

1 "Die Hauptwirkung als Hebel hat der Gewinn vor allem durch seine Eigenschaft, Quelle der Verteilung von Reineinkommen zu sein. Das gilt sowohl für die Gewinnabführung wie auch für die verschiedenen möglichen Formen der Eigenverwendung erwirtschafteten Gewinns (Bildung des Betriebsprämienfonds, Deckung des Erweiterungsbedarfes, Bildung des Rationalisierungsfonds, Rückzahlung aufgenommener Kredite)"

Vgl. Richtlinie für das neue ökonomische System der Planung und Leitung der Volkswirtschaft
Berlin, 1963, S. 51

bunden ist und zugleich in zweierlei Hinsicht als indirekter Hebel auf den Gewinn einwirkt, "nämlich über den Zins und die Bedingungen der Rückzahlung".[1]

Mit dem Kreislauf und Umschlag der Fonds ist der Kredit dadurch verbunden,

- daß Kreditquellen durch die zeitweilige Freisetzung von Fonds im Kreislaufprozeß, vor allem durch das zeitliche Auseinanderfallen von Produktion und Zirkulation, durch den Reproduktionseffekt an Grundmitteln u. a. m. entstehen,
- daß Kreditbedarf durch einen zeitweilig bedingten zusätzlichen Fondsbedarf, der durch die gleichen Faktoren hervorgerufen wird, entsteht.

Er kann deshalb im Prozeß der erweiterten Reproduktion, damit im Prozeß der Erweiterung der Fonds, insbesondere der Grundmittel, als vorübergehende, mehr oder minder langfristige Finanzierungsquelle der erweiterten Reproduktion auftreten, sei es, um das zeitliche Auseinanderfallen von Erweiterungsmaßnahmen einerseits und Gewinnerwirtschaftung andererseits zu überbrücken, oder um direkt bestimmte Erweiterungsmaßnahmen zu finanzieren (Rationalisierungskredite). Auch hier ist es möglich über die Bedingungen der Kreditrückzahlung und den Zins, ihre Bindung an den Gewinn, eine rationelle Ausnutzung der Fonds zu stimulieren.

Fassen wir zusammen: Vom Standpunkt des unmittelbaren Umschlagsprozesses der Fonds im Betrieb zeigt sich, daß

- die Bedeutung einer Einführung der Produktionsfondsabgabe über die Stimulierung der Fondsabgabe hinausreicht und mit der Ausnutzung anderer ökonomischer Hebel verbunden ist,
- die Wirkung der Fondsabgabe mit der stimulierenden Funktion anderer Hebel synchronisiert werden und eine sinnvolle Verbindung oder Verkettung der ökonomischen Hebel zur rationellen Nutzung der Fonds erreicht werden muß,
- der Fondsabgabe nicht allein die Funktion übertragen werden kann, alle auf die Ökonomisierung des Fondseinsatzes einwirkenden Prozesse zu erfassen.

Es kommt also darauf an, Produktionsfondsabgabe, Gewinn bzw. Nettogewinn, Kredit und Zins zur ökonomischen Stimulierung der Fondsausnutzung in jedem Bereich wirksam zu verketten. Für die Stimulierung des Einsatzes und der Ausnutzung der Grundfonds gilt es besonders, "daß der ökonomische Effekt, der durch die Wirkung eines

1 Vgl. Richtlinie für das neue ökonomische System ... a. a. O., S. 51

ökonomischen Hebels in der einen Phase der Reproduktion erreicht wird, nicht durch die Wirkung eines anderen ökonomischen Hebels in einer anderen Phase aufgehoben werden darf. Im Gegenteil, die in den einzelnen Phasen des Reproduktionsprozesses vorhandenen ökonomischen Hebel müssen in ihren konkreten Anwendungsformen die Einheitlichkeit des Gesamtprozesses der Reproduktion sichern."[1]

Nur unter diesem Gesamtaspekt kann auch die Rolle und Funktion der Produktionsfondsabgabe im System der ökonomischen Hebel verstanden und tatsächlich verwirklicht werden.

Im System der auf den rationellen Einsatz und die Ausnutzung der Fonds wirkenden Hebel hat die Produktionsfondsabgabe eine besondere Funktion. Sie soll die Betriebe im Hinblick auf die Grundmittel veranlassen,

1. neue Fonds, die durch Investitionen entstehen, mit dem höchsten ökonomischen Nutzeffekt einzusetzen, die Erweiterung vorhandener und den Aufbau neuer Anlagen unter diesem Gesichtspunkt vorzunehmen;
2. die optimale Variante in der Erweiterung der Grundfonds, gemessen am wirtschaftlichen Erfolg, auszuwählen und damit eine optimale Struktur der Fonds durchzusetzen;
3. eine ständige rationelle Ausnutzung der im Reproduktionsprozeß eingesetzten Grundfonds zu stimulieren.

Dazu ist im Hinblick auf die dritte Seite ihrer Funktion noch folgendes hervorzuheben: Da sich die Nutzung der Fonds im Prozeß ihres Kreislaufs und Umschlags vollzieht, demzufolge die rationelle Nutzung der Fonds ihren Ausdruck im vollständigen Fondsumschlag findet, der sich über die Produktion und Realisierung der Waren vollzieht, ist es wichtig zu erkennen, daß die Produktionsfondsabgabe eine rationelle Gestaltung des gesamten Umschlagsprozesses erzwingt. Denn da sie unabhängig von der Realisierung der Erzeugnisse besteht und lediglich die Inanspruchnahme von Fonds Kriterium für ihre Erhebung ist, sind die Betriebe gezwungen, absatzfähige (und damit bedarfsgerechte) Erzeugnisse zu produzieren, um auch die Geldfonds für die Zahlung der Fondsabgabe zur Verfügung zu haben. Die Produktionsfondsabgabe erzwingt also nicht nur eine rationelle Nutzung der Fonds im Stadium der Produktion, sondern verlangt, die Einheit von Produktion und Zirkulation ökonomisch wirksam herzustellen.

Insgesamt geht es darum, durch die Produktionsfondsabgabe an die

1 Vgl. Apel/Mittag, Planmäßige Wirtschaftsführung und ökonomische Hebel, Berlin 1964, S. 64

Stelle des oft noch anzutreffenden Kampfes um Investitionsmittel das ökonomisch erzwungene, exakte und kluge Abwägen und Rechnen darüber zu setzen, ob Investitionen usw. wirtschaftlich vertretbar sind oder welche anderen Maßnahmen eingeleitet werden müssen, um eine Erhöhung des Nutzeffekts der eingesetzten Fonds zu erreichen. Die Tatsache, daß jede Veränderung der Fondsausnutzung über die Produktionsfondsabgabe im Nettogewinn spürbar wird, erzwingt gerade ein solches Herangehen, steuert in diesem Sinne ökonomisch den Fondseinsatz. Dabei muß erreicht werden, daß die Fondsabgabe besonders den rationellen Einsatz neuer Fonds stimuliert.

Diese Notwendigkeit ergibt sich prinzipiell aus der spezifischen Stellung und Rolle der Fonds im gesellschaftlichen Reproduktionsprozeß. Die spezifische Bewegungsform der Fonds (Kreislauf) schließt aus, die Effektivität des Fondseinsatzes ausschließlich oder vorwiegend im Stadium der Produktion sichern bzw. erhöhen zu wollen, sondern verlangt vor allem im Stadium der Bildung produktiver Fonds eine auf einen hohen ökonomischen Effekt gerichtete Fondsbildung! Im Kreislaufstadium

$$Gf - Wf \begin{cases} \rightarrow Am \\ \rightarrow Ag \\ \rightarrow Ak \end{cases}$$

wird über den künftigen Nutzen, die Effektivität der in den Fonds vergegenständlichten Arbeit entschieden. Quantitativ bedeutet das, daß Produktionsmittel-Maschinen, Ausrüstungen, Arbeitsgegenstände usw. - und Arbeitskräfte in solchen Proportionen zusammengebracht werden, daß ein rationeller Produktionsprozeß eingeleitet und gesichert werden kann. Qualitativ geht es darum, die in den Fonds vergegenständlichte Arbeit mit der lebendigen Arbeit so zu kombinieren, daß ein höchstmöglicher Nutzen erzielt wird.

Mit anderen Worten: Ein rationeller Einsatz und eine hohe Ausnutzung der Fonds erfordert, die Arbeitskräfte mit solchen Produktionsfonds auszustatten, die eine möglichst hohe Steigerung der Arbeitsproduktivität ermöglichen. Es geht also beim rationellen Einsatz der Fonds nicht schlechthin um die rationelle Nutzung der in ihnen vergegenständlichten Arbeit, sondern um die wirkungsvollste Kombination von vergegenständlichter und lebendiger Arbeit.

Da, wie bereits gesagt, gerade im Stadium der Bildung der produktiven Fonds, d. h. also z. B. im Stadium der Vorbereitung und Durchführung einer Investition, entscheidend über den Grad ihres künftigen Nutzeffekts entschieden wird, muß demzufolge die Produktionsfondsabgabe vor allem in diesem Stadium den Fondseinsatz steuern und als ökonomischer Hebel in dieser Phase voll zur Wirkung gelangen. Das wird durch die Ergebnisse des ökonomischen Experiments bestätigt. In allen VVB und Betrieben, die am Experiment beteiligt sind, wurden vor allem bei der Ausnutzung der Grundmittel erfreuliche Resultate erzielt. So wurden im Vergleich zu vorangegangenen Planjahren wesentlich mehr Grundfonds freigesetzt, die Warte- und Stillstandszeiten verkürzt, das Reparaturwesen (vorbeugende Reparaturen, Verlegung der Reparaturarbeiten in die nächtlichen Stillstandszeiten, u. a. m.) vervollkommnet.

Jedoch stieß der rationellere Einsatz der Grundmittel, vor allem der Übergang zur mehrschichtigen Ausnutzung von Anlagen, auf Schranken, die ihre Ursache in der ursprünglichen Fondsbildung haben. Innerbetriebliche Disproportionen, z. B. zwischen Vorfertigungs- und Montageabteilungen behindern den Übergang zur Schichtausnutzung, weil sich durch die begrenzte Kapazität der Vorfertigung, oft bei schon dreischichtiger Arbeit, der Übergang zur zweichschichtigen Arbeit in anderen Abschnitten des Produktionsprozesses verbietet oder auch umgekehrt kein Bedarf an zusätzlicher Produktion besteht.

Die Bemühungen um die bessere Auslastung durch die Hereinnahme von Kooperationsarbeiten scheiterten teilweise an begrenzten Transport- bzw. Lagerkapazitäten u. ä. Es zeigt sich, daß eine rationellere Ausnutzung vorhandener Fonds weitgehend von einer optimalen Fondsbildung abhängig ist. Daraus folgt, daß der wirksamere Einsatz der fungierenden Fonds in zahlreichen Fällen nur über einen entsprechenden Einsatz von Investitionen erreicht werden kann und demzufolge untrennbar mit dem Investitionsprogramm der Betriebe verbunden ist. Der Einsatz der Investitionen muß sichern, daß die durch den technischen Fortschritt in der innerbetrieblichen Arbeitsteilung hervorgerufenen Veränderungen nicht zu Disproportionen führen, sondern durch eine sinnvolle Verbindung mit komplexen Rationalisierungsmaßnahmen eine ständig hohe Ausnutzung der fungierenden Fonds in ihrer Gesamtheit gewährleistet wird. Die Produktionsfondsabgabe zwingt also dazu, nicht bei der Beurteilung dieser oder jener Einzelmaßnahme stehen zu bleiben, sondern Investitionsprogramme mit der besseren Fondsausnutzung in den Betrieben und Zweigen untrennbar zu verbinden.

Die vorrangige Wirkung der Produktionsfondsabgabe gerade im Zusammenhang mit den fondserweiternden bzw. fondsbildenden Maßnahmen zeigt sich praktisch auch in jenen Zweigen der Volkswirtschaft, in denen der Charakter des Produktionsprozesses als kontinuierlicher Prozeß einer höheren Ausnutzung der vorhandenen Fonds von vornherein sehr enge Grenzen setzt, wie beispielsweise in der Energiewirtschaft, in der Metallurgie, in der Chemie u. a. In diesen Zweigen laufen die Aggregate in der Regel ununterbrochen; dabei ergeben sich aus der Natur des Prozesses wesentlich weniger Ansatzpunkte einer besseren Nutzung durch bestimmte Einzelmaßnahmen als in den anderen Zweigen. Aber gerade in diesen Bereichen bestimmt die rationelle Fondsbildung, die Interessierung an einer im Vergleich zur Produktion bzw. zum Produktionsergebnis möglichst sparsamen Fondsbildung maßgeblich die Effektivität des Fondseinsatzes. Würden wir also die Fondsabgabe nur in ihrer Wirkung auf die Ausnutzung vorhandener Fonds betrachten, so würde ein völlig einseitiges und entstelltes Bild von ihrer Hebelfunktion entstehen und ihr tatsächlicher Wirkungsumfang nicht erkannt werden.

Die Produktionsfondsabgabe kann also ein wirkungsvoller Hebel sein, um die Betriebe und Zweige in stärkerem Maße auf eine wachsende Verwendung von Investitionen für komplexe Rationalisierungsmaßnahmen, wie das auch im Perspektivplan bis 1970 vorgesehen ist, zu orientieren.

Untrennbar verbunden mit dieser Wirkung ist ihr Einfluß auf eine im Vergleich zum Produktionsergebnis optimale Fondsbildung und damit auch auf die Herausbildung einer für den betrieblichen Reproduktionsprozeß erforderlichen optimalen Struktur der eingesetzten Fonds. In der Vergangenheit wurde diesem Problemkreis kaum bzw. nur unzureichende Aufmerksamkeit gewidmet. So wurde z. B. der Frage nach solchen entscheidenden, den Nutzeffekt maßgeblich beeinflussenden Strukturen der Investitionen, wie beispielsweise

- der Struktur nach dem ökonomischen Verwendungszweck und damit nach der ökonomischen Wirkung,
- der Struktur nach Betriebsabteilungen (Haupt-, Hilfs- und Nebenprozessen)

in der Vergangenheit kaum Beachtung geschenkt. Die Produktionsfondsabgabe muß deshalb bereits im Stadium der Fondsbildung die Betriebe darauf orientieren, nicht nur die Fonds so rationell wie möglich einzusetzen, sondern auch die für den Betrieb optimale Fondsstruktur, die einen hohen Nutzen der insgesamt zum Einsatz gelangenden Fonds sichert, auszuwählen, die Fonds in den günstigsten Proportionen zu entwickeln (nach Gebäuden und Ausrüstungen, nach Haupt-, Hilfs- und Nebenabteilungen usw.).

In diesem Zusammenhang ist es notwendig, das Problem des Kriteriums für die Durchführung von Investitionsmaßnahmen neu zu durchdenken. Aus betrieblichen Maßnahmeplänen, die im Zusammenhang mit der experimentellen Erprobung der Fondsabgabe entstanden, geht hervor, daß jede Investition dahingehend geprüft werden soll, ob die geforderte Produktionsfondsabgabe erwirtschaftet werden kann oder nicht; damit wird deren Erwirtschaftung Kriterium für die Durchführung der Investitionsmaßnahme. Ein derartiges Vorgehen ist meines Erachtens nicht richtig bzw. einseitig, da sich die Betriebe damit Fesseln für Einzelinvestitionen anlegen, die im Interesse einer Verbesserung des betrieblichen Reproduktionsprozesses insgesamt, der Sicherung des Absatzes usw. notwendig sind, ohne daß ein Nutzen für den Betrieb unmittelbar nachgewiesen werden kann oder die Fondsabgabe erreicht wird.

In der Praxis treten derartige Fälle durchaus auf, wie z. B. Erweiterung von Lagerkapazitäten, Maßnahmen zur Qualitätssicherung (die z. B. notwendig werden, um den wachsenden Ansprüchen auf dem Markt zu entsprechen und damit den Markt nicht zu verlieren), Maßnahmen zur Beseitigung körperlich schwerer Arbeit, Investitionen zur Abwässerreinigung (z. B. bei galvanischen Anlagen) u. a. m.
Es wäre weder im volkswirtschaftlichen noch im betrieblichen Interesse, derartige Investitionen nicht durchzuführen, weil mit diesen einzelnen Maßnahmen kein oder nur ein geringer Reineinkommenszuwachs erreicht wird. Würde die Produktionsfondsabgabe in dieser Richtung wirken, würde sie einen hemmenden Einfluß auf eine allseitige Vervollkommnung des Reproduktionsprozesses ausüben, die Vernachlässigung bestimmter, für die hohe Wirksamkeit des gesamten Reproduktionsprozesses notwendiger Abschnitte fördern oder gar konservieren (z. B. die Entwicklung bestimmter Hilfsleistungen) und u. U. Störungen im einheitlichen Reproduktionsprozeß der Betriebe zur Folge haben.
Die Konsequenzen müssen unseres Erachtens in einer anderen Richtung liegen.

Wenn der einzelne Betrieb für einen hohen Nutzeffekt des gesamten Fondseinsatzes verantwortlich ist und diesen Nutzen auch nur dann erreicht, wenn er die zur Verfügung stehenden Fonds optimal, in richtigen Verhältnissen zueinander einsetzt, so gilt das offenbar auch für die in einem bestimmten Zeitraum durchzuführenden Investitionen. Genauso wenig, wie das Reineinkommen des Betriebes nicht den einzelnen Bestandteilen seiner insgesamt eingesetzten produktiven Fonds zugerechnet werden kann, sondern dieses Reineinkommen durch den komplexen Einsatz der Fonds insgesamt erwirtschaftet wird, genauso wenig kann erwartet werden, daß aus jeder Einzelmaßnahme für Investitionen stets der gleiche quantitative Nutzen entspringt. Vielmehr besteht die Aufgabe darin, die Gesamtheit der Investitionen so einzusetzen, sie so in den Prozeß der erweiterten Reproduktion einzuordnen, daß mit ihrer Hilfe ein möglichst großer Gewinnzuwachs erreicht und den Belangen einer allseitigen Vervollkommnung des Reproduktionsprozesses im Betrieb entsprochen wird. Der Betrieb als eine nach der wirtschaftlichen Rechnungsführung arbeitende ökonomische Einheit muß also nicht den Nutzen jeder Einzelinvestition, sondern den Nutzen seiner gesamten Fondserweiterung verantworten. Im Rahmen dieser grundlegenden Verantwortlichkeit hat er demzufolge auch zu entscheiden, wie der ihm zur Verfügung stehende Investitionsfonds nach seiner Verwendung hin so struktuiert und mit anderen Rationalisierungsmaßnahmen verbunden wird, daß insgesamt ein hoher Nutzen entsteht und der Nutzeffekt der insgesamt fungierenden Fonds erhöht wird. Dabei können Einzelmaßnahmen mit einem hohen Nutzeffekt durchaus solche mit einer geringeren Auswirkung auf den Gewinnzuwachs gegenüberstehen, wenn es im Interesse der allseitigen Entwicklung des Betriebes notwendig ist. Das heißt, die Einführung der Produktionsfondsabgabe muß uns vor allem dazu veranlassen, die gesamten Investitionen zu optimieren, die zahlreichen Einzelmaßnahmen in ihrem Zusammenhang und in ihrer komplexen Wirkung auf den Gesamtprozeß zu betrachten, um zu erreichen, daß aus dem Einsatz des Investitionsfonds insgesamt ein möglichst hoher Nettogewinn entspringt.

Das enthebt uns jedoch keineswegs einer genauen Untersuchung des Nutzeffekts der verschiedenen Investitionsmaßnahmen, sondern setzt eine entscheidende Verbesserung auf diesem Gebiet geradezu voraus; denn ohne exakte Kenntnis der Wirkung einzelner Investitionsmaßnahmen ist natürlich an eine Optimierung des Investitionsplanes überhaupt nicht zu denken. Jedoch sollte - und auf diese Überlegung kam es hier an - der Nutzen der Einzelmaßnahme, verglichen mit der Produktionsfondsabgabe und einem zu erwirtschaftenden Nettogewinn, nicht das ausschließliche Entscheidungskriterium über ihre Durchführung sein, sondern in viel stärkerem Maße muß die Untersuchung und Analyse des Einsatzes der Gesamtinvestitionen und die Erhöhung des Nutzens der insgesamt eingesetzten Fonds Ausgangspunkt für Einzelentscheidungen werden. Meines Erachtens zwingt die Vervollkommnung der wirtschaftlichen Rechnungsführung, die immer stärkere Durchsetzung der vollen Verantwortung der Betriebe für den gesamten betrieblichen Reproduktionsprozeß mit ökonomischen Mitteln dazu, auch die Aufgaben auf dem Gebiet der Fondserweiterung komplexer zu betrachten.[1]

Die Produktionsfondsabgabe, angewendet und gestaltet auf der Grundlage des wissenschaftlich begründeten Planes bildet im Zusammenspiel vor allem mit dem Nettogewinn, eine entscheidende Voraussetzung dafür, daß die Betriebe und Vereinigungen größere Möglichkeiten für eine bewegliche, ökonomisch begründete und verantwortliche Tätigkeit bei der erweiterten Reproduktion der Fonds erhalten und erhalten können, also auch im Hinblick auf Maßnahmen der Fondserweiterung "eine gewisse Selbstregelung im wirtschaftlichen System auf der Grundlage des Planes" erreicht werden kann.[2]
Damit wird keiner Spontaneität, keiner Zersplitterung des Investitionsprozesses als eines Kernstücks der erweiterten sozialistischen Reproduktion das Wort geredet; wohl aber der Beseitigung noch vorhandener Formen einer unökonomischen, formalen und damit mehr oder weniger wirkungslosen Administration auf einem Gebiet, das wie kaum ein zweites einer Steuerung nach ökonomischen Kriterien <u>und</u> mit ökonomischen Mitteln bedarf.

Es ist, wenn wir über das Problem der Hebelwirkung der Fondsabgabe unter dem Aspekt der Fondsbildung sprechen, gerade in diesem Zusammenhang schließlich noch auf einen außerordentlich wichtigen Gesichtspunkt hinzuweisen, nämlich die Verbindung der Produktionsfondsabgabe mit der perspektivischen Planung eines optimalen Fondseinsatzes. Die Bedeutung dieser Frage ergibt sich aus der Natur des behandelten Gegenstandes selbst.

Die Fonds fungieren während zahlreicher Produktionsperioden im Reproduktionsprozeß. Folglich besteht ein entscheidendes Problem ihrer Bildung darin, sie so zu bilden, daß sie im Prozeß der Realisierung des Perspektivplanes mit einem hohen Nutzen eingesetzt werden können. Die Produktionsfondsabgabe muß gerade so wirken, daß sie einen auf den Perspektivplan abgestimmten Einsatz der Investitionen, damit der Fondserweiterung mit einem hohen ökonomischen Effekt, sichert und stimuliert, sowohl was die Struktur der Investitionen wie den zeitlichen Ablauf des Investitionsprozesses anbetrifft. Das heißt, ausgehend von der perspektivischen Entwicklung

1 In seiner bereits genannten Dissertationsschrift (Vgl. Anmerkung S. 28) weist Schoob darauf hin, daß in den kapitalistischen Elektrokonzernen ein solches komplexes Herangehen an das Investitionsgeschehen Grundlage der Einzelentscheidungen ist. a. a. O. S. 85/86
Schoob kommt übrigens im Ergebnis seiner Untersuchungen zu ähnlichen Schlußfolgerungen wie wir; a. a. O. S. 129 ff

2 Vgl. W. Ulbricht, Antwort auf aktuelle politische und ökonomische Fragen, Berlin 1965, S. 23

der Produktion muß die Fondsabgabe eine möglichst optimale Planung der Fondserweiterung stimulieren, um Verluste aus einer mit der Produktionsentwicklung nicht harmonierenden Investitionsgestaltung zu vermeiden (gerade hier spielen Strukturprobleme, Kapazitätsprobleme, Fragen des richtigen Zeitpunkts der Inbetriebnahme u. a. eine außerordentliche Rolle.)

Aber der Zusammenhang ist keineswegs so einseitig, sondern er gilt auch umgekehrt. Die Produktionsfondsabgabe kann ihre vielfältigen Funktionen nur dann voll erfüllen, wenn sie auf der Grundlage eines wissenschaftlich fundierten Planes gestaltet wird. Fehlt ein solcher Plan bzw. ist dieser Plan nicht sorgfältig begründet, so kann die Produktionsfondsabgabe gegen eine geringe Ausnutzung neuer Objekte, die im Ergebnis perspektivisch ungenügend begründeter Investitionen entstanden, nur wenig ausrichten, d. h., hier zeigt sich der oben genannte Zusammenhang von der entscheidenden Rolle der Fondsabgabe im Stadium der Fondsbildung gewissermaßen von seiner negativen Seite.[1]
Es wird hier zugleich deutlich sichtbar, daß die Gestaltung der Fondsabgabe wie des Systems der ökonomischen Hebel überhaupt untrennbar mit der wissenschaftlich fundierten Planung verbunden werden muß.

Fassen wir zusammen: Ihre entscheidene Funktion als Hebel hat die Produktionsfondsabgabe in der Phase der Bildung neuer Fonds, bei der Stimulierung eines optimalen Einsatzes und hohen Nutzeffekts der Investitionen. Wir unterstreichen deshalb nachdrücklich folgende Feststellung, die Langner/Nick treffen: "Es muß allerdings gesagt werden, daß diese umfangreichen Verkäufe, Verschrottungen usw. ein Effekt sind, der zu Beginn der Einführung der Produktionsfonds-

1 Aus eigenen Forschungen ist dem Verfasser folgender Fall bekannt: In einem Betrieb für elektronische Anlagen wurde der Aufbau einer neuen Galvanik erforderlich. Auf Grund der perspektivischen Vorstellungen über die Produktionsentwicklung im Betrieb wurde dabei u. a. der Bau einer modernen Eloxieranlage vorgesehen. Als nach rund zweijähriger Bauzeit die Gesamtanlage fertig war, wurde die Eloxieranlage nur zu 25 % in einer Schicht genutzt, d. h. etwa einen Tag pro Woche. Die Ursache dafür lag darin, daß sich inzwischen die ursprünglichen Vorstellungen über die perspektivische Entwicklung der Produktion als nicht richtig erwiesen hatten und die Kapazität an Eloxierarbeiten nicht mehr benötigt wurde! Es liegt auf der Hand, daß in diesem Fall auch eine Produktionsfondsabgabe, die den Betrieb belastet, zunächst nur wenig auszurichten vermag; denn selbst der Gedanke, diese Kapazität durch Kooperation zu nutzen, ließ sich nicht umgehend verwirklichen, da die dafür notwendigen Lagerkapazitäten fehlten.

abgabe unvermeidlich und im ganzen auch positiv zu bewerten ist. Aber hierin besteht nicht das Hauptziel, das wir mit der Einführung der Produktionsfondsabgabe erreichen wollen. Worauf es in der Hauptsache ankommt, das ist der planmäßig, perspektivisch gestaltete optimale Fondseinsatz."[1]

Wie selten dieser grundlegende Zusammenhang erkannt und richtig verstanden wird, zeigt ein Artikel von Übermuth über die Produktionsfondsabgabe und den Bankzins.

Übermuth schreibt: "Gegenwärtig ist die Meinung weit verbreitet, mit Hilfe der Produktionsfondsabgabe oder mit anderen Formen des Zinses könnte das Optimum in der Umlaufmittelbestandshaltung bestimmt werden ... Diese auch von anderen Ökonomen vertretene Meinung über die Rolle der Produktionsfondsabgabe kann nicht geteilt werden ... Die optimale Variante kann nicht mit Hilfe der Produktionsfondsabgabe ... bestimmt werden ... Auch mit der Bestimmung der optimalen Nutzung der insgesamt eingesetzten Grund- und Umlauffonds verhält es sich ähnlich. Ihr Nutzen kommt in der fondsbezogenen Reineinkommensrat ... zum Ausdruck."

Zunächst muß folgendes gesagt werden: Eine ausdrückliche Auffassung, wonach die Fondsabgabe das Optimum der Fondsausstattung bestimmt, wird unseres Erachtens von keinem Ökonomen vertreten. Sondern von allen Autoren wird gesagt, daß die Fondsabgabe eine solche Fondsbildung stimulieren soll. Das mag als eine Spitzfindigkeit erscheinen - ist es aber nicht. Natürlich bestimmt die Fondsabgabe nicht das Optimum. Aber darin besteht auch nicht das Problem! Die Frage besteht vielmehr darin, wie eine solche Fondsbildung und -nutzung ökonomisch für den Betrieb stimuliert werden kann. Und hier hilft eben die Feststellung, das Optimum mit Hilfe von fondsbezogenen Reineinkommensgrößen zu bestimmen, nicht weiter. Denn was kann den Betrieb ökonomisch veranlassen, diesen Weg auch zu gehen? Mit Hilfe der Fondsabgabe wird nun gerade der Nettogewinn abhängig von einer optimalen Fondsentwicklung - und gerade dadurch soll die ökonomische Hebelwirkung ausgelöst werden. Die Polemik, die Übermuth gegen Polaschewski führt, ist also in diesem Punkt völlig unberechtigt, beruht auf einem nicht richtigen Erkennen des eigentlichen Anliegens von Polaschewski und anderen.

Die Fondsabgabe vermag jedoch diese Funktion im Bereich der Neubildung produktiver Fonds nur zu erfüllen, wenn sie auch die wirkungsvolle Nutzung der fungierenden Fonds veranlaßt und die Be-

1 Vgl. Langner/Nick, Warum Produktionsfondsabgabe, Berlin 1965, S. 22

triebe und Vereinigungen dazu zwingt, vor jeder neuen Investition die Möglichkeiten der besseren Nutzung vorhandener Fonds voll auszuschöpfen. Das heißt, die eben genannten drei Seiten in der Funktion der Produktionsfondsabgabe stellen eine Einheit dar und können nicht voneinander getrennt werden, wenn die Ökonomisierung des Fondsvorschusses in der Volkswirtschaft mit ökonomischen Mitteln durchgesetzt werden soll.[1]

Unter diesem Aspekt halten meines Erachtens auch die Einwände gegen die Einführung einer Produktionsfondsabgabe, die sich darauf stützen, daß die Abschreibungen sowie die Kostendynamik im Zusammenhang mit der Nutzung der Grundfonds die Ökonomie des Fondseinsatzes hinreichend stimulieren, einer Kritik nicht stand.
Unser prinzipieller Einwand besteht darin, daß hier gewissermaßen ausschließlich vom Standpunkt der rationelleren Nutzung vorhandener Fonds an die gesamte Problematik herangegangen wird. Natürlich kann nicht bestritten werden, daß eine bessere Nutzung vorhandener Fonds auch auf die Kostenentwicklung (Senkung) der Erzeugnisse und damit den Gewinn Einfluß hat. Aber diese Wirkungen sind, und das ist von verschiedenen Verfassern wiederholt dargestellt worden, vor allem was die Abschreibungen anbetrifft kaum spürbar. Dagegen ist der Hinweis auf die stimulierende Wirkung der Kostendynamik wesentlich bedeutender. So weisen beispielsweise Jahn/Heiber in ihrer Dissertation nach, daß es durch die Erhöhung des Ausnutzungsgrades der Grundfonds von 50 % auf 75 % in der Abteilung Metallpresse des VEB Berliner Metallhütten- und Halbzeugwerke möglich wäre, die Erzeugniskosten allein durch Ausnutzung der Kostendynamik um fünf Prozent zu senken.[2]

Ich halte die an diese Untersuchungen geknüpften Gedanken für die Ausnutzung und Anwendung entsprechender Kennziffern zur Verwirklichung der individuellen materiellen Interessiertheit der Werktätigen an der Fondsausnutzung innerhalb des Betriebes für außerordentlich wertvoll. Die Verfasser weisen aber auch auf die Proble-

1 Auf die verschiedenen Möglichkeiten der besseren Ausnutzung der Fonds gehen wir hier nicht ein, da sie in der einschlägigen Literatur hinreichend behandelt werden.
Vgl. Langner/Nick, a. a. O. S. 24 ff

2 Vgl. Jahn/Heiber, Wege und Erfordernisse der Einbeziehung der Werktätigen zur rationellen Ausnutzung der produktiven Fonds des sozialistischen Industriebetriebes unter besonderer Berücksichtigung finanzökonomischer Maßnahmen, dargestellt am Beispiel des VEB Berliner Metallhütten- und Halbzeugwerke, Inauguraldissertation, eingereicht an der Hochschule für Ökonomie, Januar 1965, unveröffentlicht, S. 190

matik der Anwendung solcher Kennziffern auf der Basis der Deckungsrechnung hin (Umfang der Erhebungen und Berechnungen, Gültigkeitsdauer u. a.). Aber nicht darin besteht unser Einwand. Er beruht vielmehr darauf, daß bei allen diesen Untersuchungen stets von einem gegebenen Fondsvorschuß und einem gegebenen Ausnutzungsgrad bei einem gegebenen Kostenniveau ausgegangen wird. Die Ausnutzung der Kostendynamik ist aber problematisch, sofern die Dynamik der Fondsentwicklung, sowohl in qualitativer wie quantitativer Hinsicht, einbezogen wird. Ein unrationeller Fondszuwachs muß sich eben nicht in steigenden Erzeugniskosten und damit einem sinkenden Gewinn ausdrücken, eine Investition von Maschinen, die schlecht genutzt werden, muß sich nicht in spürbaren Kostenerhöhungen ausdrücken (in der Regel nur über die in die Kosten eingehenden Abschreibungen, die meist nur eine geringe Rolle spielen). Meines Erachtens sind deshalb die durchaus richtigen Hinweise auf die Ausnutzung der Kostendynamik für die Stimulierung eines rationellen Fondseinsatzes kein überzeugendes Argument gegen die Fondsabgabe!

Wenn die Kostendynamik ein solch entscheidender Hebel wäre, der die Fondsabgabe überflüssig macht, so müßten die Vertreter dieser Auffassung schließlich erklären, warum bisher der Ökonomisierung des Fondsvorschusses nachweislich so wenig Aufmerksamkeit geschenkt wurde. Selbst wenn in der Vergangenheit der Gewinn nicht im Zentrum der Leistungsbeurteilung stand, so war doch stets die Selbstkostensenkung bzw. überplanmäßige Selbstkostensenkung ein entscheidendes Kriterium für die Leistungsbeurteilung und die Zuführung zu den betrieblichen Fonds. Warum haben die Betriebe auf dieser Grundlage nicht eine hohe Ökonomie der Fonds durchgesetzt, wenn doch die Kostendynamik für die Fondsausnutzung eine solche Rolle spielt? Unseres Erachtens bestätigt auch die bisherige Praxis nicht, daß der Hinweis auf die Kostendynamik als Argument gegen die Fondsabgabe begründet ist.

Ungeachtet der Auswirkungen einer besseren Fondsausnutzung auf die Kosten bleibt auf jeden Fall der grundlegende Tatbestand, daß bisher wirksame Hebel fehlten, die eine optimale Bildung neuer Fonds im Vergleich zum Produktionsresultat stimulierten und damit auch die rationelle Ausnutzung der Fonds von vornherein anregten. Gerade hier wirken die Kosten, die Kostendynamik völlig ungenügend, da gewissermaßen kein von der Gesellschaft gesetzter Maßstab für die Effektivität des Fondseinsatzes gegeben ist. Gerade das geschieht aber durch die Produktionsfondsabgabe. Sie erzwingt von vornherein die Gewährleistung eines Nutzens, der mindestens die Höhe des Fondsabgabesatzes erreicht und darüber hinaus einen Nettogewinn sichert. Sie veranlaßt die Betriebe, die Investitionen so einzusetzen, daß eine möglichst hohe Effektivität der insgesamt fungierenden Fonds erreicht wird und ermöglicht erst durch eine solche organische Verbindung der Stimulierung von Fondserweiterung und Fondsausnutzung die Ökonomisierung des Fondsvorschusses. Die entscheidende Ursache für die unrichtigen Auffassungen über die Rolle der Produktionsfondsabgabe besteht also vor allem darin, daß völlig ungenügend oder überhaupt nicht von der Dynamik der Fonds, dem Prozeß ihrer erweiterten Reproduktion ausgegangen wird.

Welche Ergebnisse brachte nun die experimentelle Erprobung der Produktionsfondsabgabe im Hinblick auf die an ihre Hebelwirkung geknüpften Erwartungen?

Es ist in diesem Zusammenhang nicht möglich, alle Seiten des Ergebnisses zu betrachten. Eine sachliche Beurteilung der hier vorzutragenden Resultate und Probleme macht es jedoch zunächst notwendig, die Bedingungen zu umreißen, unter denen das Experiment durchgeführt wurde. Sie werden allgemein dadurch charakterisiert, daß das neue ökonomische System, als dessen Bestandteil die Produktionsfondsabgabe konzipiert ist, noch nicht voll verwirklicht ist. Für das Experiment sind dabei vor allem folgende Probleme wichtig:

1. Das Fehlen eines begründeten Perspektivplans und die Durchführung des Experiments auf der Grundlage des Jahresplanes, dessen Durchführung und Erfüllung zugleich ausschließliches Kriterium der Leistungsbeurteilung der Betriebe ist. Damit fehlen wesentliche Voraussetzungen für eine genügend langfristige Orientierung auf einen rationellen Einsatz neuer Fonds wie auch auf perspektivische Maßnahmen zur besseren Fondsausnutzung.[1]
2. Die Bedingungen der Gewinnerwirtschaftung, und damit auch der Erwirtschaftung des Nettogewinns, ermöglichen noch nicht voll die Entwicklung des Gewinns zum Leistungsmaßstab und die Anwendung von Gewinn-Normativen, sondern wesentlicher Leistungsmaßstab ist die jährliche Netto-Gewinnplanerfüllung mit allen ihr zugrunde liegendenden Problemen.
Damit im Zusammenhang steht die noch nicht abgeschlossene Gestaltung des Preissystems im allgemeinen und im Hinblick auf die Wirksamkeit der Produktionsfondsabgabe im besonderen.

1 Vgl. Friedrich, Sozialistische Wirtschaftsführung und Stellung des Leiters, in: Wirtschaftswissenschaft 10/65, insbes. S.1599

3. Aus dem vorher Dargestellten ergibt sich, daß auch im Experiment die materielle Interessiertheit der Betriebe vorwiegend an die Erfüllung des Planes, insbesondere des Gewinnplanes gebunden ist, und der Zusammenhang zwischen Plan und ökonomischen Hebeln vom Grundsatz her noch nicht so entwickelt ist, daß die Betriebe und VVB's in befriedigender Weise an der Aufstellung optimaler Pläne interessiert werden.

Diese Bedingungen des Experiments beeinflußten natürlich auch die Wirksamkeit der Produktionsfondsabgabe.

Es soll nunmehr versucht werden, einige Erkenntnisse und Ergebnisse des Experiments unter dem Aspekt des Zusammenhangs Nettogewinn - Produktionsfondsabgabe zu analysieren.

Die Ergebnisse des ökonomischen Experiments zeigen eindeutig, daß für die Wirksamkeit der Produktionsfondsabgabe ihr Zusammenspiel mit dem Nettogewinn die Kardinalfrage ist. Alle auf die vollkommenere Gestaltung der Fondsabgabe selbst gerichteten Maßnahmen erweisen sich letztlich als wirkungslos, wenn dieser Grundzusammenhang nicht gewährleistet wird. Die Konsequenz ergibt sich notwendig aus der objektiven Stellung des Gewinns (Nettogewinn) im System der ökonomischen Hebel.

Ich möchte diesen Grundgedanken zunächst näher am Beispiel des im Experiment erprobten Zusammenhangs Fondsausstattung/Fondsausnutzung - Produktionsfondsabgabe - Nettogewinn - Prämienfondsbildung erläutern. In der VVB Elektrogeräte - einer Experimentier-VVB - zeigt eine Gruppierung aller Betriebe unter dem Aspekt des Einflusses der Fondsabgabe auf die Zuführungen zum betrieblichen Prämienfonds nach dem Grad der Nettogewinnplanerfüllung im Vergleich zu den Zuführungen nach alten Bedingungen folgendes Bild:

Betrieb	Erfüllung Nettogewinn %	PFA Überschreitung (+) Unterschreitung (-)
1. Gruppe: Höchstzuführung unverändert		
A	495	+
B	277	+
C	196	+
D	193	+
E	158	+
F	132	+
G	132	-
H	128	+
I	127	+
J	121	+
K	119	-

Betrieb	Erfüllung Nettogewinn %	PFA Überschreitung (+) Unterschreitung (-)
2. Gruppe: Veränderte Zuführungen		
L	104	+
M	101	+
N	93	+
O	93	+
P	83	+
3. Gruppe: Mindestzuführung unverändert		
Q	79	+
R	71	+
S	67	+
T	51	-
U statt Gew.-Verlust		+
V " " "		+
W " " "		-
X höherer Verlust		+

Das heißt, nur in dem Bereich der Gewinnplanerfüllung zwischen etwa 83 und etwa 104[1] Prozent beeinflußt in dem untersuchten Fall die Fondsabgabe die Zuführungen zum Prämienfonds und berührt damit die materielle Interessiertheit der Betriebe an einer besseren Fondsausnutzung. Damit spiegeln sich im Experiment die Grenzen der gegenwärtig gültigen Form der Bildung des Prämienfonds wider, die wie folgt gesetzt sind:

a) Bei einer Untererfüllung des geplanten Nettogewinns fällt die geplante Zuführung zum Prämienfonds bis zur Grenze von 80 Prozent Planerfüllung progressiv ab. Bei 80-prozentiger bzw. noch geringerer Erfüllung erfolgt in jedem Fall die Mindestzuführung[2]

b) Bei einer Übererfüllung des geplanten Nettogewinns erfolgt eine Zuführung von 60 Prozent des Überplangewinns zum Betriebsprämienfonds, wobei eine Höchstzuführung von 150 % des geplanten Prämienfonds nicht überschritten werden darf.

1 Die obere Grenze ist nicht fix!

2 Im Unterschied zur Festlegung über die Bildung des Prämienfonds GBl II/Nr. 10 wurde im Experiment die untere Grenze von 90 auf 80 % gesenkt.

Jenseits dieser Grenzen hört gewissermaßen jede Hebelwirkung in bezug auf den Prämienfonds auf, und, wie die Ergebnisse des Experiments zeigen, liegt die Mehrzahl der Betriebe jenseits dieser Grenzen.[1]

Soll also die Wirksamkeit der Fondsabgabe gewährleistet werden, so wird hier die Notwendigkeit erkennbar, das ausschließlich auf der Jahresplanung und Jahresplanerfüllung beruhende Planungssystem und die daran geknüpften Formen der materiellen Interessiertheit, die noch vorwiegend von der Gewinnplanerfüllung ausgehen, zu verändern.

Dabei zeichnen sich, wenn wir uns die genannten Ergebnisse ansehen, zwei Aufgaben ab:

1. Es muß eine reale, optimale Planung des Reproduktionsprozesses erreicht werden; die Hebel müssen die Betriebe zu einer realen und optimalen Planung aller Seiten des Reproduktionsprozesses auf lange Sicht veranlassen.
2. Die gegenwärtigen Grenzen in der Wirksamkeit der Hebel müssen überprüft und die Begrenzungen nach Möglichkeit aufgehoben werden.

Wie notwendig es ist, die Hebelwirkung in dieser Richtung zu vervollkommnen, zeigt sich vom Standpunkt der Produktionsfondsabgabe nicht nur darin, die Ausnutzung der vorhandenen Fonds wirksamer zu stimulieren. Vor allem muß erreicht werden, daß die Produktionsfondsabgabe die Betriebe veranlaßt, einen optimalen Einsatz der Fonds zu planen, eine im Vergleich zur Produktion optimale Erweiterung der Fonds vorzunehmen und konsequent auf einen hohen Nutzeffekt der Investitionen zu orientieren, sowie die Sicherung einer hohen Effektivität der Fondserweiterungen ökonomisch zu erzwingen.

1 Die obere Grenze in b) ist nicht fix im Gegensatz zur unteren. Mathematisch läßt sich diese Grenze wie folgt bestimmen:
Ist a = Plannettogewinn,
p = Prozentsatz der Nettogewinnplanerfüllung,
b = Prämienfonds,
so gilt folgende Bezeichnung für die obere Grenze:

$$(a \cdot p - a) \cdot \frac{60}{100} = \frac{b}{2} \text{, woraus folgt} \quad (1)$$

$$p = \frac{5}{6} \cdot \frac{b}{a} + 1 \quad (2)$$

Das heißt, der Prozentsatz der Planerfüllung, bis zu dem 60 % des Überplangewinns soll dem Prämienfonds zugeführt werden können, ist abhängig vom Verhältnis $\frac{b}{a}$. Je größer ein Verhältnis zum Gewinn der Prämienfonds, umso höher die obere Grenze.

Das Experiment zeigt, daß die Produktionsfondsabgabe unter den gegenwärtigen Bedingungen gerade auf diesen Gebieten kaum oder überhaupt nicht wirksam wird, obwohl, wie wir betont haben, gerade hier ihre Hebelwirkung entscheidende Bedeutung erlangt und erlangen muß. Wo liegen die Ursachen dafür?

Sie liegen im Prinzip in der auf dem Jahresplan und seiner Erfüllung, insbesondere der Gewinnplanerfüllung beruhenden Gestaltung der materiellen Interessiertheit. Die sich daraus ergebende Notwendigkeit der Planung des Nettogewinns erfordert, auch die Produktionsfondsabgabe zu planen und durch ihren Abzug vom geplanten Gesamtgewinn den planmäßigen Nettogewinn, dessen Erfüllung Leistungsmaßstab ist, zu bestimmen. Dadurch ergibt sich aber, daß der Plan-Nettogewinn bei gegebenem Gesamtgewinn sich umgekehrt verhält zur Größe der Fondsabgabe und damit der ihr zugrunde liegenden Fonds. Steigen letztere, so fällt der geplante Nettogewinn und umgekehrt.

Der Betrieb ist infolgedessen nicht an der Höhe der Fondsabgabe interessiert, sondern ihm geht es in erster Linie um die Erfüllung des geplanten Nettogewinnes. In diesem spiegelt sich der Nutzeffekt der betrieblichen Tätigkeit wider. Die sozialistische Gesellschaft aber ist an einer hohen planmäßigen Fondsabgabe und dem geplanten Gesamtgewinn interessiert. Es muß also bei der Sicherung eines hohen Nettogewinnes auch eine hohe Fondsabgabe und ein hoher Gesamtgewinn gewährleistet werden. Die Betriebe sind vom Plan her nicht daran interessiert, optimale Fonds zu planen und zu bilden, sondern maximale Bestände, was sich nicht zuletzt in dem Betreben ausdrückt, möglichst umfangreiche Bestände (Fonds), für die Planung der Fondsabgabe ansatzfähig zu machen, bei der Planung der Grundfondsentwicklung "großzügig" zu verfahren u. a. m.[1]
Die Fondsabgabe wirkt also im Experiment unter den gegebenen Bedingungen nicht auf eine optimale Fondsplanung ein.

Eine ähnliche Problematik tritt uns auch hinsichtlich des Nutzeffekts der Investitionen entgegen. Außerlich erscheint die ungenügende Einflußnahme der Fondsabgabe auf einen hohen Nutzeffekt der Investitionen darin, daß in den verschiedenen Auswertungen, Empfehlungen und Hinweisen zum Experiment immer wieder darauf aufmerksam gemacht wird, die Fondsabgabe doch auch bei Nutzeffektsbe-

1 Überprüfungen der VVB Elektrogeräte ergaben beispielsweise, daß einige Betriebe den Abzug von geplanten Grundfondsumsetzungen, die auf Grund von festgelegten Spezialisierungsmaßnahmen durchgeführt werden, vom Grundfondsbestand bei der Planung der Fondsabgabe "vergessen" hatten, nicht aber Zugänge!

rechnungen zugrunde zu legen. Die Betriebe beachten also diesen Zusammenhang zu wenig, bzw. werden durch die Erhebung der Fondsabgabe nicht genügend veranlaßt, ihn zu berücksichtigen!

Ursächlich verbunden ist diese Erscheinung mit der Planung der Fondsabgabe und davon abgeleitet des Nettogewinns, was auch erfordert, die Fondsentwicklung zu planen. Im Prinzip sind für die Planung der Fondsentwicklung alle planmäßigen Fondserweiterungen, auch die zu aktivierenden Investitionen, ansatzfähig, und es wird auf den so ermittelten Durchschnittsbestand die planmäßige Fondsabgabe errechnet. Dabei bleibt völlig unberücksichtigt, ob auf die Erweiterungen mindestens Fondsabgabe erwirtschaftet wird oder nicht; in jedem Fall wird der allgemeine Fondsabgabesatz angewandt, so daß eine mehr oder weniger hohe Effektivität der Fondserweiterung letztlich im planmäßigen Nettogewinn anerkannt wird. Wir wollen das an einem schematischen Beispiel deutlich machen:

1. Fall:

	Fonds	PFA 10 %	Gewinn	Nettogewinn
Basis	1000	100	200	100
Δ J	100	10	25	15

Die Investition hat einen hohen Nutzen, die Fondsabgabe wird erwirtschaftet und darüber hinaus ein Nettogewinn geschaffen. Dementsprechend steigt der planmäßige Nettogewinn um die Differenz $25 - 100 \cdot \frac{10}{100}$ auf 115.

2. Fall:

	Fonds	PFA 10 %	Gewinn	Nettogewinn
Basis	1000	100	200	100
Δ J	100	10	5	- 5

Die Investition hat einen geringen Nutzen, die Fondsabgabe wird nicht erwirtschaftet. Da jedoch die Investition in die planmäßige Fondserweiterung eingeht, wird auf Grund der gegenwärtigen Praxis auf Δ J der einheitliche Fondsabgabesatz berechnet, so daß der geplante Nettogewinn um die Differenz $5 - 100 \cdot \frac{10}{100}$ fällt, d. h. auf 95.

Schließlich ist noch auf folgendes hinzuweisen: Die gegenwärtige Anwendung der Produktionsfondsabgabe orientiert die Betriebe ungenügend auf langfristige Maßnahmen und hält sie dazu an, Fonds nach Möglichkeit nur am Jahresbeginn freizusetzen. Warum? Auf der Grundlage der Jahresplanung sind Nettogewinn und Fondsabgabe jährlich zu planen, folglich auch die Fondsentwicklung. Ausgangspunkt der Fondsplanung sind aber bei Grundmitteln z. B. stets die Ist-Bestände am Ende des vorangegangenen Jahres, d. h., die im Vorjahr erzielten Ergebnisse sind mit Beginn des neuen Jahres unwirksam! Eine Freisetzung von Fonds im letzten Monat eines Jahres bringt also nur einen Nutzen von $N = \frac{F \cdot p}{100 \cdot 12}$ am Jahresanfang dagegen $\frac{F \cdot p}{100}$ und mit Wirkung des neuen Jahres in jedem Fall einen Nutzen von 0.

Es werden also zur Zeit, selbst bei einer angemessenen Festsetzung des Fondsabgabesatzes, mindestens folgende Aufgaben nicht gelöst:

1. Eine durchgängige Stimulierung der Fondsausnutzung, unabhängig vom Grad der Erfüllung des Nettogewinnplanes.
2. Die Durchsetzung einer optimalen Planung der Fondsentwicklung.
3. Der Anreiz zur Planung und Realisierung eines hohen Nutzeffekts der Investitionen.
4. Die Stimulierung einer langfristigen und kontinuierlichen Freisetzung von produktiven Fonds.

Eine Überwindung dieses unbefriedigenden Zustandes ist auf der Grundlage der bestehenden Formen der materiellen Interessiertheit nicht möglich; möglicherweise jedoch ist sie mit zusätzlichen Mitteln - meist administrativer Form - zu erreichen, deren Wirksamkeit, wie gerade die bisherige Entwicklung z. B. auf dem Gebiet der Investitionen zeigt, sehr zweifelhaft und problematisch ist. Wir sehen also, daß die Produktionsfondsabgabe gegenwärtig noch keineswegs voll wirksam ist. Die Ursache dafür liegt aber nicht bei der Produktionsfondsabgabe selbst. Die Forderung, Plan und ökonomische Hebel im Bereich der Fondsausnutzung wirksam miteinander zu verbinden, zu erreichen, daß die ökonomischen Hebel die Aufstellung optimaler Pläne der Fondsentwicklung stimulieren, ist durch die Ausgestaltung der Fondsabgabe allein nicht zu verwirklichen. Diejenigen, die aus den im Hinblick auf die ökonomische Stimulierung unbefriedigenden Ergebnissen des Experiments die Schlußfolgerung ableiten, daß sich die Produktionsfondsabgabe, "wie vorauszusehen war", als wirkungslos und demzufolge überflüssig erweist, begehen den Fehler, die Mängel des noch unvollkommenen Systems der Planung und der ökonomischen Hebel der Produktionsfondsabgabe anzukreiden. Sie übersehen, daß die volle Funktionsfähigkeit jedes ökonomischen Hebels von der wirkungsvollen Gestaltung des Gesamtsystems abhängt.

Da die Produktionsfondsabgabe nur im Zusammenspiel mit dem Nettogewinn voll zur Wirkung gelangen kann, hängt offenbar die Wirsamkeit der Fondsabgabe entscheidend von der wirkungsvollen Gestaltung des ökonomischen Hebels Nettogewinn ab. Daraus folgt: Man kann nicht erwarten, daß die Fondsabgabe die derzeitig gesetzten Grenzen der Stimulierung überspringt und eine optimale, auf einen hohen

Nutzen gerichtete Fondsplanung anreizt, solange der Nettogewinn selbst in dieser Weise nicht wirksam wird. Und das Problem besteht gerade gegenwärtig darin, daß der Nettogewinn als ökonomischer Hebel noch unbefriedigend entwickelt ist. Das bei einer Einschätzung der Wirkung der Fondsabgabe im Experiment zu übersehen, ist meines Erachtens nicht zulässig.

Die wirkungsvolle Ausnutzung der Fondsabgabe erzwingt vielmehr eine entsprechende Vervollkommnung des Systems der Hebel, insbesondere des Nettogewinns. In welcher Richtung muß diese Vervollkommnung liegen? Ohne hier im Detail auf diese Problematik, die über unseren eigentlichen Gegenstand hinausreicht, einzugehen, soll doch versucht werden, unsere Grundgedanken dazu zu skizzieren.

1. Unseres Erachtens ist es notwendig, die Produktionsfondsabgabe mit der Anwendung von Nettogewinn-Normativen, deren Wesen in einer unmittelbaren, direkten Beteiligung der Betriebe am erwirtschafteten Nettogewinn besteht, zu verbinden. Diese Normative müßten einen mehr oder minder langfristigen Charakter tragen, um die Betriebe, vor allem auch im Hinblick auf oft langfristige Maßnahmen einer vollkommeneren Ausnutzung der eingesetzten Fonds, insbesondere der Grundmittel, an entscheidenden technischen und technologischen Veränderungen materiell wirksam zu interessieren. Nur so kann erreicht werden, daß nicht um den Preis kurzfristiger Ergebnisse langfristige, für die Rationalisierung der Produktion entscheidende Aufgaben zurückgestellt werden. Dabei soll nicht verkannt werden, daß durch die Vielfalt der auf den Nettogewinn wirkenden Faktoren bei der Anwendung langfristiger Normative für einzelne Betriebe unbegründete Vorteile bzw. Nachteile entstehen können. Es wäre jedoch zu überlegen, inwieweit bei einer absehbaren Entwicklung durch die langfristige Vorgabe jährlich differenzierter Normative diese Problematik eingeschränkt werden könnte.
   Durch die Anwendung derartiger Normative werden die Grenzen für die Zuführungen zu den betrieblichen bzw. zweiglichen Fonds in Abhängigkeit von der Höhe des Nettogewinns nach oben und unten sehr variabel und die ausschließliche Bindung an das Jahr aufgehoben, so daß die gegenwärtig bestehenden Grenzen in der Zuführung zu den Prämienfonds beseitigt werden. Bereits von dieser Seite zeigt sich, daß die Anwendung von Nettogewinn-Normativen für die Wirksamkeit der Produktionsfondsabgabe unerläßlich ist. Denn nur durch eine solche Be-

teiligung der Betriebe am erwirtschafteten Nettogewinn beeinflussen alle auf den Nettogewinn wirkenden Faktoren, also auch die Fondsentwicklung und damit die Produktionsfondsabgabe, vollständig die Bildung der betrieblichen Fonds, werden die Grenzen in der Wirksamkeit der materiellen Interessiertheit aufgehoben.

2. Damit ist jedoch die Problematik der materiellen Interessiertheit an optimalen Plänen, damit auch an einem optimalen Fondseinsatz keineswegs gelöst. Denn die Beteiligung am tatsächlich erwirtschafteten Gewinn stimuliert noch keineswegs die optimale Planung des Produktionsprozesses im Rahmen und auf der Grundlage der perspektivischen Aufgaben des Betriebes.
Eine befriedigende Lösung könnte unseres Erachtens erreicht werden, wenn die auf der Grundlage der Normative zu erfolgende Fondsbildung an den Plangewinn und seine Erfüllung gebunden wird, und zwar in folgender Weise:
   Die Zuführung zu den betrieblichen Fonds erfolgt entsprechend der vorgegebenen Normative durch die Anwendung auf den geplanten Nettogewinn bei Erfüllung des Nettogewinnplanes.
   Die Zuführungsnormative zu den betrieblichen Fonds vermindern sich progressiv bei Nichterfüllung des geplanten Nettogewinns; die Berechnungsgrundlage aber bleibt der geplante Nettogewinn!
   Die Zuführungsnormative zu den betrieblichen Fonds erhöhen sich degressiv bei Übererfüllung des geplanten Nettogewinns, so daß es für den Betrieb von vornherein vorteilhaft ist, einen höheren Nettogewinn zu planen als einen niedrigeren Nettogewinn entsprechend überzuerfüllen.

In allen Fällen bleibt die Bezugsgrundlage der Normative der geplante Nettogewinn, während sich das Normativ in Abhängigkeit von der Planerfüllung verändert. Auf diese Weise wäre es unseres Erachtens möglich, eine solche Kopplung (Rückkopplung) zwischen Plan und Planerfüllung herzustellen, die die Betriebe zu einer möglichst realen und auch optimalen Planung veranlaßt.
Vom Standpunkt der Fondsausnutzung ist es unter diesen Bedingungen natürlich vorteilhaft, Investitionen mit dem höchsten Nutzeffekt vorzunehmen, den Nutzen exakt zu ermitteln und auch einzuschätzen sowie zu realisieren, um auf der Grundlage der gegebenen Normative durch eine möglichst hohe Steigerung des geplanten Netto-Gewinns hohe Zuführungen zu den betrieblichen Fonds zu erhalten.

Die Ausarbeitung und Anwendung von derartigen Normativen ist deshalb gegenwärtig ein Schritt zur vollkommeneren Gestaltung der unmittelbar mit dem Gewinn verbundenen Hebel im allgemeinen und der wirksameren Ausnutzung der Produktionsfondsabgabe im besonderen.

Rudolf Reichenberg, Berlin

Zu einigen Zusammenhängen zwischen der technischen Revolution und der volkswirtschaftlichen Akkumulationskraft in der DDR

1. Zur inhaltlichen Bestimmung des Begriffes Akkumulationskraft und zu einigen quantitativen und qualitativen Anforderungen der technischen Revolution an die Akkumulationskraft

Das planmäßige, stetige und rasche qualitative sowie quantitative Wachstum des volkswirtschaftlichen Reproduktionsprozesses im Sozialismus ist das Ergebnis zahlreicher ökonomischer, technischer, politischer und ideologischer Triebkräfte, Faktoren und Bedingungen. Eine zentrale Stellung innerhalb der vielfältigen Bedingungen des quantitativen und qualitativen Wachstums des volkswirtschaftlichen Reproduktionsprozesses nimmt die jeweils realisierte Akkumulationskraft der Volkswirtschaft ein.

In der Forschungsarbeit, in Publikationen und Diskussionen nehmen Probleme der Akkumulationskraft seit einiger Zeit einen breiten Raum ein. Die zunehmende Aufmerksamkeit für diese Fragen ist nicht zufällig. Sie erklärt sich zunächst aus dem Widerspruch zwischen den steigenden Anforderungen der technischen Revolution unter den Bedingungen des umfassenden Aufbaus des Sozialismus an die Akkumulationskraft und den jeweiligen real einzusetzenden Akkumulationsmitteln. Dieser Widerspruch wird in der DDR noch besonders fühlbar infolge der Verschlechterung der Akkumulationseffektivität zurückliegender Jahre. Es ist in diesem Zusammenhang erforderlich, die Grundzusammenhänge zwischen technischer Revolution und Akkumulationskraft tiefer zu durchdringen, um die zu lösenden wirtschaftspolitischen Probleme besser erkennen zu können. Das beginnt bereits bei der Bestimmung des Begriffes Akkumulationskraft. Die Bedingungen der technischen Revolution erfordern eine solche Bestimmung, die alle zukünftigen produktiven Potenzen des volkswirtschaftlichen Reproduktionsprozesses erfaßt und den dialektischen Zusammenhang von möglicher und realisierter Akkumulationskraft berücksichtigt. Vor allem müssen die völlig neuen Anforderungen der technischen Revolution an die Effektivität des volkswirtschaftlichen Reproduktionsprozesses gebührend berücksichtigt werden. Die aus Veröffentlichungen bekannte direkte oder indirekte Definition des Begriffes Akkumulationskraft ist teilweise sehr verschieden voneinander. So wird der Begriff ohne nähere Erklärung verwandt[1], wird gleichgesetzt mit der Erhöhung der Akkumulationsrate[2] oder wird in umfassenderem Sinne gebraucht.[3]

Unter Berücksichtigung der quantitativen und qualitativen Anforderungen der technischen Revolution fasse ich unter Akkumulationskraft einer Volkswirtschaft den Umfang und die Wirksamkeit aller finanziellen und materiellen Mittel einschließlich der Aufwendungen an lebendiger Arbeit zusammen, die für die extensiv oder intensiv erweiterte Reproduktion der produktiven Potenzen des volkswirtschaftlichen Reproduktionsprozesses eingesetzt bzw. wirksam gemacht werden können.

Diese Begriffsfassung ist insofern eine Einengung gegenüber den Begriffen Akkumulation bzw. Akkumulationsfonds, als sie sich nur auf die erweiterte Reproduktion der produktiven Potenzen bezieht und die Erweiterung der Grundmittel außerhalb des Bereiches der materiellen Produktion ausklammert. Eine solche Trennung ist notwendig, weil die Erweiterung der Grundmittel außerhalb des Bereiches der materiellen Produktion mit der Wachstumsdynamik des volkswirtwirtschaftlichen Reproduktionsprozesses in keinem direkten und unmittelbaren Zusammenhang steht. Die technische Revolution erfordert aber gerade die Kenntnis über die Wachstumsmöglichkeiten der produktiven Potenzen, weil sie in noch stärkerem Maße als früher die zukünftige Konsumtion bestimmen. Gleichzeitig bedeutet diese Begriffsfassung insofern eine Erweiterung, als die objektiv mögliche, realisierbare Akkumulationskraft zum Ausdruck gebracht werden soll, während die gegebene Größe des Akkumulationsfonds und die Art seiner Verwendung nur die tatsächlich wirksam gewordene Akkumulationskraft

1 Vgl. Koziolek, Das neue ökonomische System der Planung und Leitung der Volkswirtschaft und die modernen Methoden der Bilanzierung, Wirtschaftswissenschaft Nr. 6/1965, S. 881
Auf Seite 882 verwendet er den Begriff "kritische Akkumulationsmasse" ebenfalls ohne nähere Erklärung-.

2 Vgl. Sachse, Technische Revolution und Qualifikation, Berlin 1965, S. 12 Auch auf Seite 132 gibt er keine andere Erklärung.

3 Vgl. Apel/Mittag, Neues ökonomisches System und Investitionspolitik, Berlin 1964, S. 7; Mittag, Die Aufgaben, die sich aus dem 9. Plenum des ZK der SED zur weiteren Durchsetzung der ökonomischen Politik der Partei auf dem Gebiet der Industrie und des Bauwesens ergeben (parteiinternes Material), S. 12

zum Ausdruck bringt. Die neuen Anforderungen der technischen Revolution an die Effektivität bedingen die Kenntnis auch der Möglichkeiten an Akkumulationskraft und nicht nur die tatsächlich eingesetzte. Eine Erweiterung wurde daher auch in der Hinsicht vorgenommen, als nicht nur die Wachstumsmöglichkeiten des Reproduktionsprozesses durch produktive Verwendung von Nationaleinkommen, sondern auch des Teiles der Amortisationen eingeschlossen wurde, der der Produktionserweiterung dienen kann.

Unter Beachtung dieser Zusammenhänge setzt sich die volkswirtschaftliche Akkumulationskraft aus drei Komponenten zusammen:

Aus der Nationaleinkommenskomponente, worunter ich die absolute Größe des produktiv zu verwendenden Teiles des Nationaleinkommens verstehe.

Aus der Reproduktionskomponente, worunter ich die Nutzungsmöglichkeiten der Amortisation für Zwecke der erweiterten Reproduktion fasse.

Aus der Effektivitätskomponente, worin ich den gesamten Komplex der Möglichkeiten zur ökonomischen Effektivitätserhöhung der produktiven Potenzen einbeziehe. Ich klammere also die ökonomisch effektvolle Verwendung z. B. von Investitionen im Bereich außerhalb der materiellen Produktion aus. Weiterhin ist zu beachten, daß die ökonomische Effektivität zwar der wichtigste, aber nicht der einzige Bestandteil der sozialökonomischen Effektivität der sozialistischen Gesellschaftsordnung ist.

In ihrer allgemeinen Fassung gelten die drei Bestimmungskomponenten der volkswirtschaftlichen Akkumulationskraft für jede auf erweiterter Reproduktion beruhende Volkswirtschaft. Es gibt jedoch keine Akkumulationskraft an sich. Die konkret mögliche Akkumulationskraft einer Volkswirtschaft wird vom sozialökonomischen und materiell-technischen Entwicklungsstand der jeweiligen Volkswirtschaft bestimmt. So gehen z. B. von den Gesetzmäßigkeiten der Nationaleinkommensverteilung im Kapitalismus völlig andere Auswirkungen und objektive Maßstäbe für die mögliche Akkumulationskraft aus als im Sozialismus. Im Kapitalismus ist bei der Primärverteilung des Nationaleinkommens die objektive Begrenzung zwischen variablem Kapital und Mehrwert durch den Wert der Ware Arbeitskraft gegeben. Im Sozialismus wird die objektive Begrenzung durch das Leistungsprinzip und die gesellschaftlichen Anforderungen (Akkumulations- und Konsumtionsbedürfnisse) an die Größe des Mehrprodukts bestimmt.

Die Realisierung, die tatsächliche Wirksamkeit, die Umsetzung der Akkumulationsmöglichkeit in die Wirklichkeit ist in noch stärkerem Maße sozialökonomisch bestimmt und hängt untrennbar mit der jeweiligen konkreten ökonomischen politischen, technischen und militärischen Situation der einzelnen Länder zusammen. Für die DDR ist dieser Zusammenhang für den Perspektivplanzeitraum bis 1970 zunächst durch folgende historische Voraussetzungen bzw. Aufgaben charakterisiert.

Einmal durch den Charakter unserer Epoche des revolutionären Übergangs vom Kapitalismus zum Sozialismus, dem zunehmenden weltgeschichtlichen Gewicht des sozialistischen Lagers, der Verbreiterung der Front der jungen Nationalstaaten und der gegenwärtigen Verschärfung der internationalen Lage infolge der Aggressionspolitik des amerikanischen und westdeutschen Imperialismus. Zum anderen durch die zeitliche Synchronität der Durchführung der Aufgaben zum umfassenden Aufbau des Sozialismus mit der Verwirklichung der technischen Revolution. Die gegenseitige Durchdringung dieser geschichtlichen Prozesse führt zu qualitativ neuen Anforderungen an die Verwirklichung der technischen Revolution und des umfassenden Aufbaus des Sozialismus. Schließlich wird dieser Zusammenhang in starkem Maße durch die Akkumulationsbewegung der zurückliegenden Jahre beeinflußt.

Aus der Vielfalt der Einzelbedingungen dieses Zusammenhanges zeichnen sich grundsätzlich zwei Bewegungsrichtungen ab. Einerseits werden die Anforderungen an den Realisierungsgrad der Akkumulationskraft beträchtlich erhöht. Zum anderen bieten sich günstigere Möglichkeiten zur Erhöhung der Akkumulationskraft. Die steigenden qualitativen und quantitativen Anforderungen der technischen Revolution in der Zeitsynchronität mit dem umfassenden Aufbau des Sozialismus ergeben sich aus der Verwandlung der Wissenschaft in eine unmittelbare Produktivkraft, aus dem Umfang und Vermehrungstempo wissenschaftlicher Erkenntnisse, aus der beträchtlichen Verkürzung der Zeit ihrer technisch-ökonomischen Realisierung und der damit verbundenen Erhöhung der organischen Zusammensetzung der Fonds. Sie ergeben sich weiterhin aus der objektiven Zielsetzung des Sozialismus einer "immer besseren Befriedigung der materiellen und geistigen Bedürfnisse der Werktätigen und der allseitigen Entwicklung des Menschen der sozialistischen Gesellschaft."[1] Die günsti-

1 Vgl. Programm der Sozialistischen Einheitspartei Deutschlands, in W. Ulbricht, Das Programm des Sozialismus und die geschichtliche Aufgabe der Sozialistischen Einheitspartei Deutschlands, Berlin 1963, S. 323

geren Möglichkeiten zur Erhöhung der Akkumulationskraft zeigen sich in vielen Einzelfaktoren.

Innerhalb der Bestimmungskomponenten der volkswirtschaftlichen Akkumulationskraft können verschiedene Einzelfaktoren unterschieden werden, die in ihrem wechselseitigen Zusammenwirken die mögliche Wirksamkeit der einzelnen Komponenten zum Ausdruck bringen. Diese Einzelfaktoren sind in ihrer Bewegungsrichtung ebenfalls in starkem Maße sozialökonomisch und konkret-historisch charakterisiert. Auf dieser Grundlage bestimmen die Nationaleinkommens-, die Reproduktions- und die Effektivitätskomponente sowohl in ihrer eigenständigen Entwicklung als auch insbesondere durch ihr wechselseitiges Zusammenwirken die mögliche Akkumulationskraft einer Volkswirtschaft. Die primäre Stellung in diesem wechselseitigen Zusammenhang nimmt die Nationaleinkommenskomponente als wichtigste Quelle der erweiterten Reproduktion ein. Für einen gegebenen Zeitpunkt (ein Jahr) kann das Gewicht jeder Komponente nur getrennt nachgewiesen werden. Bei Betrachtung eines längeren Zeitraumes (z. B. mehrere Jahre) muß sich letztlich die umgesetzte Wirksamkeit der Reproduktions- und Effektivitätskomponente in den Faktoren Größe und absoluter Zuwachs des Nettoprodukts niederschlagen. Diese Zusammenhänge sind in der "Richtlinie für das neue ökonomische System der Leitung und Planung der Volkswirtschaft" in der Forderung ausgedrückt: "Das gesetzmäßige und ständige Wachstum von Akkumulation und Konsumtion erfordert, den gesellschaftlichen Nutzeffekt auf den Zuwachs des Volumens des Nationaleinkommens bei bedarfsgerechtem Sortiment zu orientieren."[1]

Die mögliche Wirkungsintensität der Nationaleinkommenskomponente hängt von den Faktoren Größe des Nationaleinkommens, von seiner absoluten Vergrößerung und von der Höhe der Akkumulationsrate ab. Die mögliche Wirkungsintensität der Reproduktionskomponente hängt u. a. vom Umfang, Alter und technischen Niveau der eingesetzten Grundmittel, von der Bewertung der Grundmittel und von der Amortisationspolitik ab. Die mögliche Wirkungsintensität der Effektivitätskomponente hängt von zahlreichen Faktoren ab. Als wichtigste Effektivitätsfaktoren müssen genannt werden:[2]

1 Vgl. Richtlinie für das neue ökonomische System der Planung und Leitung der Volkswirtschaft, Berlin 1963, S. 14/15

2 Die Konzentration der Investitionen ist in den Faktoren 1, 3, 4, 7 und 8 enthalten.

1. Die Akkumulationsstruktur im Sinne der Verteilung der produktiven Akkumulation auf die Hauptbereiche Materielle Investitionen, Aufwendungen für Forschung und Entwicklung, Bildung von Beständen und Reserven.
2. Die gegebene Struktur der Produktionsmittelabteilung, die damit gegebene Struktur der hergestellten Produktionsmittel sowie deren Qualität und Umfang.
3. Die zweigstrukturelle Verteilung der Investitionen sowie innerhalb dieser Verteilung die technologische Struktur der Investitionen.
4. Der Umfang und das Niveau des geschaffenen wissenschaftlich-technischen Vorlaufes sowie die Bedingungen und Möglichkeiten seiner ökonomischen Umsetzung in den volkswirtschaftlichen Reproduktionsprozeß.
5. Der geschaffene Bildungs- und Qualifizierungsvorlauf.
6. Der in der Volkswirtschaft bereits erreichte Effektivitätsgrad in der Kombination von toter und lebendiger Arbeit.
7. Die rationellste Verwendung der Investitionsmittel.
8. Die volkswirtschaftliche Ausnutzung der Einheit von Produktions- und Territorialprinzip bei der gesellschaftlichen Steuerung des Reproduktionsprozesses.
9. Der Entwicklungsstand des sozialistischen Bilanzsystems.
10. Die Erschließung der Reserven, die durch die Entwicklung der internationalen sozialistischen Arbeitsteilung möglich sind.

Die Grundrichtung des wechselseitigen Zusammenwirkens der Nationaleinkommens-, Reproduktions- und Effektivitätskomponente führt zur ständigen, gesetzmäßigen Erhöhung der möglichen Akkumulationskraft der Volkswirtschaft. Diese ständige Erhöhung der volkswirtschaftlich möglichen Akkumulationskraft auf der Grundlage des Zusammenwirkens der drei Komponenten ist eine wichtige ökonomische Gesetzmäßigkeit des sozialistischen Reproduktionsprozesses. Ihre konkrete Durchsetzung hängt von den jeweils gegebenen Bedingungen und den sich auf dieser Grundlage aus der genannten ökonomischen Gesetzmäßigkeit ergebenden objektiven Erfordernissen ab. In gewisser Weise widerspiegelt daher ein Vergleich zwischen möglicher und realisierter Akkumulationskraft den Reifegrad, den erreichten Entwicklungsstand der sozialistischen Gesellschaft. Das gilt insbesondere hinsichtlich unseres Vermögens, die Planung und Leitung der Volkswirtschaft so durchzuführen, daß alle Vorteile des Sozialismus erschlossen und höchstmögliche ökonomische Ergebnisse erzielt werden.

Aus dieser Sicht ist es daher völlig verständlich, daß eine Kernfrage der Wirtschaftspolitik der SED von jeher die Erhöhung der Akkumulationskraft unserer Volkswirtschaft war. Dabei beachtete unsere Partei gerade die Zusammenhänge zwischen den einzelnen Komponenten zur Erhöhung oder Akkumulationskraft und den einzelnen Faktoren, die auf die Komponenten einwirken, besonders gründlich. Dementsprechend hob sie - entsprechend den konkreten Bedingungen - jeweils einzelne Faktoren bzw. Komponenten besonders hervor. Ich halte es daher für falsch, die Wirtschaftspolitik der SED insofern einseitig auszulegen, als bestimmte Erfordernisse, die sich bei der Durchsetzung des ökonomischen Gesetzes der ständigen Erhöhung der Akkumulationskraft entsprechend den konkreten Bedingungen ergeben (z. B. Erhöhung der Akkumulationsrate im Perspektivplan bis 1970), als absolute Gesetzmäßigkeit und dementsprechend als ständiger Orientierungspunkt der Wirtschaftspolitik bezeichnet werden. In dem völlig richtigen Bemühen, die Notwendigkeit zur Erhöhung der Akkumulationsrate in der DDR bis 1970 deutlich zu machen, kommt Stiemerling in "Akkumulation und Konsumtion in der Volkswirtschaft der DDR" zu solchen absoluten Feststellungen wie "Die Erhöhung der Akkumulationsrate ist eine allgemeine Gesetzmäßigkeit des sozialistischen Aufbaus." (S. 64) "Die Politik unserer Partei ... (war) von Anfang an auf die Erhöhung der Akkumulationsrate gerichtet." (S. 58) "Die bisherige und heute überschaubare Entwicklung der sozialistischen Länder bestätigt, daß die Erhöhung der Akkumulationsrate eine allgemeine Gesetzmäßigkeit der sozialistischen Reproduktion ist." (S. 68)

Abgesehen davon, daß aus statistischen Reihen sowieso nicht unmittelbar ökonomische Gesetzmäßigkeiten abzuleiten sind, widersprechen die Zahlen auch der Behauptung einer ständigen Erhöhung der Akkumulationsrate. In Bulgarien erhöhte sich z. B. die Akkumulationsrate 1959, 1962 und 1963, während sie sich 1958, 1960 und 1961 verringerte. In Polen erhöhte sich die Akkumulationsrate 1959, 1961 und 1963 und verringerte sich 1960 und 1962.[1] Ähnliches kann auch in anderen sozialistischen Ländern beobachtet werden. Außerdem verweist Stiemerling in anderem Zusammenhang selbst auf diese Problematik. So schreibt er völlig zu Recht (S. 54), daß die Akkumulationsrate "in jeder Etappe der Entwicklung neu festgelegt werden muß, weil sich die politischen und ökonomischen Faktoren ... ändern". Schließlich kommt er über die Feststellung von der "gleichrangigen Bedeutung" der Erhöhung der Akkumulationsrate und des

1 Zu errechnen auf der Grundlage der Statistischen Jahrbücher der entsprechenden Länder.

Nutzeffektes der Akkumulation (S. 69) zur Schlußfolgerung: "in bezug auf das ökonomische Wachstumstempo hat die Erhöhung des Nutzeffektes die größere Bedeutung." Ein wichtiger Grund für die meines Erachtens nicht eindeutigen Darstellungen liegt in der ungenügenden Beachtung des Zusammenwirkens der Faktoren und Komponenten der Akkumulationskraft.

Die bisherigen Darlegungen machen deutlich, daß der Begriff der volkswirtschaftlichen Akkumulationskraft in erster Linie qualitativ bestimmt ist. Die Möglichkeiten seiner quantitativen Erfassung im Sozialismus - in bestimmten Grenzen - basieren auf der einheitlichen volkswirtschaftlichen ökonomischen Wirkung der drei Komponenten und ihrer Faktoren: in der volumenmäßigen und strukturgerechten Bewegung des Nationaleinkommens. So wurden in der DDR von 1955 bis 1964 122,9 Mrd. MDN an Akkumulationskraft realisiert.[1] Aus den Faktoren Größe und Wachstum des Nationaleinkommens entstammten nach eigenen Berechnungen 86,4 Mrd. MDN. Der Faktor Erhöhung der Akkumulationsrate erbrachte 36,5 Mrd. MDN.[2]

Zahlen über den Anteil des Reproduktionseffektes an dieser Akkumulationskraft gibt es bisher nicht. Abgesehen von der angewachsenen Summe der Amortisationen kann indirekt auf Grund folgender Fakten auf die Wirksamkeit der Reproduktionskomponente geschlossen werden. In den 14 Jahren von 1950 bis 1963 wurden insgesamt die Amortisationen zu niedrig ausgewiesen. Nach Neuberechnungen der Staatlichen Zentralverwaltung für Statistik betrug die zu niedrig ausgewiesene Amortisationssumme allein für 6 Jahre (1950, 1955, 1960, bis 1963) 5,2 Mrd. MDN.[3] Diese Summe wurde als Nationaleinkommen verwandt, also auch für die erweiterte Reproduktion eingesetzt. Allerdings fällt diese Problematik nicht unter die bewußte

1 Diese Zahl wurde auf folgendem Wege ermittelt: Die jeweilige Akkumulationsrate wurde auf das Aufkommen an Nationaleinkommen angewandt und die Jahressummen addiert. Das ist wissentschaftlich nicht völlig exakt, weil die Rate auf das verwendete Nationaleinkommen bezogen ist. Weiter ist zu beachten, daß die Angaben aus zwei Gründen nicht gleichzustellen sind mit der realisierten Akkumulationskraft dieses Zeitraumes. Einmal ist nicht nur die produktive Akkumulation erfaßt. Anderes Zahlenmaterial stand mir nicht zur Verfügung. Zum anderen fehlen die volkswirtschaftlichen Erweiterungsinvestitionen aus den Amortisationen.

2 Die Akkumulationsrate des Jahres 1955 wurde auf das Nationaleinkommen aller Jahre angewandt und die Jahresergebnisse addiert. Die Differenz bis 122,9 Mrd. MDN entsprang dann der Erhöhung der Akkumulationsrate.

3 Errechnet nach "Statistisches Jahrbuch der DDR"

Ausnutzung des Reproduktionseffektes der Amortisationen. Offensichtlich war damit auch eine Vernachlässigung der Aufgaben zur Aufrechterhaltung der Funktionstüchtigkeit bestehender Betriebe verbunden. Sicherlich beeinflußte auch diese Entwicklung die Effektivität des Reproduktionsprozesses ungünstig und verschärft für den Zeitraum des Perspektivplanes die Investitionsproblematik.

Ein Hilfsmittel für die rechnerische Faßbarkeit des gesellschaftlichen Zusammenhanges zwischen der Nationaleinkommens- und der Effektivitätskomponente ist der bekannte "Koeffizient der Effektivität der Akkumulation"

$$\frac{\Delta N_{t+1}}{A_t}$$ 1

Er kann ebenfalls als ein wichtiger Baustein zur Messung der ökonomischen Effektivität des volkswirtschaftlichen Reproduktionsprozesses bezeichnet werden. Diese Formel spiegelt einen funktionalen Zusammenhang zwischen Akkumulations- und Nationaleinkommensbewegung wider. Darin liegt zugleich die Begrenztheit ihrer Aussagekraft, weil der funktionale Zusammenhang - im Unterschied zum kausalen Zusammenhang - nicht die gesetzmäßige Entstehung des Nationaleinkommens zum Ausdruck bringt. Zwischen Δ N und A besteht kein gesetzmäßiger Zusammenhang. Δ N kann nur Ergebnis der lebendigen Arbeit sein. Die veränderliche Wirkungsfähigkeit der lebendigen Arbeit hinsichtlich N ist aber nicht nur den Investitionen geschuldet, sondern von zahlreichen anderen Faktoren abhängig. Dieselbe Investitionssumme kann - wie die Nennung der Effektivitätsfaktoren zeigte - sehr unterschiedliche Ergebnisse für den Wirkungsgrad der lebendigen Arbeit schaffen. Eine gewisse Vorstellung darüber vermitteln folgende Angaben und Berechnungen über die Volkswirtschaft der DDR.

1 $\Delta N_t + 1$ = Nationaleinkommenszuwachs im Jahr t + 1;
A_t = produktiv verwendeter Teil des Nationaleinkommens im Jahr t

	Anteil d. Grundmittelerweiterung im Bereich der materiellen Produktion aus verwendetem Nationaleinkommen in % 1	Produziertes Nationaleinkommen in Mrd. MDN Effektivpreise 2	Anteil von Spalte 1 an Spalte2 in Mrd. MDN	Beschäftigte(ohne Lehrlinge) im Bereich d. mat. Produktion in 1000 3	Produziertes gesellschaftliches Ges.-Produkt Mrd. MDN Effektivpreise
	1	2	3	4	5
1950	4,3	29,6	1,3	5975	53,9
1951	3,4	35,9	1,2	6102	64,6
1952	3,9	40,8	1,6	6270	74,9
1953	5,3	43,0	2,3	6391	81,8
1954	5,5	46,8	2,6	6616	89,0
1955	6,3	50,8	3,2	6642	96,4
1956	10,2	53,0	5,4	6556	101,5
1957	9,8	56,8	5,6	6633	108,5
1958	10,5	62,8	6,6	6614	121,1
1959	11,6	68,3	7,9	6531	134,1
1960	10,5	71,2	7,5	6451	142,9
1961	10,4	73,7	7,7	6468	148,2
1962	10,3	75,3	7,8	6438	153,1
1963	10,7	77,5	8,3	6283	159,5
1964 (a)	11,5	80,9	9,3	6279	178,6

(a) Vorläufige Zahlen

Wird der gesamte Zeitraum in drei gleiche Zeitabschnitte gegliedert (1950 - 1954; 1955 - 1959; 1960 - 1964), so kann folgende Tabelle aufgestellt werden:

1 Vgl. Statistisches Jahrbuch der DDR 1960/61, S. 184; 1965, S. 42; Für die Jahre 1951 - 1954 und 1956 - 1959 ist der Anteil nicht exakt ausgewiesen.

2 Vgl. Ebenda, 1965, S. 17

3 Vgl. Ebenda, 1965, S. 18

Zeitraum	Produziertes Nationaleinkommen in Mrd. MDN - Effektivpreise	Produziertes Gesamtprodukt in Mrd. MDN Effektivpreise	Grundmittelerweiterung im Bereich d. mat.Produktion - Mrd.MDN Effektivpreise	Durchschn. Beschäftigtenzahl in 1000 pro Jahr
	1	2	3	4
1950-54	195,2	364,2	9,0	6271
1955-59	291,7	561,6	28,7	5595
1960-64	378,6	782,3	40,7	6384

Aus dieser Tabelle lassen sich aufschlußreiche Entwicklungszahlen ableiten, die in folgender Tabelle zusammengefaßt wurden.

Zeitraum	Nationaleinkommen je Beschäftigten TMDN	%		Gesamtprodukt je Beschäftigten TMDN	%		Grundmittel-Erweiterung je Beschäft. TMDN	%		Spalte 2 zu Sp. 1	Spalte 3 zu Sp. 1
	1			2			3			4	5
1950-54	31	100	-	58	100		1	100		1,87	0,03
1955-59	44	142	100	85	147	100	4	400	100	1,93	0,04
1960-64	59	190	134	123	214	145	6	600	150	2,08	0,10

Die ökonomische Aussage der letzten Tabelle ist sehr deutlich. Der Wirkungsgrad der lebendigen Arbeit (Spalte 1) erhöhte sich insgesamt um 90 Prozent, wobei allerdings eine Verlangsamung in der Erhöhung des Wirkungsgrades im dritten Zeitraum erkennbar ist. Die ökonomische Effektivität der Kombination von lebendiger mit der verbrauchten vergegenständlichten Arbeit (Spalte 4) zeigt eine zunehmende Verringerung. Für die Produktion einer Einheit Nationaleinkommen mußte jeder Beschäftigte 1950 - 1954 1,87 Einheiten Gesamtprodukt herstellen. 1955 - 1959 waren dagegen 1,93 und 1960 - 1964 bereits 2,08 Einheiten an Gesamtprodukt zu produzieren, damit eine Einheit Nationaleinkommen geschaffen werden konnte. Die ökonomische Effektivität der Kombination von lebendiger mit einem Teil der angewandten vergegenständlichten Arbeit (Spalte 5) zeigt eine ähnliche Entwicklungstendenz. Für den Zeitraum 1960 - 1964 hat das Entwicklungstempo der Verringerung gegenüber dem Zeitraum 1955 - 1959 allerdings erheblich nachgelassen. Bei der Produktion einer Einheit Nationaleinkommen wurden für jeden Beschäftigten 1955 - 1959 das Dreifache und 1960 - 1964 das 3,3-fache an Investitionen durchgeführt. Offensichtlich war also für den gesamten Zeitraum ein rascheres Wachstum der angewandten vergegenständlichten Arbeit gegenüber der Arbeitsproduktivität zu verzeichnen. Das unterschiedliche Tempo der Veränderung, das in den Spalten 4 und 5 zum Ausdruck kommt, zeigt aus einer anderen Sicht erneut das Problem einer effektvolleren Gestaltung zwischen einmaligem Aufwand und laufendem Verbrauch.

Zur Begrenztheit der Aussage von $\frac{\Delta N}{A}$ kommt weiterhin die unterschiedliche Reifezeit der Investitionen, die nur außerordentlich bedingt durch die zeitliche Verschiebung in der Formel berücksichtigt werden kann. Trotz aller Begrenztheit zeigt jedoch die Bewegung des Koeffizienten aus der Formel $\frac{\Delta N_{t+1}}{A_t}$ in jedem Fall, ob die jeweilige Akkumulationsbewegung mit einer günstigeren oder ungünstigeren Bewegung von ΔN verbunden war. Sie zeigt damit, ob sich die ökonomische Effektivität des volkswirtschaftlichen Reproduktionsprozesses - gemessen am Zuwachs der Nettoproduktion - verbesserte oder verschlechterte. Zur Berechnung von $\frac{\Delta N}{A}$ erfasse ich unter A einmal die Grundmittelerweiterung im Bereich der materiellen Produktion, die aus dem Nationaleinkommen gedeckt wurde und addiere dazu den jeweiligen Zuwachs an Beständen und Reserven.[1] Es ergibt sich folgende Akkumulationssumme:

1955	3,96	Mrd.	MDN (Effektivpreise)
1956	6,3	"	"
1957	7,4	"	"
1958	10,2	"	"
1959	10,8	"	"
1960	9,1	"	"
1961	8,7	"	"
1962	11,3	"	"
1963	10,3	"	"
	Σ 78,1	Mrd.	MDN

1 Ermittelt auf der Grundlage "Statistisches Jahrbuch der DDR" 1965 und 1960/61. Prozentsatz Bestände und Reserven wurde auf gesamtes Nationaleinkommen angewandt.

Zuwachs an Nationaleinkommen			$\frac{\Delta N_{t+1}}{A_t}$
1956	2,2 Mrd. MDN	(Effektiv-preise)[1]	0,56
1957	3,7 "	"	0,59
1958	6,0 "	"	0,81
1959	5,5 "	"	0,54
1960	3,0 "	"	0,28
1961	2,5 "	"	0,27
1962	1,6 "	"	0,18
1963	2,2 "	"	0,19
1964	3,5 "	"	0,34
	Σ 30,2 Mrd. MDN		

Die Bewegung des Koeffizienten aus $\frac{\Delta N_{t+1}}{A_t}$ läßt erkennen, daß in den Jahren 1956 - 1958 und 1962 bis 1964 die ökonomische Effektivität des volkswirtschaftlichen Reproduktionsprozesses größer wurde. In den Jahren 1959 - 1962 verschlechterte sich die ökonomische Effektivität. Als Durchschnitt für den gesamten Zeitraum ergibt sich eine Effektivität von

$$\frac{\Sigma \Delta N \ 1956 - 1964}{\Sigma A \ 1955 - 1963} = \frac{30{,}2 \text{ Mrd. MDN}}{78{,}1 \text{ Mrd. MDN}} = 0{,}38,$$

die erheblich unter dem Effektivitätsniveau der Jahre 1956 - 1959 liegt. Bei Beibehaltung des Niveaus von 1956 wäre eine $\Sigma \Delta N$ von 43,7 Mrd. MDN erreicht worden. Damit wäre auch eine wesentlich größere Gesamtsumme an Nationaleinkommen als von 619,5 Mrd. MDN erzielt worden.

Es gibt viele Ursachen für die zum Teil ungünstige Effektivitätsbewegung zurückliegender Jahre. Als wichtige Ursachen müssen u. a. genannt werden:

Die Notwendigkeit verstärkter Investitionen in der Grundstoffindustrie, wo die Anlagefonds je Produktionsarbeiter das 3,8- bis 3,9-fache derselben Kennziffer in der metallverarbeitenden Industrie bzw. das 2,9- bis 3-fache der Leicht- und Lebensmittelindustrie betragen. So wurden von 1957 - 1963 48 Prozent aller Investitionen in der Grundstoffindustrie, 16 Prozent in der metallverarbeitenden Industrie und 4 Prozent in der Leicht- und Lebensmittelindustrie durchgeführt. Die Investitionskonzen-

1 Leider standen mir keine Berechnungen zu gleichbleibenden Preisen für alle Jahre zur Verfügung.

tration auf den Bereich der Grundstoffindustrie und mit Abstand auf die metallverarbeitende Industrie beschnitt gleichzeitig die Akkumulationsmöglichkeit der Volkswirtschaft durch ein stärkeres Anwachsen des notwendigen Produkts. Das erklärt sich durch die unterschiedliche Lohnhöhe in den einzelnen Bereichen. 1955 lag das durchschnittliche Monatseinkommen der Arbeiter und Angestellten der Grundstoffindustrie über dem Durchschnitt der Industrie (bis auf Baumaterialienindustrie), während es in der Leicht- und Lebensmittelindustrie darunter lag. In der metallverarbeitenden Industrie lag bis auf zwei Zweige der Durchschnitt ebenfalls über dem der gesamten Industrie. Bis 1964 hat sich das Bild nicht grundsätzlich geändert. Bei der Produktivität je geleistete Arbeitsstunde und je Produktionsarbeiter sah das Bild etwas anders aus. Für die Jahre 1960, 1963, und 1964 lagen über dem Durchschnitt der Industrie aus dem Bereich der Grundstoffindustrie nur die Metallurgie und die Chemie; aus der metallverarbeitenden Industrie nur der Fahrzeugbau, Schiffbau und die Elektrotechnik; aus der Leicht- und Lebensmittelindustrie nur die Lebensmittelindustrie.

Weitere Ursachen dieser Entwicklung waren:

Höherer Investitionsaufwand infolge Verteuerung der Investitionsmittel.

Ungünstige Entwicklung von Durchschnittslohn und Arbeitsproduktivität.

Gezielte Abwerbung hochqualifizierter Facharbeiter.

Notwendigkeit einer beträchtlichen Bestandserhöhung im Jahre 1962 infolge ökonomischer Erpressungsversuche der westdeutschen Imperialisten.

Ungünstige Entwicklung des Schichtkoeffizienten, der Materialintensität und der durchschnittlichen Reifezeit von Investitionen.

Nicht ausreichender wissenschaftlich-technischer Vorlauf bzw. Schwächen bei seiner ökonomischen Realisierung.

Zeitliche Disproportion in der Entwicklung von Investitionen und Qualifizierung der Arbeitskräfte.

Nichtausreichende Qualität des sozialistischen Bilanzsystems.

Die ausgewählten Ursachen widerspiegeln einmal die Auswirkungen der offenen Grenze, zum anderen objektiv bedingte Entwicklungsprobleme der DDR und schließlich subjektiv Schwächen unserer Steuerungstätigkeit des volkswirtschaftlichen Reproduktionsprozesses. Bei einer Gesamteinschätzung kann meines Erachtens festgestellt werden, daß die mögliche Akkumulationskraft nicht erreicht wurde. Das beweisen für ein Teilgebiet auch die Referate von Hauk und Schulz sowie die Diskussion zu diesen Referaten. Für unsere Beratung ist jedoch nicht die Analyse der einzelnen Ursachen von Bedeutung. Uns interessiert die Problematik ausschließlich unter dem Gesichtspunkt der von dieser Entwicklung ausgehenden Beeinflussung der Zusammenhänge zwischen technischer Revolution und Akkumulationskraft. Insgesamt kann festgestellt werden: Von der Akkumulationsbewegung zurückliegender Jahre gehen einmal günstige Voraussetzungen zur Erfüllung der Anforderungen der technischen Revolution aus, z. B. Umfang, Struktur und Niveau der vorhandenen Produktionsmittel und Anlagen. Gleichzeitig verschärfen sich die Anforderungen der technischen Revolution, weil infolge der Effektivitätsverminderung noch ein gewisser "Nachholbedarf" zu diesen Anforderungen hinzukommt.

Einen gewissen Anhaltspunkt über die Intensität unseres "Nachholbedarfs" erhält man bei einem internationalen Vergleich. So betrug z. B. der Koeffizient des Wachstumstempos des Nationaleinkommens zum Wachstumstempo der Investitionen für den Zeitraum 1960 bis 1963:

in der DDR	1,29
in der SU	1,00
in Bulgarien	0,68
in Polen	0,62
in Rumänien	0,47.

Die Beeinflussung der Zusammenhänge zwischen technischer Revolution und Akkumulationskraft durch die Akkumulationsbewegung zurückliegender Jahre ist nicht zuletzt auch deswegen von Bedeutung, weil es die richtige Einschätzung der wirtschaftspolitischen Zielsetzung zur Erhöhung der Akkumulationsrate gestattet. Einmal ist besser die unbedingte Notwendigkeit einer solchen Entwicklung zu begreifen. Zum anderen ist zu erkennen, daß das nur ein Weg zur Erhöhung der Akkumulationskraft ist. Die Erhöhung der Akkumulationsrate muß also immer unter zwei Gesichtspunkten gesehen werden. Einmal bedeutet ihre Erhöhung eine Verringerung der Konsumtionsrate. Zum anderen jedoch geht sie von den eingeplanten Wachstumsmöglichkeiten des Nationaleinkommens sowie von der Erreichung eines bestimmten Niveaus der Effektivitätskomponente aus. Es darf also nicht nur die zu erreichende Höhe der Rate (Blickpunkt gegen die Konsumtionsrate), sondern es muß auch eine wichtige Voraussetzung (Effektivitätskomponente) gesehen werden, die uns erlaubt, mit der geplanten Rate auszukommen (Blickpunkt für die Konsumtionsrate). Wird das mögliche Niveau der Effektivitätskomponente nicht erreicht, genügt der Beitrag zur Erhöhung der Akkumulationskraft durch Veränderung der Akkumulationsrate nicht. Ähnlich verhält es sich im Zusammenwirken zwischen Akkumulationsrate und verwirklichter Wachstumsmöglichkeit des Nationaleinkommens oder der realisierten Reproduktionskomponente.

Die Quantifizierung des tatsächlichen Einflusses der Effektivitätskomponente erfordert komplizierte Untersuchungen und Berechnungen. Für die Sowjetunion hat Notkin berechnet, daß der Fünfjahrplan 1966 bis 1970 ohne Erhöhung der Akkumulationsrate erfüllt werden könnte, wenn der Ausstoß der Fonds um 2 Prozent steigen und die Relation zwischen dem Anteil der produktiven Akkumulation zu 1 Prozent des Gesamtprodukts sich um 3 Prozent jährlich verringern würde.[1] Von mir durchgeführte Berechnungen für den Zeitraum des Perspektivplanes 1964 bis 1970 in der DDR geben einen annähernden Eindruck von den Möglichkeiten der Effektivitätskomponente. Aus den Materialien des VI. Parteitages der SED hinsichtlich der Entwicklung der Akkumulationsrate und des Nationaleinkommens ist unter der Annahme eines gleichmäßigen jährlichen Zuwachstempos folgendes zu errechnen. Die Gesamtsumme des Nationaleinkommens für den Zeitraum 1964 bis 1970 wird etwa 660 Mrd. MDN betragen. Davon werden etwa 151 Mrd. MDN für Akkumulation verausgabt.[2] Von dieser Akkumulationssumme werden etwa 23 Mrd. MDN durch Erhöhung der Akkumulationsrate erbracht. Die übrigen 128 Mrd. MDN entstehen durch die anderen Faktoren der Nationaleinkommenskomponente, durch die Reproduktions- und vor allem durch die Effektivitätskomponente. Aus diesen Berechnungen wird ein weiteres Mal die Bedeutung der Erhöhung der Akkumulationsrate sichtbar. Gleichzeitig ist auch ihre Gesamtrolle bei der Erhöhung der volkswirtschaftlichen Akkumulationskraft zu erkennen.

Die Verwendung der Akkumulationsmasse von 151 Mrd. MDN im Zeitraum 1964 bis 1970 unter den Bedingungen einer Erhöhung der Akkumulationsrate von 19,4 (1964) auf etwa 26,0 (1970) und einer Gesamtsumme an Nationaleinkommen von 660 Mrd. MDN entspräche einer $\Sigma \Delta N$ 1965 - 1970 von 28 Mrd. MDN und einem durchschnittlichen

1 Vgl. Notkin, Steigerung des ökonomischen Nutzeffekts und Hauptproportionen der Entwicklung der gesellschaftlichen Produktion im neuen Fünfjahrplan - (Rohübersetzung)

2 Leider erlaubten die mir zur Verfügung stehenden Materialien keine Aufgliederung in produktive und nichtproduktive Akkumulation. Darum ist der von mir errechnete Koeffizient $\frac{\Delta N}{A}$ 1964 bis 1970 nicht mit dem der voraufgegangenen Jahre vergleichbar.

Koeffizienten $\frac{\Delta N}{A}$ von 0,23. Bei aller zu lösenden Problematik, die sich hemmend auf die Verwirklichung der Effektivitätskomponente ausdehnen könnte, ist meines Erachtens dennoch deutlich zu erkennen, welche große Reserven gerade durch die Effektivitätskomponente erschlossen werden können. Gelänge uns im Perspektivplan z. B. eine solche Realisierung der Effektivitätskomponente, die den Koeffizienten $\frac{\Delta N}{A}$ aus dem Jahre 1965 (0,25) konstant halten würde, vergrößerte sich die $\Sigma \Delta N$ 1965 - 1970 von 28 Mrd. MDN auf ca. 31 Mrd. MDN. Damit würde die Gesamtsumme des Nationaleinkommens von 660 Mrd. MDN auf 732 Mrd. MDN anwachsen. Die Realisierungsmöglichkeiten einer solchen Annahme sind eher unter- als übertrieben. Meine Auffassung stützt sich auf die Entwicklung im Jahre 1964. In diesem Jahre wurde ein Zuwachs an Nationaleinkommen erreicht (3,4 Mrd. MDN), der im gesamten Zeitraum 1950 bis 1964 (14 Jahre) nur 5mal in den Jahren 1951, 1952, 1955, 1958 und 1959 überboten wurde, 2mal in den Jahren 1954 und 1957 erreicht wurde und 6mal in den Jahren 1953, 1956, 1960, 1961, 1962 und 1963 erheblich unterschritten wurde. Das Ergebnis des Jahres 1964 ist vor allem Ausdruck unserer Anstrengungen zur Verwirklichung der Effektivitätskomponente.

Die von mir angestellten Überlegungen für den Perspektivplan in der DDR lassen bei allen Zweifeln an der Exaktheit der Zahlen im einzelnen auf alle Fälle zwei Fragen klar erkennen. Erstens ist die vorgesehene Akkumulationssumme 1964 bis 1970 nicht gleichzusetzen mit der möglichen Akkumulationskraft. Die mögliche Akkumulationskraft liegt höher. In dem Maße, wie wir mit Hilfe des neuen ökonomischen Systems der Planung und Leitung die ökonomische Steuerung des volkswirtschaftlichen Reproduktionsprozesses verbessern, wird sich seine ökonomische Effektivität erhöhen. Damit verringert sich die Differenz zwischen möglicher und realisierter Akkumulationskraft. Diese Entwicklung ist somit ein weiterer Maßstab des ökonomischen Reifeprozesses unserer sozialistischen Gesellschaft. Zweitens wird die Vergrößerung der Akkumulationskraft durch vergrößerte Wirksamkeit der Effektivitätskomponente bzw. durch Sicherung eines bereits erreichten Effektivitätsniveaus in Zukunft in zunehmendem Maße für die Wachstumsdynamik des sozialistischen Reproduktionsprozesses ausschlaggebend.

Alle qualitativen und quantitativen Anforderungen der technischen Revolution an die Akkumulationskraft gehen im Grunde genommen über die durch die technische Revolution bedingte Erweiterung des Inhalts der Produktionsphase. Die durch die technische Revolution bedingten Veränderungen in der Produktionsphase erfolgen in zweigstruktureller Richtung[1] sowie in Richtung einer Erhöhung des Konzentrationsniveaus der Produktion und der enger werdenden gegenseitigen Verflechtung der Betriebe und Zweige im System der gesellschaftlichen Arbeitsteilung.[2] Die entscheidenden Anforderungen gehen jedoch von der durch die technische Revolution bedingten Inhaltserweiterung der Produktionsphase aus.[3]

1 Hierzu gehört die Entstehung und Entwicklung neuer Zweige, Erzeugnisgruppen, Disziplinen und Technologien, wie z. B. Petrolchemie, Elektronik, BMSR-Technik, Anlagenbau, Laser- und Masertechnik, Kybernetik, Rechentechnik, Halbleitertechnik. Ferner gehört hierzu der grundlegende Bedeutungswandel bestimmter Zweige bzw. Erzeugnisgruppen, wie z. B. Glas und Keramik. Damit verbunden ist ferner ein absolutes oder relatives Zurückdrängen anderer Zweige, wie z. B. innerhalb der chemischen Fasern Kunstseide zugunsten der synthetischen Fasern.

2 Für die Industrie zeigt sich z. B. folgendes Bild: Von 1959 bis 1963 ging der Anteil der Betriebe mit bis zu 25 Beschäftigten an der Gesamtzahl der Betriebe um 13 %, an der Gesamtzahl der Beschäftigten um 18 % und an der industriellen Bruttoproduktion um 28 % zurück. Alle anderen Betriebsgrößengruppen vergrößerten ihren Anteil an der Gesamtzahl der Betriebe. Den Anteil an der Gesamtzahl der Beschäftigten vergrößerten die Betriebsgrößengruppen 51 bis 100 Beschäftigte, 501 bis 1000 Beschäftigte und 2500 bis 5000 Beschäftigte. Den Anteil an der industriellen Bruttoproduktion vergrößerten die Betriebsgrößengruppen 100 bis 200 Beschäftigte und 2500 bis 5000 Beschäftigte. In der Betriebsgrößengruppierung nach dem Umfang der industriellen Bruttoproduktion ergibt sich ein noch deutlicheres Bild. Von 1959 bis 1963 ging der Anteil der Betriebe mit einer jährlichen Bruttoproduktion bis zu 1 Mill. MDN an der Gesamtzahl der Betriebe zurück. Im selben Zeitraum ging der Anteil der Betriebe mit einer Jahresproduktion bis zu 25 Mill. MDN an der Gesamtzahl der Beschäftigten erheblich zurück. Ihren Anteil an der industriellen Bruttoproduktion im genannten Zeitraum konnten lediglich Betriebe mit einer jährlichen Bruttoproduktion von über 50 Mill. MDN erhöhen. (Errechnet nach Stat. Jahrbuch der DDR 1965)
Für die zunehmende Verflechtung legt folgende Zahl Zeugnis ab: 1959 wurden 64 % der industriellen Erzeugnisse als Material in der Industrie verbraucht. 1963 waren es rund 69 %. Vgl. Statistisches Jahrbuch der DDR 1965, S. 40/41, und ÖFI-Information Heft 3/62, S. 49

3 Der Anteil "der ... wissenschaftlich-technischen Forschungsarbeiten ... an der Gesamtheit der produktiven Arbeit der Gesellschaft (nimmt) immer mehr zu". (Apel/Mittag, Planmäßige Wirtschaftsführung und ökonomische Hebel, S. 6) - "Indem die Wissenschaft mehr und mehr zur unmittelbaren Produktivkraft wird, erstreckt sich die Leitung des gesellschaftlichen Produktionsprozesses ... vor allem (auch) auf seine wissenschaftlich-technische Vorbereitung ..." (Apel/Mittag, Wissenschaftliche Führungstätigkeit - Neue Rolle der VVB, S. 8/9) -

Die wirtschaftspolitische Beachtung der vor sich gehenden Inhaltserweiterung der Produktionsphase erhielt bereits mit der Vorbereitung des VI. Parteitages der SED klare Konturen.[1] Die Inhaltserweiterung der Produktionsphase führt im Grunde genommen zur Herausbildung von zwei selbständigen Abschnitten, die man als Produktion (die unmittelbare Produktion, die auch großen Wandlungen unterliegt) und Produktionsvorlauf (Vorbereitung der zukünftigen unmittelbaren Produktion mit allen Fragen der Forschung, Entwicklung und Schaffung eines wissenschaftlich-technischen Vorlaufs) bezeichnen könnte.

Daraus ergibt sich die unbedingte Notwendigkeit, die Aufwendungen für den Abschnitt Produktionsvorlauf als produktive Aufwendungen zu fassen. Der bedeutendste Teil der Aufwendungen muß sogar als Aufwendungen für produktive Akkumulation erfaßt werden. Er ist damit Bestandteil der volkswirtschaftlichen Akkumulationskraft. Daher müßte auch die wirtschaftsstatistische Erfassung der Akkumulation in entsprechender Richtung verändert werden. Der statistisch ausgewiesene volkswirtschaftliche Akkumulationsfonds erfaßt den "Teil des Nationaleinkommens, der für die Erweiterung der Grundmittel im materiellen Bereich, für die Erweiterung der Grundmittel im nicht-

Fortsetzung der Fußnote

"... die perspektivische Entwicklung der Wissenschaft (ist) Ausgangspunkt vieler Entscheidungen" (ebenda, S. 11) - "Die Sicherung des wissenschaftlich-technischen Vorlaufs entscheidet über die Realität der Perspektive des Zweiges und seiner Betriebe" (ebenda, S. 48/49) - "Die Entwicklung der gesellschaftlichen Potenzen der modernen Produktion offenbart sich in erster Linie darin, daß sich die Gesamtstruktur der Arbeit im Bereich der materiellen Produktion, der Aufbau dieses Bereiches selbst, umgestaltet" (Mamardaschwili/Frolow, Das Bündnis von Wissenschaft und Demokratie, in: Probleme des Friedens und des Sozialismus, Heft 4/1965, S. 305) - In zunehmendem Maße "läuft die arbeitsmäßige Rolle des Menschen ... auf die Vorbereitung der allgemeinen Bedingungen für die Produktion sowie auf die Kontrolle und Lenkung ihrer Prozesse hinaus". (Ebenda, S. 305) - "Die Proportion zwischen der geistigen und ausführenden körperlichen Arbeit in der Produktion verändert sich stark zugunsten der geistigen Arbeit." (Ebenda, S. 305) - Im Zuge der technischen Revolution "nimmt die produktive Arbeit des Menschen zunehmend den Charakter ingenieurtechnischer Tätigkeit an und verlagert sich aus der Fertigung in die Vorfertigung." (Kurella in: Berliner Zeitung, v. 18. 5. 1965)

1 Siehe z. B. Beschluß des Ministerrates vom 18. 1. 1962 über die Planung und Organisierung der wissenschaftlich-technischen Arbeiten in der DDR; Materialien zum 17. Plenum des ZK der SED vom Oktober 1962; Materialien der 2. Tagung des Forschungsrates der DDR vom November 1962.

materiellen Bereich und für die Erhöhung der Bestände, Vorräte und Reserven verwendet wird."[1] Innerhalb des Akkumulationsfonds können folgende Hauptgruppen gebildet werden:[2]

Investitionen zur Erweiterung der Grundmittel im Bereich der materiellen Produktion (einschließlich anteiliger Projektierungskosten).

Dasselbe für den Bereich außerhalb der materiellen Produktion.

Erhöhung des Bestandes an materiellen Umlaufmitteln an Vieh, an Wald, an Staatsreserve.

Änderungen, die bessere Messungen der ökonomischen Effektivität des volkswirtschaftlichen Reproduktionsprozesses gestatten, könnten in folgender Richtung vorgenommen werden.

Mögliche Gliederung des volkswirtschaftlichen Akkumulationsfonds:

I. Vergrößerung produktiver Fonds
   a) Erweiterung der Grundmittel im Bereich der materiellen Produktion[3]
   b) Vergrößerung der Produktionsumlauffonds und bestimmter Teile des Zirkulationsfonds (Fertigerzeugnisse; auf dem Transport befindliche Waren).

II. Direkte Vorlauf- bzw. Folgeinvestitionen
   a) Unmittelbare Folgeinvestitionen im Sinne der Anlage 1 der Investitionsverordnung, Punkt 4.11 ("die für die Durchführung, Inbetriebnahme und vollständige Nutzungsfähigkeit der Grundinvestitionen Voraussetzung sind. Dazu gehören insbesondere Erschließungs- und Versorgungsmaßnahmen der Post, Energie, Wasserwirtschaft und des Verkehrswesens von der jeweiligen Hauptleitung bzw. dem Hauptnetz bis zur Übergabestelle im Werk"); Punkt 4.13 (Investitionen zum Ersatz bzw. zur Verlagerung von Produktionsanlagen und anderen baulichen Einrichtungen im Zusammenhang mit der Vorbereitung und Durchführung der Investition).
   b) Aufwendungen für Projektierung sowie für Forschung und Entwicklung auf dem Gebiet der angewandten Forschung der naturwissenschaftlich-technischen und ökonomischen Sektoren.

1 Vgl. Definitionen wichtiger Kennziffern und Begriffe für Planung und Statistik, S. 54
2 a. a. O., S. 55
3 Bereich der materiellen Produktion entsprechend der ab Planjahr 1967 gültigen Betriebssystematik, die die Erweiterung des Bereiches der materiellen Produktion besser berücksichtigt. Vgl. Definition ... a. a. O. S. 41

c) Aufwendungen für die Einrichtungen der Erwachsenenqualifizierung in der Aus- und Weiterbildung.

III. Aufwendungen für Erkundungsforschung und gezielte Grundlagenforschung im naturwissenschaftlich-technischen und ökonomischen Bereich

IV. Erhöhung der Vieh- und Waldbestände, der Staatsreserven und sonstiger Bestandserhöhungen, die nicht in I b enthalten sind mit entsprechender Untergliederung

V. Akkumulation im Bereich außerhalb der materiellen Produktion. Eine Untergliederung müßte hier nicht nur nach Grundmittelerweiterung erfolgen, sondern es müßten auch die Bildungsinvestitionen gesondert ausgewiesen werden.

Neben den jetzigen Nutzeffektsberechnungen der volkswirtschaftlichen Akkumulation:

"a) Nettoproduktionszuwachs insgesamt je 1000 MDN Erweiterungsinvestitionen für produktive Zwecke[1] im Vorjahr;

b) Nettoproduktionszuwachs durch Erweiterungsinvestitionen je 1000 MDN Erweiterungsinvestitionen für produktive Zwecke im Vorjahr;

c) Nettoproduktionszuwachs insgesamt je 1000 MDN Grundmittelerweiterung im Vorjahr;

d) Nettoproduktionszuwachs durch Grundmittelerweiterung je 1000 MDN Grundmittelerweiterung im Vorjahr."[1]

könnten umfassendere Nutzeffektsberechnungen durchgeführt werden.

So müßten die Berechnungen auch auf I b angewandt werden. Vom ökonomischen Inhalt her ist der gesellschaftliche Aufwand zur Vergrößerung des Produktionsumlauffonds genau so Investitionsaufwand wie die Grundmittelerweiterung. Vom Standpunkt der Wertbildung sind beide in gleicher Weise nicht die Quelle des Neuwertes, kann also zwischen beiden eine ähnliche funktionale Verbindung zu Δ N hergestellt werden. Schließlich muß beachtet werden, daß eine Aufteilung von Δ N auf seine einzelnen Wachstumsfaktoren immer nur als Annäherungsgröße zu verstehen ist. So halte ich es für ziemlich aussichtslos, eine exakte Trennung, Quantifizierung des Δ N, resultierend aus I a und I b, durchzuführen. Das kann nur (und muß auch) auf I a und I b bezogen werden. Die Erweiterung der volks-

1 Darunter werden lediglich die Erweiterungsinvestitionen im Bereich der materiellen Produktion verstanden. Vgl. Definition ... a. a. O. S. 55

wirtschaftlichen Effektivitätsberechnung durch

$$\frac{\Delta N \text{ (gesamt)}}{I b} \quad \text{bzw.} \quad \frac{\Delta N \text{ (aus I a + b)}}{I a + b}$$

bietet solche Möglichkeiten wie: volkswirtschaftliche Analysen des Zusammenhangs zwischen dem Kreislaufprozeß der produktiven Fonds und der Nationaleinkommensbewegung, Analysen über die Proportionalitätsbewegung zwischen zusätzlichen Produktionsgrund- und -umlauffonds in ihrer Verflechtung zur Nationaleinkommensbewegung; exaktere Berechnung der Rückflußdauer, sozusagen auf einer ersten Funktionalebene.[1]

Die Ausdehnung der Berechnungen durch

$$\frac{\Delta N(2)}{IIa}, \frac{\Delta N(2)}{IIb}, \frac{\Delta N(2)}{IIc}, \frac{\Delta N(2)}{IIa+b+c} \quad \text{und} \quad \frac{\Delta N}{I + II}$$

ermöglicht Analysen, wie z. B.: Zusammenhang zwischen der Erweiterung der Produktionsgrund- und -umlauffonds einerseits und zu den unmittelbaren Folgeinvestitionen in ihren Beziehungen zur Nationaleinkommsbewegung andererseits. Dieselben Untersuchungen können in ihrer Relation zu den Forschungs- und Qualifizierungsaufwendungen durchgeführt werden. Weiter könnte eine zweite Rückflußdauer errechnet und mit der ersten verglichen werden. Ähnliche weitreichende Analysen mit neuen Ergebnissen und Gesichtspunkten können und müssen durch die Einbeziehung der Formeln

$$\frac{\Delta N}{IIb + III}, \frac{\Delta N}{III} \quad \text{und} \quad \frac{\Delta N}{I + II + III}$$

in volkswirtschaftliche Effektivitätsberechnungen für die produktive Akkumulation durchgeführt bzw. erreicht werden. Bei Variantenberechnungen bzw. -entscheidungen könnten dann faktisch drei Normativkoeffizienten bzw. drei Rückflußdauernormative gebildet werden. Einmal mit dem Aufwand I, dann mit dem Aufwand I plus II und schließlich mit dem Aufwand I + II + III. Meines Erachtens ist das eine Konsequenz aus der die durch die technische Revolution hervorgerufene Inhaltserweiterung der Produktionsphase. So kann besser die Einheit und Wechselwirkung zwischen Produktion und Produktionsvorbereitung konsequent beachtet und einheitlich auf den

1 Im Unterschied z. B. zu II, die man als zweite und III, die man als dritte Funktionalebene kennzeichnen könnte. Beide stehen in funktionaler Beziehung zu Δ N. Beide stehen aber auch über I in funktionaler Beziehung zu Δ N.

(2) Δ N gesamt und Δ N aus I a und b.

höchsten volkswirtschaftlichen ökonomischen Effekt orientiert werden. Durch solche erweiterten Berechnungen kann ferner die Mittelverteilung zwischen den einzelnen Aufgaben der produktiven Akkumulation präziser beurteilt und entschieden werden. Schließlich kann keine Optimierungsüberlegung für die Aufteilung des Nationaleinkommens in Akkumulation und Konsumtion ohne solche detaillierten Berechnungen auskommen.

2. Einige Überlegungen zum Zusammenhang zwischen der technischen Revolution, der Akkumulationskraft und der höheren Beweglichkeit des Reproduktionsprozesses als einer Erscheinungsform der wachsenden Bedeutung der Ökonomie der Zeit

a) Zum Rekonstruktionsproblem

Gegenwärtig wird von drei Richtungen her ein starker Druck zur stärkeren Berücksichtigung der Rekonstruktionsaufgaben in unserer Volkswirtschaft ausgeübt. Einmal durch die sich bis 1970 fortsetzende ungünstige Entwicklung der Zahl der arbeitsfähigen Bevölkerung. Der Anteil der Arbeitsfähigen an der Gesamtbevölkerung und ihre absolute Zahl nehmen bis 1970 weiterhin ab.[1] Meines Wissens hat die DDR als einziges Land mit einem solchen Problem fertig zu werden. Ein weiterer Druck wird durch den relativ niedrigen Mechanisierungsgrad in verschiedenen Bereichen unserer Volkswirtschaft ausgeübt.

Produktionsarbeiter der volkseigenen Industrie mit einer Tätigkeit an Maschinen und Anlagen [2]
(in % aller Produktionsarbeiter der volkseigenen Industrie)

	1960	1961	1962	1963	1964	1965 [3]
Grundstoffindustrie	48,8	50,1	50,6	52,4	52,5	-
Metallverarbeitende Industrie	36,4	37,7	37,4	38,2	39,0	-
Leichtindustrie	46,3	46,7	47,7	47,4	47,7	-
Nahrungs- und Genußmittelindustrie	41,4	41,7	44,5	48,4	49,5	-
Volkseigene Industrie gesamt	43,0	44,1	44,5	45,4	46,0	46,9

1 Vgl. Statistische Praxis, Heft 9/1962

2 Vgl. Statistisches Jahrbuch DDR 1965, S. 205

3 Angaben der Staatlichen Plankommission

Dieser Überblick vermittelt eine ungefähre Vorstellung von den Möglichkeiten einer relativen Arbeitskräftefreisetzung durch Rekonstruktionsmaßnahmen mit dem Ziel einer Erhöhung des Mechanisierungsgrades. Diese Problematik wir noch deutlicher, wenn man berücksichtigt, daß in der metallverarbeitenden Industrie mit dem niedrigsten Mechanisierungsgrad 1964 fast 567 000 Produktionsarbeiter tätig waren. Für die übrigen Bereiche lauten die Zahlen:[1]

Nahrungs- und Genußmittelindustrie	ca.	100 000
Leichtindustrie	ca.	361 000
Grundstoffindustrie	ca.	480 000

Es ist weiterhin in einzelnen Zweigen in bestimmten Jahren sogar ein Rückgang bzw. eine Stagnation in der Entwicklung des Mechanisierungsgrades zu verzeichnen (z. B. Energiebetriebe, Bergbau, Metallurgie, allgemeiner Maschinenbau, Fahrzeugbau, Schiffbau, Elektrotechnik, Feinmechanik/Optik, Textilindustrie, Leder- und Schuhwarenindustrie.[2] Auch die volkseigenen Baubetriebe mit ihren über 130 000 Produktionsarbeitern (1964) bieten große Mechanisierungsmöglichkeiten insbesondere beim Außenputz sowie bei einem Teil der Belade- und Entladearbeiten.[3] In der Landwirtschaft liegen große Mechanisierungsmöglichkeiten in der Kartoffel- und Getreideernte.[4]

Der Druck zur stärkeren Berücksichtigung von Rekonstruktionsaufgaben wird schließlich auch durch eine gewisse Vernachlässigung dieser Aufgaben in der Vergangenheit verstärkt. Das zeigten die angeführten Zahlen über die zu niedrig festgesetzten Amortisationsmittel. Während der Anteil der Rationalisierung an den Gesamtinvestitionen 1963 nur 34,6 % betrug, war er 1964 bereits auf 47,8 % gestiegen.[5] Die Rationalisierungsaufgaben werden im Perspektivplan auch weiterhin eine zunehmende Bedeutung einnehmen.

Es ergibt sich die Frage, ob mit dem Nachlassen des Druckes aus den genannten drei Richtungen in Zukunft die Bedeutung der Rekonstruktion wieder abnehmen wird. Zur theoretischen und wirtschaftspolitischen Beantwortung dieser Frage muß der grundsätzliche Zusammenhang mit der technischen Revolution beachtet werden. Das Tempo wissenschaftlicher Neuentdeckungen, die Verkürzung ihrer ökono-

1 Vgl. Statistisches Jahrbuch DDR 1965, S. 186-87

2 Ebenda, S. 203

3 Ebenda, S. 240

4 Ebenda, S. 274

5 Vgl. Statistisches Jahrbuch DDR 1965, S. 44

mischen Realisierungszeit und die allgemeinen Wettbewerbsbedingungen erhöhen das Gewicht des moralischen Verschleißes in früher nicht gekanntem Ausmaß. Damit werden in einem solchen Maße die Anforderungen an die Akkumulationskraft erhöht, daß grundsätzliche Lösungswege gefunden werden müssen, die sich ebenfalls aus den Bedingungen der technischen Revolution ergeben. Eine Lösungsrichtung liegt in der Sicherung einer höheren Beweglichkeit und Austauschbarkeit solcher Baugruppen für Maschinen, Anlagen sowie technologischer Linien, die in besonders hohem Maße dem moralischen Verschleiß unterliegen. Die Sicherung einer höheren Beweglichkeit und Austauschbarkeit zeichnet sich nicht nur in der Standardisierung von Materialien und Bauelementen, sondern auch ganzer Baugruppen ab. Auch die sich abzeichnende Baukastenmethode im Maschinenbau ist unter diesem Blickwinkel zu betrachten. Die in der Diskussion zu den Referaten von Hauk und Schulz angeführten Beispiele der Ausnutzung bestimmter verwandter Formen (Käseverpackung und Wälzlager; Flächenausdehnung bei Papier, Plaste und Glas) bieten ebenfalls günstige Möglichkeiten einer einheitlichen Technologie bei der Herstellung entsprechender Maschinen und Aggregate. Wir dürfen diese Prozesse also nicht nur als technische Entwicklungsstufen sehen, sondern müssen sie zugleich als einen ökonomischen Lösungsweg für bestimmte Anforderungen der technischen Revolution erkennen. Dieser ökonomische Lösungsweg zwingt innerhalb der Investitionspolitik zu einer stärkeren Berücksichtigung der Rekonstruktions- und Rationalisierungsaufgaben. Alle angeführten Entwicklungsrichtungen erlangen in der Zukunft zweifellos eine weitaus stärkere Bedeutung als gegenwärtig, so daß meines Erachtens die Rekonstruktionsproblematik in ihrer Bedeutung eher zu- als abnehmen wird. Für die materielle Sicherung der Investitionspolitik ergibt sich daher neben der gegenwärtigen Notwendigkeit zur Entwicklung von Bedingungen der Erhöhung des Mechanisierungsgrades und der Zunahme industrieller Veränderungsbauten und -maßnahmen vor allem die Entwicklung solcher Produktionsprogramme, die eine zunehmende Beweglichkeit und Austauschbarkeit bestimmter Grundelemente der Produktion und Technologie in der Zukunft sichern.

Dieser Zusammenhang zwischen technischer Revolution und Rekonstruktion zeigt die große Bedeutung einer richtigen Rekonstruktionspolitik innerhalb der Investitionspolitik. Von ihrer Gestaltung hängt letzten Endes in hohem Maße die Beweglichkeit und damit die Effektivität des Reproduktionsprozesses in der Zukunft ab. Die technische Revolution führt also zu völlig neuen und viel engeren

Verbindungen zwischen den bestehenden Produktionsbedingungen und der qualitativen Weiterentwicklung des Reproduktionsprozesses. Das führt sowohl in der Wirtschaftspraxis als auch in der Wirtschaftstheorie zu weitreichenden Konsequenzen. Wichtige wirtschaftspolitische Probleme in diesem Zusammenhang sind u. a.:

Herstellung einer reibungslosen und ökonomisch effektiven Verbindung zwischen der Investitionsdurchführung und der struktur-, qualitäts- und zeitgerechten Bereitstellung der materiellen Mittel durch die laufende Produktion. In der theoretischen Darstellung bedeutet das z. B. die höhere und stärkere Beachtung der dialektischen Einheit in der Bewegung des gesellschaftlichen Gesamtprodukts durch die einzelnen Phasen des volkswirtschaftlichen Reproduktionsprozesses.

Stärkere Beachtung des Zusammenhangs zwischen dem erreichten Effektivitätsniveau in der Kombination von vergegenständlichter und lebendiger Arbeit und dem dadurch möglichen Effektivitätsniveau in der Zukunft. So bedeutet z. B. ein erreichter hoher Schichtfaktor eine günstigere, ein niedrigerer Schichtfaktor eine ungünstigere Möglichkeit der zeitlichen Auslastung neu geschaffener Produktionskapazitäten.

Entwicklung des Schichtkoeffizienten in der sozialistischen Industrie der DDR [1]

	1962	1963	1964
Grundstoffindustrie	2,02	2,08	2,07
Metallverarbeitende Industrie	1,45	1,45	1,42
Leichtindustrie	1,62	1,62	1,64
Nahrungs- und Genußmittelindustrie	1,36	1,56	1,57
Sozialistische Industrie gesamt	1,61	1,64	1,63

Im Rahmen dieser Arbeit ist eine ausführliche Analyse der Tabelle nicht möglich. Für unsere Thematik läßt sich erkennen: Erstens ist der Schichtkoeffizient der gesamten sozialistischen Industrie nicht ausreichend. Es wird erneut die Bedeutung von Rekonstruktions- bzw. Rationalisierungsmaßnahmen unterstrichen. Diese Maßnahmen müssen in einzelnen Bereichen sogar zur absolu-

1 Berechnet nach Angaben in: Statistisches Jahrbuch der DDR 1965, S. 204

ten Freisetzung von Arbeitskräften führen, weil sonst die Ausnutzung der neu zu schaffenden Kapazitäten in keiner Weise gesichert wäre. Zweitens zeigt sich auch aus dieser Sicht, daß die größten Anstrengungen in der metallverarbeitenden Industrie unternommen werden müssen. Drittens ist von 1962 nach 1963 feststellbar, daß die Voraussetzungen für eine effektivere Kombination zwischen vergegenständlichter und lebendiger Arbeit - sofern sie sich im Schichtkoeffizienten widerspiegelt - sich verbesserten. Von 1963 zu 1964 ist eine geringfügige Verschlechterung zu erkennen. In Verbindung mit dem in diesem Jahr erreichten günstigen Zuwachs an Nationaleinkommen kann geschlußfolgert werden, daß noch nicht alle Möglichkeiten ausgenutzt wurden. So werden auch aus dieser Sicht wichtige Reserven der zukünftigen Akkumulationskraft erkennbar.

Die Bedeutung der Rekonstruktion für die zukünftige Effektivität des volkswirtschaftlichen Reproduktionsprozesses zeigt sich auch an der Entwicklung eines Anlagen bauenden Industriezweiges der DDR. Den technisch-ökonomischen Zielstellungen dieser VVB, die bis 1970 umfangreiche Rekonstruktions- bzw. Rationalisierungsinvestitionen durchführt, ist zu entnehmen, daß sie zur Erfüllung ihrer Produktionsaufgaben bis 1970 ohne Rekonstruktionsmaßnahmen einen Zugang an Arbeitskräften von 136 % benötigen würde. Es soll aber bis 1970 eine Steigerung der Arbeitsproduktivität um 70 % (bei einer gleichzeitigen Senkung der Selbstkosten von mindestens 12 %), vor allem durch Rekonstruktionsmaßnahmen, erreicht werden. Damit gewinnt die VVB faktisch mehr als die Hälfte der zusätzlich erforderlichen Arbeitskräfte durch den "Freisetzungseffekt". Der erforderliche Zugang an Arbeitskräften bis 1970 verringert sich von + 136 % auf + 66 %. Die Bedeutung der Rekonstruktion für die zukünftige Effektivität des Reproduktionsprozesses zeigt sich auch an anderen Ergebnissen dieser VVB. Die Rückflußdauer für die Rekonstruktionsmittel liegt bei 3,58 Jahren, also 1,42 Jahre unter den im "Entwurf einer Rahmenmethodik zur Ermittlung des ökonomischen Nutzeffektes von Aufgaben des wissenschaftlich-technischen Fortschritts"[1] als Norm vorgeschlagenen. Auch wenn die Umlaufmittelerhöhung bis 1970 mit einbezogen wird - die in ihrer Gesamtsumme genau so hoch ist wie die Grundinvestitionen, die unmittelbaren und mittelbaren Folgeinvestitionen der VVB bis 1970 - wird eine Rückflußdauer von 4,24 Jahren erreicht, die 0,76 Jahre unter der vorgeschlagenen Norm liegt.

1 Beilage zu Die Wirtschaft, Ausgabe 28/1965

Ein weiteres wirtschaftspolitisches Problem ist die Erreichung einer möglichst günstigen technologischen Struktur zwischen Bau- und Ausrüstungsinvestitionen. Diese Problematik ist außerordentlich vielschichtig und noch viel zu wenig untersucht. Es können hier nur einige allgemeine Überlegungen angestellt werden. Unumstößlich ist die Tatsache, daß das Wachstum des Reproduktionsprozesses in erster Linie von den Ausrüstungs- und nicht den Bauinvestitionen bestimmt wird. Offensichtlich gehen daher von der verstärkten Durchführung von Rekonstruktionsmaßnahmen günstige Auswirkungen auf die technologische Struktur der Investitionen aus. Weitere günstige Auswirkungen gehen von einer raschen Steigerung der Arbeitsproduktivität in der Bau- und Baumaterialienindustrie aus. Demzufolge ist die Gestaltung einer günstigen technologischen Struktur der Investitionen in starkem Maße auch ein Problem der Rekonstruktion in der Bau- und Baumaterialienindustrie selbst.

Alle genannten wirtschaftspolitischen Probleme im Zusammenhang zwischen technischer Revolution, Notwendigkeit einer höheren Beweglichkeit des volkswirtschaftlichen Reproduktionsprozesses und Rekonstruktion als einem Weg zur Erreichung dieser höheren Beweglichkeit berühren die wirtschaftstheoretische Frage nach dem Zusammenhang zwischen einfacher und erweiterter Reproduktion.

Vom ökonomischen Inhalt her sind die Rekonstruktionsaufwendungen zunächst Bestandteil der einfachen Reproduktion. Die Grenze für diese Mittelaufwendungen geht bis zur Aufrechterhaltung der Funktionstüchtigkeit der produzierenden Einrichtung. Die Anforderungen an die Funktionstüchtigkeit - das reicht von der Arbeitsproduktivität, über die Kosten, Qualität usw. - verändern sich ständig. Unter den Bedingungen der technischen Revolution, des umfassenden Aufbaus des Sozialismus und des ökonomischen Wettbewerbs erhöhen sich die Anforderungen an die Funktionstüchtigkeit und damit die Anforderungen an die gesellschaftlichen Aufwendungen zur Aufrechterhaltung derselben. Die Aufwendungen müssen zunächst als zur einfachen Reproduktion gehörend betrachtet werden.

Gleichzeitig wird unter diesem Gesichtspunkt erkennbar, daß die Probleme der einfachen und erweiterten Reproduktion in erster Linie qualitativ und nicht quantitativ bestimmt sind. So kann z. B. eine gleiche Zuwachsgröße am Gesamtprodukt und Nettoprodukt - beides zweifellos Erscheinungen erweiterter Reproduktion - eine sehr unterschiedliche Intensität und Wirksamkeit der erweiterten Reproduktion zum Ausdruck bringen. Das soll an einem sehr vereinfachten

Beispiel aus der wirtschaftlichen Entwicklung der DDR anschaulich gemacht werden. In den Jahren 1953, 1956, 1961 und 1963 war der absolute Zuwachs an Nationaleinkommen annähernd gleich (2,2 - 2,5 Mrd. MDN). Formal betrachtet könnte daraus ein gleiches Tempo bzw. der gleiche Umfang der erweiterten Reproduktion geschlußfolgert werden. Doch bereits bei Einbeziehung der laufenden Aufwendungen ergibt sich folgendes verändertes Bild:

	Nationaleinkommen je Beschäftigten im Bereich der materiellen Produktion in MDN	Ersatzfonds je Beschäftigten in MDN	Relation Spalte 2 zu Spalte 1
	1	2	3
1953	6.572,--	6.071,--	0,92
1956	8.084,--	7.306,--	0,90
1961	11.410,--	11.518,--	1,01
1963	12.335,--	13.051,--	1,06

Bereits diese bei weitem unvollständige Aussage zeigt die unterschiedliche Wirkung der erweiterten Reproduktion beim gleichen absoluten Zuwachs an Nationaleinkommen. 1956 war der Erweiterungsgrad der Reproduktion offensichtlich am größten. Es folgen die Jahre 1953, 1961 und 1963 mit unterschiedlichem Wirkungsgrad in der angegebenen Reihenfolge. Die Aussage ist vor allem aus drei Gründen unvollständig. Erstens müßten weitere Effektivitätsfaktoren herangezogen werden. Zweitens müßte vor allem auch der unterschiedliche einmalige Aufwand analysiert werden. Drittens müßte die volkswirtschaftliche Strukturveränderung eingeschätzt werden.

Allgemein kann daher festgestellt werden, daß die durch die technische Revolution bedingten erhöhten Anforderungen zur Aufrechterhaltung der Funktionstüchtigkeit des gegebenen Reproduktionsprozesses zur Veränderung der ökonomischen Effektivität jeder eingesetzten Aufwandseinheit führen. Die ökonomische Effektivität jeder eingesetzten Aufwandseinheit kann gleichbleiben, steigen oder sinken. Jeder Anstieg der ökonomischen Effektivität einer eingesetzten Aufwandseinheit sprengt aber die Grenzen der einfachen Reproduktion. Demzufolge umfaßt die Rekonstruktion nicht nur Momente der einfachen, sondern gleichzeitig der erweiterten Reproduktion. Eine qualitative Betrachtung der Grenzen zwischen einfacher und erweiterter Reproduktion führt also zur Erkenntnis der im folgenden Schema dargestellten Möglichkeiten von Zusammenhängen:

	Anwendung der gleichen Aufwandseinheit	Anwendung einer größeren Aufwandseinheit	Anwendung einer kleineren Aufwandseinheit
kann einfache Reproduktion bedeuten	X	X	X
kann erweiterte Reproduktion bedeuten	X	X	X

Im Hinblick auf die Verwirklichung der Reproduktionskomponente kann auch festgestellt werden, daß die Rekonstruktion zu einem gewissen Teil auch den Reproduktionseffekt der Amortisation umschließt. Es muß daher zu völligen Fehlschlüssen führen, wenn der Reproduktionseffekt ausschließlich an der möglichen Summe gemessen wird, die für Erweiterungsinvestitionen zur Verfügung gestellt werden kann. Eine solche Betrachtungsweise ist gegenwärtig aber noch vorherrschend. So trifft man immer wieder auf verabsolutierende Gegenüberstellungen von Reproduktionseffekt und Rekonstruktion. Hierbei wird aber gerade übersehen, daß die Rekonstruktion - als wichtiger Bestandteil der Investitionspolitik - sowohl die einfache als auch die erweiterte Reproduktion erfaßt. Auch die mir bekannte umfassendste Untersuchung der Wirkung des Reproduktionseffektes durch den polnischen Ökonomen Przelaskowski[1] geht ausschließlich quantitativ an die Fassung des Reproduktionseffektes heran. Damit kann die wirkliche ökonomische Problematik der Verwendung der Amortisationen unter den Bedingungen der technischen Revolution nur unzureichend erfaßt werden.

In der Praxis ist die getrennte Erfassung der Rekonstruktionsaufgaben nach einfacher und erweiterter Reproduktion kaum möglich und sicherlich auch nicht notwendig, da in der Regel Rekonstruktionsaufgaben immer beides enthalten werden. Das macht aber eine theoretische Klärung nicht nur nicht überflüssig, sondern setzt sie voraus, um falsche Gegenüberstellungen und Schlußfolgerungen zu vermeiden, die u. U. zu wirtschaftspolitischen Unannehmlichkeiten führen können.

b) Zum Konzentrationsproblem

Zur umfassenden Problematik der sich durch die Anforderungen der technischen Revolution ergebenden Notwendigkeit einer höheren Beweglichkeit des Reproduktionsprozesses als Bestandteil der Ökonomie

1 Vgl. W. Przelaskowski, Die Schätzung des Reproduktionseffektes der Amortisationen in Polen, Rohübersetzung der Hochschule für Ökonomie, Berlin

der Zeit gehören auch Fragen der Konzentration. Eine größere Beweglichkeit des Reproduktionsprozesses als Erfordernis der technischen Revolution wird vor allem durch den konzentrierten Einsatz der Investitionen erreicht. Der konzentrierte Einsatz von Investitionen ist ein Lösungsweg für mehrere Widersprüche, die die sozialistische Gesellschaft stets aufs neue zu überwinden hat. So kann die im Vergleich zu den Erfordernissen der technischen Revolution relativ enge Schranke der Akkumulationsmöglichkeit durch konzentrierten Investitionsmitteleinsatz beträchtlich erweitert werden. Konzentrierter Investitionsmitteleinsatz überwindet auch den Widerspruch zwischen der Notwendigkeit einer raschen Strukturänderung in bestimmten Bereichen und dem "Beharrungsvermögen" des gegebenen Produktionsprozesses. Der konzentrierte Einsatz von Investitionsmitteln umfaßt die Konzentration der Investitionen auf die führenden Zweige, innerhalb der Zweige auf Betriebe, innerhalb der Betriebe auf Objekte sowie die gebietswirtschaftliche Koordinierung. Ausgehend von einer gegebenen Akkumulationsmasse kann bei unterschiedlicher Beachtung der Konzentrationsaufgaben also eine unterschiedliche Wirkung für den Reproduktionsprozeß erreicht werden. Das zeigt erneut die Bedeutung der Effektivitätskomponente. Es wird auch nochmal sichtbar, daß zwischen Akkumulationsmöglichkeit und Akkumulationsverwirklichung unterschieden werden muß.

In bestimmter Weise schließen sich konzentrierter Investitionsmitteleinsatz und Rekonstruktion gegenseitig aus (wenn man davon absieht, daß natürlich auch die Rekonstruktion in gewissem Grade konzentriert durchgeführt werden kann und muß). Die jeweilige Lösung dieses Widerspruches wird durch die wirtschaftspolitische Entscheidung der Mittelverwendung für Neuinvestitionen und Rekonstruktion getroffen. Kriterium für solche Entscheidungen kann nur der erreichte bzw. erreichbare ökonomische Effekt des volkswirtschaftlichen Reproduktionsprozesses sein. Hier eröffnet sich für die wirtschaftswissenschaftliche Forschung ein breites Betätigungsfeld zur Untersuchung von Kriterien und Grundsätzen einer Investitionsmittelverteilung zwischen Neuinvestitionen und Rekonstruktionen. Es handelt sich hierbei in hohem Maße um volkswirtschaftliche Betrachtungen, weil nur im Rahmen der gesamten Volkswirtschaft der ökonomische Vorteil oder Nachteil umfassend sichtbar wird. So kann ein vom betrieblichen oder zweiglichen Standpunkt aus gesehenes günstiges Ergebnis infolge Rekonstruktion (oder Neuinvestition) im Vergleich mit anderen Zweigen durchaus zum Ergebnis führen, in anderen Zweigen besser eine Neuinvestition (oder Rekonstruktion) durchzuführen.

Zu einem wichtigen Aspekt der Konzentrationsproblematik erklärte W. Ulbricht bereits auf dem VI. Parteitag der SED: "Die Hauptaufgabe unserer Investitionspolitik bis 1970 ist es, ... eine ständig wachsende Investitionssumme auf die führenden Zweige der Volkswirtschaft zu konzentrieren ..."[1] Bei dieser Aufgabenstellung geht unsere Partei von zwei objektiven Notwendigkeiten aus: Von der erforderlichen Investitionsmittelverteilung auf die Zweige der Zukunft und von der Tatsache der jeweils gegebenen Beschränkung der Akkumulationskraft und dem unterschiedlichen Realisierungsgrad dieser Akkumulationskraft im allgemeinen und der Investitionsmittel im besonderen. Die bisher umfassendste Darlegung der Investitionspolitik im neuen ökonomischen System der Planung und Leitung haben Apel und Mittag durchgeführt.[2] Wie bestimmen sie den wirtschaftspolitischen und theoretischen Gehalt des Begriffes "Konzentration der Investitionen"? Konzentration der Investitionen heißt voller Einsatz der Investitionsmittel für die Entwicklung der materiellen Produktion. Hierbei müssen die führenden Zweige den entscheidenden Anteil erhalten.[3] Innerhalb der Konzentration auf Zweige muß eine Konzentration auf wenige Vorhaben erfolgen.[4] "Neben der Konzentration auf bestimmte Produktionszweige und -objekte spielt die territoriale Konzentration ... eine bedeutende Rolle."[5] Der konzentrierte Einsatz der Investitionsmittel auf die führenden Zweige beinhaltet die erforderlichen Aufwendungen für die arbeitsteiligen und gebietlichen Verflechtungen.[6] Aus Apel/Mittag ist meines Erachtens klar zu entnehmen, daß Investitionskonzentration auf die führenden Zweige nur in der Einheit von endogenem und exogenem Investitionsmittelaufwand zu sehen ist. Dazu ist die Beachtung der Stellung der führenden Zweige als Produzenten und Konsumenten erforderlich. Wird das nicht beachtet, käme es zu einer falschen theoretischen und wirtschaftspolitischen Inhaltsbestimmung des konzentrierten Investitionsmitteleinsatzes auf die führenden Zweige. So wäre es zweifellos eine formale, falsche Auslegung dieser Aufgabenstellung, wenn die Masse

1 Vgl. W. Ulbricht, Das Programm des Sozialismus und die geschichtliche Aufgabe der SED, Berlin 1963, S. 69

2 Vgl. Apel/Mittag, NOS und Investitionspolitik, Berlin 1965

3 Ebenda, S. 29, S. 35

4 Ebenda, S. 47

5 Ebenda, S. 48

6 Ebenda, S. 49

der für die führenden Zweige eingesetzten oder einzusetzenden Investitionsmittel in den betreffenden Zweigen selbst eingesetzt würde.

Daß die endogene oder exogene Verwendungsgröße der Investitionsmittel nicht entscheidendes Kriterium für eine echte Konzentration auf die führenden Zweige sein kann, wird deutlich, wenn man sich z. B. die volkswirtschaftliche Verkettung der Chemie als Investitionskonsumenten und als Verbraucher in der laufenden Produktions überhaupt vor Augen führt. Die chemische Industrie - insbesondere die Petrolchemie - gehört zu den profilbestimmenden Zweigen und muß vorrangig entwickelt werden. Das erfordert einen konzentrierten Investitionsmitteleinsatz für die Chemie, d. h. innerhalb und außerhalb der Chemie. Bei der Bestimmung der chemischen Industrie als führender Zweig mußte die Rolle der Chemie als volkswirtschaftlicher Produzent im Vordergrund stehen.[1] Beim konzentrierten Investitionsmitteleinsatz muß jedoch die verbraucherseitige Rolle der Chemie im Vordergrund stehen, da ja die durch die Investitionen bedingte erhöhte und veränderte Produktion auch höhere und veränderte Zulieferungen verursacht. Dabei geht es einmal um den konzentrierten Einsatz von Investitionsmitteln innerhalb der Chemie für den Ausbau der Petrolchemie, der Plaste und Chemiefaserproduktion, der Düngemittel-, Kautschuk-, Kraft- und Schmierstoffeproduktion.[2] Zum anderen geht es um den konzentrierten Investitionsmitteleinsatz außerhalb der Chemie für die Chemie.

Das "Statistische Jahrbuch der DDR 1965" weist für 21 Erzeugnisgruppen (vertikal) bzw. 21 Zweige und Bereiche (horizontal) die Materialverflechtungen des Jahres 1963 aus. Die chemische Industrie erhält bis auf den Schiffbau aus allen Bereichen Lieferungen. Das ist allerdings noch keine echte Besonderheit der Chemie, da das für viele andere Zweige auch gilt. Anders sieht das schon aus, wenn man die Höhe des Verbraucheranteils der Chemie an den einzelnen Erzeugnisgruppen (ohne Berücksichtigung des Eigenverbrauchs in den Zweigen) mit dem Verbraucheranteil anderer Zweige vergleicht. Für folgende Zweige ist die Chemie der größte Verbraucher: Energie, Bergbau, Bekleidungsindustrie, Zellstoffindustrie, Nahrungs- und Genußmittelindustrie. Zweitgrößter Verbraucher ist die Chemie für die

1 Vgl. z. B. W. Ulbricht, Die Durchführung der ökonomischen Politik im Planjahr 1964 unter besonderer Berücksichtigung der chemischen Industrie, Berlin 1964, S. 73 ff; Wyschofsky, Die chemische Industrie ein führender Industriezweig, Berlin 1964

2 Vgl. W. Ulbricht, a. a. O., S. 82

Zweige Baumaterialien, Holzerzeugnisse, Textilindustrie und polygraphische Industrie. Für die Zweige Kraftfahrzeugindustrie sowie Glas- und keramische Industrie ist die Chemie der drittgrößte Verbraucher. Der Größenordnung nach steht die Chemie als Abnehmer des allgemeinen Maschinenbaus und der Feinmechanik/Optik an 5. Stelle, der Metallwaren- und Lederwarenindustrie an 6. Stelle, der Elektrotechnik und Metallurgie an 7. Stelle, des Schwermaschinenbaus an 8. Stelle sowie der Guß- und Schmiedeerzeugnisse an 9. Stelle. Die Chemie ist weiterhin bedeutender Abnehmer von Erzeugnissen der Land- und Forstwirtschaft, der Wasserwirtschaft sowie des Verkehrs- und Nachrichtenwesens.[1] Hinzu kommen noch Importe und gebietswirtschaftliche Aufwendungen. Konzentration der Investitionen auf die führenden Zweige beinhaltet auch eine Investmittelverteilung in der Zeit. Die Durchführung der Investition in den führenden Zweigen setzt einen zeitlichen Vorlauf für die Schaffung der erforderlichen Investitionsgüter und Baukapazitäten in den entsprechenden Zweigen voraus.

Es ist daher unbedingt erforderlich, bei der Investitionskonzentration auf die führenden Zweige diese bestehende Verflechtung zu beachten. Die Einheit von endogenem und exogenem Investmittelverbrauch bei gleichzeitiger klarer Aufgabentrennung zwischen beiden ist in der neuen Investitionsverordnung durch die Ermittlung der mittelbaren und unmittelbaren Folgeinvestitionen gesetzlich verankert.[2] Sie findet weiterhin ihren Ausdruck in der Aufgabenstellung für die Ausarbeitung von Programmen, wissenschaftlich-technischen Konzeptionen und technisch-ökonomischen Zielsetzungen.[3] Vor allem die Weiterentwicklung technisch-ökonomischer Zielstellungen zur technisch-ökonomischen Zielstellung für ganze Zweige ist für einen richtig konzentrierten Investitionsmitteleinsatz von großer Bedeutung. So umfaßt z. B. die "komplexe technisch-ökonomische Zielstellung zum Investitionsprogramm" eines Anlagen bauenden Zweiges der DDR bis 1970 als Kernprobleme

die ökonomisch zweckmäßigste Verwendung der Investitionsmittel innerhalb des Zweiges;

1 Vgl. Statistisches Jahrbuch der DDR, 1965, S. 36

2 Vgl. Verordnung über die Vorbereitung und Durchführung von Investitionen ... Teil II, Nr. 95

3 Apel/Mittag, Planmäßige Wirtschaftsführung und ökonomische Hebel, S. 14 ff, und Investitionsverordnung § 12

die beginnende volkswirtschaftlich komplexe Betrachtung der Investitionen hinsichtlich der direkten Verflechtung zu Aufwendungen außerhalb des Anlagen bauenden Zweiges;
den Anfang eines Nachweises des volkswirtschaftlichen Nutzens des Anlagen bauenden Zweiges.

Die rasche Entwicklung des betreffenden Anlagenbaues ist wichtiger Bestandteil der Umstrukturierung der Industrie und damit unserer gesamten Volkswirtschaft entsprechend den Bedingungen der technischen Revolution. So wächst z. B. die Produktion des Zweiges bis 1970 etwa 6mal schneller als die gesamte Industrieproduktion. Die dazu erforderlichen Grundinvestitionen in der betreffenden VVB bis 1970, verglichen mit den damit verbundenen Investitionen allein der ersten Zulieferstufe sind bereits sehr aufschlußreich. So machen die ausgelösten Investitionen lediglich bei einem geringen Teil der ersten Kooperationsstufe bereits 50 % der Grundinvestitionen der VVB bis 1970 aus. Sicherlich ist damit noch längst nicht der tatsächliche volkswirtschaftliche Gesamtaufwand an Investitionen zur Entwicklung des betrachteten Anlagen bauenden Zweiges erfaßt. Andererseits muß man sehen, daß die Investitionen in der VVB selbst Folge oder richtiger Voraussetzungsinvestitionen für die Entwicklung anderer führender Zweige sind. Hieran wird meines Erachtens deutlich, daß die Investitionskonzentration auf die führenden Zweige der Volkswirtschaft gewissermaßen das Bild eines vom führenden Zweig bestimmten Investitionstrichters annimmt. Dem müßte auch die Investitionsplanung der wichtigsten Zweige und Vorhaben angepaßt werden.

In diese Richtung zielt meines Erachtens ein Beschluß des Ministerrats der DDR zu Fragen der Investitionsplanung aus dem Jahre 1965. Dieser Beschluß verlangt die Entwicklung der Investitionsplanung nach dem Erzeugnisprinzip, die Fixierung des Investitionsfonds für die gesamte Realisierungszeit der Investitionen sowie die laufende Fortschreibung der Investitionsbilanz. Die schrittweise Verwirklichung dieses Beschlusses wird vor allem folgenden Verbesserungen bringen:

eine stärkere Beachtung der tatsächlichen Investitionsverflechtung;
eine bessere Möglichkeit von Variantenvergleichen und damit von Effektivitätsberechnungen;
eine größere Kontinuität im Investitionsgeschehen und eine bessere Ausnutzung der Investitionsmittel;
die volkswirtschaftliche Feststellung der jährlichen Investitionsvorbelastung und damit Absteckung der Entscheidungs-

freiheit für das Investitionsgeschehen und somit eine realere Planung des Investitionsvermögens und -verlaufs.

Gerade eine erzeugnisgebundene Investitionsplanung geht u. a. von der trichterförmigen Bewegung in der Investitionskonzentration auf wichtige volkswirtschaftliche Vorhaben aus. Nur wenn, ausgehend vom Investitionsschwerpunkt (Erzeugnis oder bestimmte Entwicklungsrichtungen eines Zweiges), alle materiellen Sicherungen für die durch die Investition im Schwerpunkt bewirkten Anforderungen an alle direkten und indirekten Lieferer erfaßt wird, kann eine echte Konzentrierung der Investitionen auf führende Zweige bzw. Erzeugnisgruppen dieser Zweige verwirklicht werden. Diese erzeugnisbezogene Investitionsplanung ist sicherlich nicht so aufzufassen, daß sie für die gesamte Erzeugnispalette durchgeführt wird. Sie muß im Prinzip von den entscheidenden volkswirtschaftlichen Finalproduktionen ausgehen. Daraus ergeben sich auch neue Möglichkeiten der inhaltlichen Durchdringung von Problemen der planmäßig-proportionalen Entwicklung und deren Planung.

Ein weiterer wichtiger Aspekt besteht in der zeitlichen Realisierung der Konzentration der Investitionen auf die führenden Zweige. Diese Problematik wurde auf dem 11. Plenum des ZK der SED aufgeworfen. Bestimmte Zweige der metallverarbeitenden Industrie und der Leichtindustrie erbringen eine besonders hohe ökonomische Effektivität beim Investitionsmitteleinsatz. Auch diese Tatsache muß von der sozialistischen Wirtschaftspolitik im Interesse der Entwicklung der führenden Zweige unserer Volkswirtschaft ausgenutzt werden. Deswegen wurde auf dem 11. Plenum des ZK der SED vorgeschlagen, "zu überprüfen, ob im Zeitraum bis 1970 der Leichtindustrie zusätzliche Mittel für die Rationalisierung zur Verfügung gestellt werden können, um dadurch weitere Akkumulationsquellen für die vorrangige Entwicklung der führenden Zweige zu erschließen."[1]

1 Vgl. W. Ulbricht, Probleme des Perspektivplanes bis 1970, Berlin 1966, S. 48

Karl Neelsen, Berlin

Die ökonomischen Auswirkungen der technischen Revolution auf die Investitionsstruktur der Wirtschaft - insbesondere der Industrie - Westdeutschlands

In Westdeutschland vollzog und vollzieht sich eine schnelle, sprunghafte Entwicklung von Wissenschaft und Technik. Den großen Monopolen ist es mit Hilfe der staatsmonopolistischen Regulierung gelungen, "den Prozeß der technischen Revolution mit Erfolg zu meistern".[1] Die Durchsetzung der Hauptrichtungen des technischen Fortschritts - die Automation, die Ersetzung herkömmlicher durch neugeschaffene Rohstoffe, die Erschließung und Nutzung neuer Energiequellen, die Einführung hochproduktiver Technologien, die Herausbildung enger Wechselbeziehungen zwischen Produktion und Wissenschaft, die zu einer unmittelbaren Produktivkraft wird - war und ist mit einem ungleichmäßigen, aber insgesamt aufwärtsgerichteten starken Wirtschaftswachstum verbunden. Die westdeutsche industrielle Nettoproduktion erreichte 1964 ein Niveau von 312 (1950 gleich 100)[2]. Sie wuchs gegenüber dem Vorjahr um rd. 8,5 Prozent. Die industrielle Aufwärtsentwicklung setzte sich im ersten Halbjahr 1965 mit rd. 7,2 % etwas vermindert fort.[3] Hinsichtlich des Produktionswachstums stand der Bereich der "Investitionsgüterindustrien" (im 1. Halbjahr 1965) mit 9,4 % an erster Stelle. Von den einzelnen Zweigen lagen die Chemiefasererzeugung mit einer Zuwachsrate von 19,7 %, die elektrotechnische Industrie mit 15,0 %, die gesamte chemische Industrie und die Mineralölverarbeitung mit je 12,1 % an der Spitze.

Die Indizes und Zuwachsraten einiger Hauptprozesse, einiger Hauptkennziffern der ökonomischen Entwicklung Westdeutschlands[4]

1 Vgl. W. Ulbricht, Schlußwort auf der 7. Tagung des ZK der SED im Dezember 1964, Berlin 1964, S. 18

2 Vgl. Statistisches Jahrbuch der Bundesrepublik Deutschland, Stuttgart/Mainz, Abschnitt Industrie und Handwerk

3 Vgl. Wirtschaft und Statistik, 8/1965, S. 521

4 Hier die industrielle Nettoproduktion, das "Brutto-Sozialprodukt", das "Netto-Sozialprodukt zu Faktorkosten", die gesamten Bruttoinvestitionen (in allen Anlagebereichen), die beschäftigten Industriearbeiter, die Aktienkurse und die Preise. Jeweils Indexreihen und Zuwachsraten; 1945 bzw. 1950 bis 1964

kennzeichnen fast alle eindeutig eine erneute Beschleunigung seit 1963, die bis in die Gegenwart anhält, und insgesamt einen ungleichmäßigen zyklischen Verlauf der kapitalistischen Reproduktion (vgl. Tabelle 1, Anhang). Es zeigt sich, daß auch während der Nachkriegszeit und auch in Westdeutschland die zyklische Wirtschaftsentwicklung die Bewegungsform des Kapitalismus und seiner Widersprüche darstellt.[1]

Die Entwicklung der Industrie und überhaupt der gesamten Wirtschaft sowie der technische Fortschritt waren sehr eng mit einer umfangreichen Investitionstätigkeit verbunden.

1. Die technische Revolution und die Entwicklung der Investitionen in der westdeutschen Industrie[2]

Die jährlichen Bruttoinvestitionen in allen Bereichen (einschl. der Industrie) stiegen von rd. 18 Mrd. (1950) auf rd. 108 Mrd. im Jahre 1964. Seit Kriegsende sind drei Investitionswellen in den Jahren 1948, 1955 und 1960 sowie eine erneute Beschleunigung 1964 und Anfang 1965, die noch weiter anhält, festzustellen. Ihr Anteil am "Brutto-Sozialprodukt" erhöhte sich von rd. 18,5 (1950) auf über 26 % im Jahre 1964 (siehe Tabelle 2, Anhang).
Der jährliche Investitionsumfang in der Industrie - jährlich investiertes konstantes fixes Kapital ("Anlageinvestitionen") - erhöhte sich von rd. 4,6 auf 21 Mrd. bzw. rd. 17,4 Mrd. Mark im Jahre 1964 (vgl. Tabelle 2, Anhang). Die Entwicklung der Investitionstätigkeit in der westdeutschen Industrie verlief noch ungleichmäßiger als die Investitionstätigkeit in den anderen Bereichen. Die Investitions"wellen", die Höhepunkte der jeweiligen Zyklen zeigen sich noch ausgeprägter. Die größten Schwankungen weist die Akkumulationstätigkeit in der Gruppe A auf (z. B. plus 29 % - 1955 gegenüber minus 5 % - 1963).

Die Entwicklung der Investitionen, ihr sprunghaftes Ansteigen zu bestimmten Zeiten spiegelt vor allem auch technische Entwicklungsprozesse und Entwicklungsstadien der technischen Revolution, sowie die dem Kapitalismus und Imperialismus eigene Verschwendung von Produktivkräften, von gesellschaftlichen Mitteln wider.

1 Zur Diskussion der zyklischen Entwicklung in Westdeutschland vgl. u. a. G. Maurischat, Die Konjunkturbewegung in Westdeutschland in der Nachkriegszeit, in Wirtschaftswissenschaft 6/1965, S. 1323 ff

2 Die Investitionen in der Industrie (Brutto-, Neu- und Ersatzinvestitionen) stellen fast ausschließlich konstantes fixes Kapital dar.

Das zunächst relativ stetige und schnelle Investitionswachstum zu Beginn der 50er Jahre bedeutete das Ingangsetzen und das Hineinwachsen in vorhandene Produktionsanlagen. Die übernommene Technik und Industriezweigstruktur bildete die Grundlage der wirtschaftlichen Entwicklung. Beides bot zunächst noch günstige Produktions- und Verwertungsbedingungen. Die Mechanisierungstechnik setzte sich mehr und mehr durch. Neue Produktionsmethoden wurden erst entwickelt. Neue Erzeugnisse tauchten auf. "Ebenso wie andere Bereiche ... steht auch die westdeutsche Industrie seit Jahren unter dem unausweichlichen Zwang, in rascherem Tempo als zwischen den beiden Weltkriegen zu investieren, und zwar nicht nur deshalb, weil das veraltete Anlagevermögen zu ersetzen und zu erweitern war, sondern vor allem weil - nicht nur in der Bundesrepublik - zahllose neue Produkte in die Produktionsreife traten und die westdeutsche Industrie den damit zwangsläufig verbundenen Investitionsverpflichtungen nachkommen mußte, um wieder auf dem Weltmarkt auftreten zu können", heißt es z. B. bei R. Krengel.[1] Der erste Sprung nach 1953, das Jahr um 1955, und die folgenden fast gleichbleibend hohen Investitionen bis 1958/59 - ein jahrelanges Verharren auf hohem Niveau (besonders in der Gruppe A der Industrie) - charakterisieren sowohl die nun volle Durchsetzung der Mechanisierung als auch den einsetzenden Prozeß der Umwälzung der Produktionstechnik und der technischen Erneuerung der Kapazitäten. Automatische Verfahren und Anlagen werden eingeführt. Die Zeit von 1954 bis 1957/58 stellt z. B. im westdeutschen Fahrzeugbau eine Art "Vorbereitungsperiode" für die verstärkte Einführung von Transfermaschinen, verbunden mit Elementen automatischer Steuerung und Kontrolle dar.[2] F. Pollock schreibt z. B., daß in Westdeutschland "bei allen großen Automobilfabriken, Stahlwerken und anderen die Methoden der Automation in raschem Vordringen" waren.[3] Er weist darauf hin, daß im kapitalistischen Europa "im Jahre 1955

1 Vgl. Vierteljahreshefte zur Wirtschaftsforschung, Deutsches Institut für Wirtschaftsforschung (Institut für Konjunkturforschung, Westberlin) 1/1957, S. 64

2 Vgl. K. Mueller-Bülow, Hauptentwicklungslinien des technischen Fortschritts und Probleme seiner ökonomischen Wirkung im westdeutschen Fahrzeugbau, unveröffentlichte Dissertation an der Hochschule für Ökonomie, Berlin 1965, S. 36

3 Vgl. F. Pollock, Automation, Frankfurt/M. 1964, S. 33

die Automation schon größere Fortschritte erzielt hatte, als man im allgemeinen annahm ..."[1] Der Prozeß der Einbeziehung der Wissenschaft in den gesellschaftlichen Produktionsprozeß beschleunigte sich.[2]

In den Zyklen bis 1958 überwog insgesamt jedoch die extensive erweiterte Reproduktion. Eine extensive quantitative Ausdehnung der Produktion, der Beschäftigung, der übernommenen Technik usw. herrschten vor. Qualitative Veränderungen der Produktion, der Produktionsstruktur, der Technik begannen und wurden vorbereitet. Der Beschäftigungseffekt überwog stark den Freisetzungseffekt der Technik.

Nach 1958 erfolgte ein sprunghafter Anstieg der Bruttoinvestitionen in der Industrie, weit stärker als nach 1953. Besonders in der Gruppe A der Industrie und hier in den "Investitionsgüterindustrien" sowie in den "Grundstoff- und Produktionsgüterindustrien" schnellten die Jahresinvestitionen sprunghaft in die Höhe. Investitions- und Produktionstätigkeit der Investitionsgüterindustrien (z. B. des Maschinenbaus, des Fahrzeugbaus, der elektrotechnischen Industrie, des Stahlbaus), auch der Bauindustrie und Baustoffindustrie, sind besonders eng mit der gesamten Investitionstätigkeit in allen Bereichen verbunden, da sie die wichtigsten Arbeitsmittel, wie Maschinen, Ausrüstungen, Fahrzeuge, elektrische, optische Geräte usw., liefern. Hier in den Investitionsgüterindustrien traten die größten Schwankungen mit der im Zyklus wechselnden Nachfragesituation für Investitionsgüter auf. Der Zyklus der Investitionsgüterindustrien beeinflußte (und beeinflußt) entscheidend den Gesamtzyklus.

Die sprunghafte Verstärkung der industriellen Investitionstätigkeit hängt mit dem neuen Stadium der technischen Revolution zusammen. Nach den Krisenerscheinungen von 1958 setzt der Prozeß der massenhaften technischen Erneuerung der Produktionsanlagen in allen, auch "älteren" Produktionszweigen ein. Massenhaft wird nun fungierendes Kapital entwertet. Kybernetische Methoden werden in der Produktionstechnik und -leitung eingesetzt. Die Automatisierung beginnt die Mechanisierung der Produktion an Bedeutung zu übertreffen. Die Intensivierung des technischen Fortschritts, insbesondere

1 ebenda

2 Vgl. u. a. auch, Thesen: Die marxistisch-leninistische Philosophie und die technische Revolution, in Deutsche Zeitschrift für Philosophie, Sonderheft 1965, These 4, S. 12 - Vgl. auch K.Fuchs, Über die Verwandlung der Wissenschaft in eine unmittelbare Produktivkraft und die Phasen der technischen Revolution, ebenda, S. 130 ff

die Automation, rücken seitdem immer mehr in den Mittelpunkt der gewerkschaftlichen Kämpfe in Westdeutschland. Der Umschlag in eine Phase vorwiegend intensiver erweiterter Reproduktion erfolgt. Der technische Fortschritt übt nun einen zunehmenden Freisetzungseffekt aus.[1] Alle diese Prozesse setzen sich nach 1963 verstärkt fort.

Bekanntlich begann die Beschäftigung in der westdeutschen Industrie nach 1958 zu stagnieren und nach 1961 bei den Arbeitern (durchgehend bis in die Gegenwart) absolut zurückgehen. Die Zahl der Gesamtbeschäftigten von 1962 (Höhepunkt mit rd. 8,34 Mill.) wurde 1964 nicht wieder erreicht.[2] Insgesamt stieg die Beschäftigung in Westdeutschland, wenn auch verlangsamt, noch weiter an, und die Arbeitslosigkeit ging weiter zurück; während gleichzeitig die Zahlen der ausländischen Arbeiter und der offenen Stellen anwuchsen. Der Freisetzungseffekt führte noch nicht, wie in den USA, zu verstärkter Kurzarbeit und Massenarbeitslösigkeit.[3]
In den Vereinigten Staaten gibt es seit mehreren Jahren allgemeine Arbeitslosigkeit, die teilweise direkt und teilweise indirekt auf den technischen Fortschritt zurückzuführen ist. In der Bundesrepublik blieben wir trotz des außerordentlich schnellen Tempos der technischen Entwicklung davon verschont. Es gab allerdings auch hier Freisetzungen in größerem Umfang. Die konnten aber teilweise durch innerbetriebliche Umsetzungen und teilweise durch den wachsenden Arbeitskräftebedarf anderer Wirtschaftszweige - bisher noch aufgefangen werden. Die technische Umwälzung setzte sich in den USA früher durch als in Westdeutschland. Sie rief dort früher Erscheinungen hervor, die in Westdeutschland erst später eintraten bzw. sich erst ankündigen. Etwa um 1955 gab es in den USA rasche Fortschritte "in der Anwendung der automatischen Produktionsweise". Zu den Einzelerscheinungen, die auf den raschen Fortschritt schließen ließen, "gehörten die sprunghafte Entwicklung der elektronischen Industrie, die enormen Ausgaben für Investitionen, sowohl bei einzelnen Schrittmachern der Automation als auch in der

1 Vgl. L. Zahl, Zum Beschäftigungs- und Freisetzungseffekt des technischen Fortschritts im gegenwärtigen Kapitalismus, in Wirtschaftswissenschaft 3/1964, S. 454 ff

2 Vgl. Statistisches Jahrbuch der BRD 1965, a. a. O., S. 235

3 Vgl. O. Brenner, Technischer Fortschritt und Gewerkschaften, in Automation und technischer Fortschritt in Deutschland und den USA (Erste internationale Automatisierungskonferenz der IG-Metall Westdeutschlands), Frankfurt/Main, 1963, S. 308

Wirtschaft im ganzen, die überraschenden Fortschritte in der Leistungsfähigkeit der der Automation dienenden Geräte und der Anwendung der kontinuierlichen Produktionsweise."[1] Der Übergang in das zweite Stadium der technischen Entwicklung, in die überwiegend intensive Entwicklungsphase, verbunden mit einem starken Freisetzungseffekt, vollzog sich in den USA um 1955. Bei insgesamt zunehmder Gesamtbeschäftigung der Industrie ging die Zahl der Produktionsarbeiter 1958 erstmalig zurück. Die Kurzarbeit und die chronische Arbeitslosigkeit verstärkten sich nach 1958.

Zurück zur Investitionsentwicklung in Westdeutschland: Gruppiert man Umsatz- und Investitionsvolumen der Industrie (1953 bis 1957 und 1958 bis 1963) und vergleicht das jeweilige Volumen miteinander, dann verhalten sich der Umsatz wie 1 : 1,9, die Investitionen wie 1 : 1,95; der Umsatz und die Bruttoinvestitionen der "Investitionsgüterindustrien" wie 1 : 2,2 bzw. 1 : 2,4.[2] Die Umsätze der an der Spitze stehenden drei Industriezweige Maschinenbau, elektrotechnische Industrie und Fahrzeugbau verhielten sich in beiden Phasen wie 1 : 2,1; 1 : 2,5 und wie 1 : 3,5.[3]
Die Investitionstätigkeit der westdeutschen Monopole verstärkte sich nach 1958 und erneut nach 1963. Die Bruttoinvestitionen der drei Stammgesellschaften der "IG-Farben" beliefen sich im ersten der hier verglichenen Abschnitte auf rd. 3,06 Mrd., im zweiten auf etwa 6,63 Mrd. Mark.[4] Der Investitionsumfang stieg damit auf das 2,2-fache! In einem Beitrag des Volkswirt "Chemiekonzerne vor einem gewaltigen Investitionsboom" heißt es: "Der überdurchschnittlich steigende Bedarf an Chemieerzeugnissen, die Wahrung des Marktanteils und die Notwendigkeit zu Rationalisierungen zwingt die Chemiekonzerne, in einem bisher nicht für möglich gehaltenen Ausmaß zu investieren." Die Bayer-Gruppe sieht für 1965 bis 1968 Investitionen in Höhe von rd. 3,2 Mrd. vor; etwa 1 Mrd. mehr als in den Jahren von 1961 bis 1964. Die BASF will rd. 4 Mrd. investieren.[5]
Zahlreiche weitere Einzelbeispiele zeigen das gleiche Bild: Ein sprunghaftes Ansteigen der Produktion, des Umsatzes und der Investitionen nach 1958 und, soweit absehbar, nach 1963. Diese Jahre

1 Vgl. F. Pollock, Automation, a. a. O., S. 33

2 Vgl. Statistisches Jahrbuch der BRD, Abschnitt Industrie und Handwerk a. a. O. und Vierteljahreshefte zur Wirtschaftsforschung, a. a. O. lfd.!

3 Vgl. Statistisches Jahrbuch der BRD, 1965, S. 243

4 Aus den Geschäftsberichten; Material für die Hauptversammlungen

5 Vgl. Der Volkswirt, Nr. 29 vom 23. 7. 1965, S. 1595

leiteten neue Investitionswellen ein. Der enge Zusammenhang mit der neuen Entwicklungsphase der technischen Revolution ist recht offensichtlich.

In einer Investitionserhebung stellt das Ifo-Institut in München fest, daß der technische Fortschritt wichtiger Investitionsanreiz war und ist. In der nachfolgenden Übersicht[1] wird sichtbar, daß bei . . . % der befragten Unternehmen (gewichtet mit ihrem Umsatz) die Investitionen dienen sollen:

	1962	1963	1964	1965
a) dem Ausgleich des Arbeitskräftemangels	51	53	49	51
b) der Änderung des Produktionsprogramms und	51	49	53	54
c) der Umstellung auf neue Produktionsmethoden	30	32	35	36

Der bisherige kurze Überblick über die Entwicklung der Investitionen und die Durchsetzung des technischen Fortschritts in der westdeutschen Industrie zeigt also einige charakteristische Eigenheiten:

1. Die Entwicklung vollzog und vollzieht sich ungleichmäßig. Wiederholte Stagnations- und Krisenerscheinungen verzögerten die ökonomische und technische Weiterentwicklung.[2]
2. Die technische Revolution vermochte nicht, diesen unstetigen, oft sprunghaften Verlauf auszugleichen und zu überwinden. Im Gegenteil, der schnelle wissenschaftlich-technische Fortschritt bedingt einen raschen moralischen Verschleiß der Anlagen. Das führt zu massenweisen Modernisierungsprozessen in Verbindung mit den genannten Investitionswellen. Vorliegende Berechnungen geben eine durchschnittliche Abschreibungsdauer der Anlagen der westdeutschen Industrie von etwa 5 Jahren an.[3] Dieser Zeitraum deckt sich mit den sich abzeichnen-

1 Vgl. Ifo-Schnelldienst, Nr. 25 vom 18. 6. 1965

2 Die Unregelmäßigkeit der Investitionstätigkeit, der Bruttokapitalbildung stört "nicht nur das wirtschaftliche Gleichgewicht, sondern hemmt auch das allgemeine Wachstum, weil sie zur Folge hat, daß einsatzfähige Produktionskapazitäten vielfach ungenutzt bleiben." F. Sellier, Investitionspolitik für den technischen Fortschritt, Referat auf der zweiten internat. Arbeitstagung der IG-Metall Westdeutschlands, "Automation - Risiko und Chance", Oberhausen, März 1965

3 z. B., Abschreibungspolitik und Selbstfinanzierung der westdeutschen Großindustrie, in DWI-Bericht 20/1964, S. 14 (Amortisationsdauer: 6/7 bis zu 2/3 Jahren); K. Mueller-Bülow, a. a. O. Amortisationsdauer im Fahrzeugbau: etwa 3 Jahre

den Zyklen in Westdeutschland (vgl. die Angaben der Tabellen 1 und 2 im Anhang). Das bestätigt erneut die marxistische Erkenntnis, daß der Akkumulations- bzw. Investitionsprozeß, besonders in der Industrie, die materielle Grundlage sowohl der Zyklizität als auch der Periodizität der Wirtschaftsentwicklung darstellt.

3. Der technische Fortschritt rief nicht eine anhaltende Beschleunigung der Investitionstätigkeit hervor. (Das ergibt sich bereits aus dem vorher Gesagten.) Vielmehr charakterisieren die in der Tendenz sinkenden Zuwachsraten der Investitionen (der Industrieproduktion, des Nationaleinkommens usw.) in konjunkturell besonders günstigen Jahren (1948, 1955, 1960 und 1964) sowie die sich vertiefenden Krisen- und Stagnationserscheinungen (z. B. 1958 gegenüber 1953) eine insgesamt langsamer werdende Wirtschaftsentwicklung.[1] - In Verbindung mit der stagnierenden bzw. zurückgehenden Beschäftigung der westdeutschen Industrie bedeutet die ungleichmäßige und labile wirtschaftliche Situation u. a. auch Labilität und Unsicherheit der ökonomischen Lage der Arbeiterklasse.

2. Zur Entwicklung der "Investitions-" und der "Kapitalintensität"

Auch die Entwicklung der Bruttoinvestitionen je Beschäftigten (die "Investitionsintensität")[2] spiegelt deutlich die erhöhten Anforderungen an die Akkumulationskraft der Industrie und der einzelnen Monopole wider. Durch den technischen Fortschritt verursacht, erhöhte sich sprunghaft der notwendige Einsatz von investierten Arbeitsmitteln je Beschäftigten. Die Bruttoinvestitionen je Beschäftigten (in lfd. Preisen) stiegen folgendermaßen:[3]

	1950	1955	1957	1958	1960	1961	1962
1. Bergbau	100	242	238	249	267	279	298
2. Gr.u.Prod.-Güterindustrie	100	263	252	257	305	361	362
3. Inv.Güterind.	100	176	163	162	235	263	282
4. Verbr.Güterind.	100	113	130	128	181	184	191
5. Nahrungs- u. Genußmittelind.	100	104	121	128	151	152	266
6. Ind. insgesamt	100	183	180	182	232	257	266
7. (in "DM")	965	1768	1737	1760	2234	2483	2567

1 Vgl. Tabelle 1 und 2 im Anhang
2 In der soz. Industrie gleichzusetzen mit Grundfondsintensität
3 Vgl. Vierteljahreshefte zur Wirtschaftsforschung, a.a.O. 4/1963, S. 364 ff

Nach 1955 blieben die Jahresinvestitionen bis 1958/59 etwa gleich. Erst nach 1958 setzte dann eine erneute sprunghafte Zunahme der Investitionen je Beschäftigten ein. An der Spitze lagen (und liegen) seit 1950 die Erdölgewinnung und die Mineralölverarbeitung. Die chemische Industrie z. B. lag in den 60er Jahren zum Teil erheblich über dem Durchschnitt der "Grundstoff- und Produktionsgüterindustrien".

Das Verhältnis des gesamten konstanten fixen Kapitals pro Beschäftigten (das "Brutto-Anlagevermögen" je Beschäftigten), die sog. Kapitalintensität[1], weist jeweils ein bestimmtes Verhältnis zwischen Arbeitsmitteln und Beschäftigten bzw. Arbeitskräften aus. Diese Kapitalintensität ist bekanntlich kein vollständiger Ausdruck der organischen Zusammensetzung des Kapitals, des Verhältnisses zwischen lebendiger und vergegenständlichter Arbeit, da das konstante zirkulierende Kapital (Wertausdruck der Arbeitsgegenstände und Rohstoffe) nicht berücksichtigt wird. Das technische Verhältnis zwischen Arbeitsmitteln und Arbeitskraft wird auch nur dann annähernd richtig widergespiegelt, wenn eine "normale", gleiche Ausnutzung der Produktionsanlagen vorausgesetzt wird, wenn also von Schwankungen in der Auslastung der Kapazitäten abgesehen wird.

Das Brutto-Anlagevermögen je Beschäftigten in der gesamten Industrie erhöhte sich von 1950 bis 1960 auf rd. 127 % (und bis 1961 weiter auf 134).[2] Es stieg von 1950 bis 1956 jährlich durchschnittlich um 0,8 %, insgesamt um rd. 4,7 %, von 1956 bis 1961 aber um jährlich rd. 5 % und insgesamt nun um rd. 28 %; also eine beträchtliche Beschleunigung.

Die Ausrüstung der Beschäftigten, der lebendigen Arbeit mit fixem Kapital ist infolge technologischer Unterschiede in den Industriezweigen sehr unterschiedlich. Unter Ausschaltung der Preissteigerung (auf der Preisbasis von 1950) erhöhte sich die durchschnittliche Kapitalintensität von rd. 12.800 (1950) auf rd. 16.300 (1960) und 17.100 im Jahre 1961. Die Erdölgewinnung und die Erdölverarbeitung lagen 1960 mit rd. 138.300 und 69.800 weit an der Spitze. Die geringste Kapitalintensität verzeichnete die Bekleidungsindustrie. Die rasche Steigerung im Bergbau (größtes Wachstum von den 5 Gruppen) erklärt sich aus dem starken absoluten Rückgang der Beschäftigten und aus vielfältigen staatsmonopolistischen Förderungsmaßnahmen. Das geringste Wachstum trat bei den In-

1 In der sozialistischen Industrie: Grundmittelquote

2 Vgl. a. a. O., 1/1963, S. 48 ff - Preisbasis von 1950

Tabelle 3

Die Entwicklung des Brutto-Anlagevermögens und des Produktionsergebnisses je Beschäftigten der Industrie 1950 und 1960

	Brutto-Anlage-Vermögen je Beschäftigten [1]		Produktionsergebnis je Beschäftigten [2]	
	1950	1960	1950	1960
1. Bergbau	100	177	100	151
2. Grundstoff- u. Prod.-Güterindustrien	100	132	100	174
3. Investitionsgüterind.	100	120	100	164
4. Verbrauchsgüterind.	100	130	100	148
5. Nahrungs- und Genußmittelindustrien	100	131	100	163
6. Industrie gesamt	100	127	100	160
darunter:				
7. Erdölgewinnung	100	360	100	370
8. Chem. Industrie	100	124	100	193
9. Mineralölverarbeitung	100	256	100	307
10. Maschinenbau	100	133	100	139
11. Fahrzeugbau	100	162	100	253
12. Elektrotechnik	100	99	100	152
13. Feinmechanik/Optik	100	147	100	165

1 Vgl. D. Mertens, Veränderungen der industriellen Branchenstruktur in: Wandlungen der Wirtschaftsstruktur in der Bundesrepublik Deutschland; Schriften des Vereins für Sozialpolitik, Bd. 26; (West-)Berlin 1962, S. 462

2 Vgl. Statistisches Jahrbuch der BRD 1964, S. 249

vestitionsgüterindustrien ein; ein Ausdruck der Beibehaltung der alten technischen Basis und ihres höheren Beschäftigungseffektes. Eine Ursache dafür ist die sehr starke Produktionszersplitterung, die für eine technische Umgestaltung durch Automation ein großes Hindernis bedeutet.[1] Allerdings muß der erhöhte Wirkungsgrad, die erhöhte Effektivität der Anlagen berücksichtigt werden, die besonders in den Investitionsgüterindustrien angestiegen ist (vgl. den folgenden Abschnitt). Selbst bei gleichbleibender oder gar sinkender Kapitalausstattung der lebendigen Arbeit wächst die Masse der produzierten Gebrauchswerte, die Masse der Investitionsgüter (infolge der gestiegenen Arbeitsproduktivität in diesem Bereich), was wiederum ein allgemeines Steigen der Arbeitsproduktivität bewirkt.

Bis 1960 und 1961 stieg die Kapitalintensität auf 127 bzw. 134 %, die Arbeitsproduktivität demgegenüber aber auf 160 bzw. 164 %. Das ist erklärlich, da die Arbeitsproduktivität nicht nur durch eine erhöhte technische Zusammensetzung des Kapitals, sondern z. B. auch durch eine veränderte Struktur der Akkumulation, durch qualitative Veränderungen der Technik selbst usw. beeinflußt wird. Die Angaben der Tabelle 3 zeigen die weitgehende Abhängigkeit der Produktivitätssteigerung von der technischen Entwicklung.

Der Ausrüstungsgrad der Beschäftigten mit Arbeitsmitteln, mit fixem Kapital, erhöhte sich in der Regel langsamer als die Arbeitsproduktivität (hier Produktionsergebnis je Beschäftigten); ein für das westdeutsche Monopolkapital insgesamt günstiges Ergebnis, das zugleich für die Industriearbeiter erhöhte Arbeitsintensität mit allen negativen Folgen bedeutete. Bei gesunkener Wochenarbeitszeit erhöhte sich die Produktivität bis 1960 um rd. 60 % und bis 1963 um durchschnittlich 78 %;[2] zum Teil ist dieser Anstieg sicher auf eine erhöhte Arbeitsintensität zurückzuführen.

Das Verhältnis der Bruttoinvestitionen zum Umsatz und zur Lohn- und Gehaltssumme der Industrie, das infolge verschiedener Bezugsbasen verschiedene Investitionsraten angibt, entwickelte sich in den verschiedenen Industriebereichen wie folgt:[3]

1 Vgl. L. Zahn, Technischer Fortschritt und Beschäftigung in der Industrie Westdeutschlands in den Jahren 1950 bis 1960, in Konjunktur und Krise, 3/1962, S. 170 ff

2 1958 gleich 100 war eine Steigerung auf rd. 152 im Jahre 1964 festzustellen (Vgl. Statistisches Jahrbuch der BRD 1965, S. 253)

3 Vgl. Vierteljahreshefte zur Wirtschaftsforschung, a. a. O., 3/1963, S. 374

	Bruttoinvest.: Umsatz [1]			Bruttoinvest.: Lohn-u.Gehaltssumme [2]		
	1950	1960	1962	1958	1960	1962
1. Bergbau	18,8	19,9	16,2	41,1	40,5	37,4
2. Grundstoff-u.Prod.-güterind.	8,3	8,0	9,2	52,8	53,1	52,5
3. Invest.güterind.	5,0	6,3	6,7	22,3	27,7	27,4
4. Verbr.güterind.	4,3	5,0	4,6	20,3	23,8	20,7
5. Nahrungs- u.Genuß-mittelind.	3,5	4,0	3,8	47,5	50,2	43,8
6. Industrie insges.	6,2	6,7	7,0	32,8	35,7	34,0

3. Die Wandlungen der Struktur des konstanten fixen Kapitals in der Industrie

Der Umfang des gesamten konstanten fixen Kapitals ("Brutto-Anlagevermögen") stieg von rd. 61,0 Mrd. (1950) auf 123,4 Mrd. Mark im Jahre 1960 und 136,7 Mrd. (einschließlich Saarland) im Jahre 1961.[3]

Der Umfang des gesamten Anlagevermögens verdoppelte sich also von 1950 bis 1960 (plus 102 %). Einschließlich des Saarlandes wurde 1961 und 1962 ein Niveau von 208 bzw. 224 erreicht. Bei einer Gleichsetzung des Anlagevermögens mit der Kapazität ergibt sich eine durchschnittliche jährliche Zuwachsrate der Kapazität von

1950/55	plus	7,0 %
1955/60	"	7,6 %
1960/61	plus	7,7 %
1961/62	"	7,6 %

Im Gefolge von Rationalisierung und Modernisierung der Industrieanlagen war der Anteil der Ausrüstungsinvestitionen (im Vergleich zu den Bauinvestitionen) bzw. der gesamten Ausrüstungsanlagen zu den Bauanlagen hoch, höher als vor dem 2. Weltkrieg. Die Nettoproduktion des Bauhauptgewerbes erhöhte sich zwar bis 1963 auf 268 (1950 gleich 100)[4]. Von den gesamten Anlageinvestitionen in allen Bereichen in Höhe von rd. 94,9 Mrd. (1963) entfielen rd. 52 %

1 jeweiliger Umsatz = 100
2 jeweilige Lohn- und Gehaltssumme = 100
3 Vgl. Wandlungen der Wirtschaftsstruktur in der Bundesrepublik Deutschland, a. a. O., S. 460 (In Preisen von 1950) und a. a. O. 1/1963, S. 48 ff.
Nach der Neuberechnung auf der Preisbasis 1958 von rd. 84,5 auf 171,8 Mrd. (bzw. 184,5 Mrd.) Von R. Krengel in a. a. O. 3/1963 S. 291
4 Vgl. Statistisches Jahrbuch d. BRD, 1964, S. 243

(49,2 Mrd.) auf Bauinvestitionen und rd. 22 % allein auf den Wohnungsbau.[1] Trotz der hohen Bautätigkeit ist eine absolute und relative Zunahme der Ausrüstungen festzustellen. In der gesamten Industrie betrugen 1950 bzw. 1960 die Ausrüstungsinvestitionen 237 bzw. 338 % der Bauinvestitionen (1936 - 324 %), und das Ausrüstungsvermögen 220 bzw. 244 % des Bauvermögens (1936 - 193 %)[2]. Die veränderte Struktur des industriellen Anlagevermögens ist Ausdruck und Erscheinungsform des technischen Fortschritts. Vollmechanisierung und Automatisierung erfordern einen hohen Ausrüstungsanteil. Von den Ausrüstungen, den investierten Arbeitsmitteln, geht eine unmittelbare starke Beeinflussung der Arbeitsproduktivität aus.

Einen Überblick über die Struktur des konstanten fixen Kapitals nach Bereichen und Zweigen der westdeutschen Industrie gewährt die folgende Tabelle.

Tabelle 4

Die Struktur des Brutto-Anlagevermögens und der Bruttoinvestitionen der Industrie (Anteile in %)

	Brutto-Anlagevermögen [3]		Bruttoinvestitionen [4]			
	1950	1960	1950	1958	1960	1962
1. Bergbau	15,8	13,3	13,9	14,1	10,4	8,7
2. Grundst.-u.Prod. Güterind.	37,4	37,3	29,2	38,7	37,3	38,3
3. Invest.güterind.	20,8	25,3	23,6	25,7	30,6	33,2
4. Verbrauchsg.ind.	15,6	14,6	19,2	13,0	13,6	12,3
5. Nahrungs-u.Genußmittelind.	10,4	9,4	14,1	8,6	8,1	7,5
6. Ind. insgesamt	100,0	100,0	100,0	100,0	100,0	100,0
darunter:						
7. Erdölgewinnung	0,7	1,4	1,8	2,0	1,6	1,5
8. Chem.Industrie	12,1	11,9	8,7	12,9	13,7	10,8
9. Mineralölverarb.	0,7	1,8	1,3	4,2	1,8	2,5
10. Maschinenbau	6,1	7,9	9,4	7,4	8,8	8,7
11. Fahrzeugbau	3,4	5,5	4,1	6,1	9,8	11,2
12. Elektrotechnik	3,8	5,1	5,1	5,8	6,0	6,9

1 a. a. O. 1965, S. 562
2 Vgl. Vierteljahreshefte für Wirtschaftsforschung a.a.O. 3/1963, S. 288 ff.
3 Vgl. Wandlungen der Wirtschaftsstruktur in der Bundesrepublik Deutschland, a. a. O. S. 459/460
4 Vgl. a. a. O., 4/1963, S. 327 - Abweichungen durch Aufrundungen!

In der betrachteten zehnjährigen Zeitspanne von 1950 bis 1960 verringerten sich beim Brutto-Anlagevermögen die Anteile des Bergbaus sowie der Verbrauchsgüterindustrien und der Nahrungs- und Genußmittelindustrie. Bei fast konstantem Anteil der Grundstoff- und Produktionsgüterindustrien erhöhte sich dagegen der Prozentanteil der Investitionsgüterindustrien um 4,5 %, auf rd. 25,3 %. Etwas über die Hälfte entfielen demnach auf Bergbau und Grundstoff- und Produktionsgüterindustrien zusammen, je ein Viertel auf den Investitionsgüterbereich und auf die beiden Gruppen Verbrauchsgüter- sowie Nahrungs- und Genußmittelindustrien. Rechnet man die drei erstgenannten Bereiche zur Gruppe A und die beiden letzten zu B, dann ergibt sich für 1950 und 1960 etwa ein Verhältnis von 75 : 25. Dieses Verhältnis verstärkte sich nur ganz geringfügig zugunsten der Industriegruppe A. Nach einer Neuberechnung von G. Krengel[1] stieg das Brutto-Anlagevermögen (1950 gleich 100; Preisbasis von 1958) folgendermaßen an:

	1950 - 1955	1955 - 1961	1950 - 1961
A	142	158	224
B	134	151	202

Berücksichtigt man jedoch, daß auch in den Industriebereichen Investitionsgüterindustrien und Grundstoff- und Produktionsgüterindustrien in wachsendem Maße Konsumgüter, vor allem langlebige technische Gebrauchsgüter, erzeugt werden (u. a. Photoartikel, pharmazeutische Artikel usw.), und daß dafür bestimmte Kapazitätsanteile der Gruppe B zuzurechnen sind, dann dürfte insgesamt der Anteil von B kaum zurückgegangen sein. Dieses Gleichbleiben bzw. relativ langsame Sinken des Anteils der Gruppe B am gesamten Brutto-Anlagevermögen der Industrie ist zu beachten; denn die betrachtete Zeitspanne ist eine Periode massenhafter Erneuerung, Erweiterung und Modernisierung der Industriekapazitäten, eine Periode bisher stärkster Investitions- und Produktionsausdehnung bei sich steigerndem technischen Fortschritt.

Auch hinsichtlich der Produktion beider Industriegruppen zeigen sich, besonders in den letzten Jahren, ähnliche Entwicklungstendenzen.[2] Die industrielle Bruttoproduktion erhöhte sich von 1950

1 Vgl. a. a. O., 3/1963, S. 291 - Ab 1960 einschl. Saarland
2 Vgl. auch A. Beltschuk, Einige Besonderheiten der Reproduktion in Westdeutschland, in: Sowjetwissenschaft 10/1965, S. 1048 ff. Beltschuk kommt zu der Feststellung, daß der Anteil der Konsumgüterproduktion im Vergleich zum Vorkriegsstand sogar etwas gewachsen ist, und daß sich die Produktion von A u. B in Westdeutschland etwa gleichschnell erhöhte.

bis 1964 bei Investitionsgütern (ohne Personenkraftwagen) auf rd. 345 und bei Verbrauchsgütern (einschl. Personenkraftwagen; ohne Nahrungs- und Genußmittel) auf rd. 362 (jeweils 1950 gleich 100).[1] Nach 1955 bzw. 1958 entwickelte sich die Erzeugung der Verbrauchsgüter noch schneller als die der Investitionsgüter. - Auch die bisher genaueste Errechnung der Entwicklung des Umsatzes der beiden Gruppen (von R. Reichenberg "Versuch einer statistischen Ermittlung der Gruppen A und B der westdeutschen Industrie") zeigt ähnliche Tendenzen:[2]

	1950 - 1955	1955 - 1959
A	228	134
B	178	138

Ein etwa gleichschnelles Wachsen der Kapazitäten beider Produktionsgruppen der Industrie war also festzustellen. Die Phasen der technischen Revolution, die Mechanisierungs- und die einsetzende Automatisierungsphase, riefen keine wesentliche Vergrößerung des Anteils der Gruppe A hervor.

Dagegen kam es, wie gezeigt, zu beträchtlichen Strukturveränderungen innerhalb der Gruppe A. Das wird am deutlichsten am Anteilrückgang des Bergbaus[3] - und allgemein der extraktiven Industrie (im Verhältnis zur verarbeitenden Industrie) und am Anteilanstieg des Bereiches der Investitionsgüterindustrien, die die wichtigsten Arbeitsmittel bzw. Investitionsgüter liefern, sichtbar.

Diese Entwicklungstendenzen von A und B hängen mit einer Fülle von Erscheinungen zusammen, von denen hier nur zwei genannt werden sollen: Hinsichtlich der Gruppe B weisen sie auf die nicht zu unterschätzende Bedeutung der Binnenmarktexpansion für Konsumgüter hin, als zyklische Triebkraft.[4] Das hängt wiederum mit einer positiven Nachfrageentwicklung, mit der Kaufkraftentwicklung der Masse der Bevölkerung, auch der Arbeiterklasse zusammen. Der Rückgang der extraktiven Zweige in der Gruppe A hängt mit dem Sinken des Anteils der Ausgaben für Rohstoffe (auch bei den künstlichen Rohstoffen) am Gesamtaufwand zusammen.

1 Vgl. Statistisches Jahrbuch d. BRD, 1965, S. 252
2 Vgl. Konjunktur und Krise, 1/1961, S. 37 ff
3 Er ging sogar, erstmalig, unter den Anteil der sog. Verbrauchsgüterindustrien zurück.
4 Der Exportanteil ist bei Konsumgütern in der Regel beträchtlich niedriger als bei Produktionsmitteln: 1964 für die Nahrungs- und Genußmittelindustrien und die Verbrauchsgüterindustrien 1,9 bzw. 7,9 %, dagegen für die Investitionsgüterindustrie rd. 25,4 %, Vgl. Statistisches Jahrbuch d. BRD 1965, S. 244

Die Struktur der jährlichen Bruttoinvestitionen in der Industrie veranschaulicht ebenfalls diese Tendenzen (wobei die für das Brutto-Anlagevermögen erfolgten Hinweise zu beachten sind). Die Prozentanteile der einzelnen Industriegruppen an den Bruttoinvestitionen der Industrie betrugen 1950 bzw. 1963 für den Bergbau 14 bzw. 8 - für die Grundstoff- und Produktionsgüterindustrien 29 bzw. 40 - für die Investitionsgüterindustrien 24 bzw. 31 - für die Verbrauchsgüterindustrien 19 bzw. 12 - und für die Nahrungs- und Genußmittelindustrien 14 bzw. 9. Die Investitionen der Industriegruppe A : B verhielten sich 1963 etwa wie 79 : 21 (1950 wie 67 : 33).[1] Damit setzten sich in der Nachkriegszeit langfristige Strukturveränderungen weiter fort:

1. Starker Anstieg des Anteils der Investitionsgüterindustrien (1924 rd. 16 %); also etwa eine Verdoppelung. Der Maschinenbau, die Elektrotechnik und der Fahrzeugbau haben daran den größten Anteil. Der Anteil dieser Zweige, die an der Durchsetzung der wissenschaftlich-technischen Umwälzung großen Anteil hatten, erhöhte sich von 1950 bis 1964/65 von knapp einem Viertel auf weit über ein Drittel.
2. Etwa gleichbleibender Anteil des Bergbaus einschließlich der Grundstoff- und Produktionsgüterindustrien.
3. Tendenzieller Rückgang des Anteils der Verbrauchsgüter - sowie der Nahrungs- und Genußmittelindustrien.

4. Zur Entwicklung der Effektivität des konstanten fixen Kapitals in der Industrie

Rückschluß auf den mit der fortschreitenden Mechanisierung und der einsetzenden Automatisierung steigenden Wirkungsgrad der fixen Anlagen vermitteln (außer den Angaben über die Entwicklung der Arbeitsproduktivität) die folgenden Angaben über die Beziehungen zwischen der Produktion und dem Anlagevermögen.

Der Wirkungsgrad des investierten fixen Kapitals, das Verhältnis von Produktion zu fixem Kapital (Nettoproduktionswert zu je 1000 DM Brutto-Anlagevermögen)[2] erhöhte sich im Durchschnitt von 1950 bis 1960 um 24 %, von 744 auf 922 Mark. Er erhöhte sich, bis auf den Bergbau, in allen anderen Industriebereichen, am stärksten

1 Vgl. Tabelle 2 im Anhang

2 In der sozialistischen Industrie: Effektivität der eingesetzten Grundfonds

in den Investitionsgüterindustrien (um rd. 38 %). Die Strukturveränderungen in der Gruppe A der Industrie - die anteilmäßige Zunahme der weniger kapitalintensiven verarbeitenden Industrie, insbesondere der Investitionsgüterindustrien, gegenüber den sehr kapitalintensiven extraktiven Industrien[1] - begünstigte die allgemeine Steigerung des Wirkungsgrades des Anlagekapitals. Diese "Kapitalproduktivität" wird neben den Strukturveränderungen[2] erheblich durch schwankende Ausnutzung der Anlagen und eine Reihe weiterer Faktoren beeinflußt. Sie kann daher nur mit Einschränkungen als grobe Anhaltszahl angesehen werden. - Die allgemein erhöhte Effektivität des fixen Kapitals vermindert die Produktionskosten und verstärkt die Konkurrenzfähigkeit der entsprechenden Monopole. Die Zahlen veranschaulichen eine sinkende Anlagenintensität.
Schon die Gegenüberstellung der Zunahme der gesamten fixen Anlagen der Industrie um 102 % (1960 zu 1950) mit dem Wachstum der Industrieproduktion um 150 % weist auf die erhöhte Effektivität der Anlagen hin (auch bei Beachtung der erhöhten Kapazitätsauslastung und der schnellen Abschreibung der fixen Anlagen).

Trotz der Schaffung moderner, leistungsfähiger Industriekapazitäten und trotz schneller technischer Entwicklung ging in einigen Industriezweigen die Produktion absolut zurück und sank die Ausnutzung der geschaffenen Kapazitäten; so z. B. in der Eisen- und Stahlindustrie, in der die Fortschritte der Automation bereits beträchtlich waren. Von 1958 bis 1961 übertraf das nicht ausgelastete Brutto-Anlagevermögen die jährlichen Bruttoinvestitionen, selbst in dem konjunkturell günstigen Jahr 1960.[3] In den Jahren 1960 und

1 Das Brutto-Anlagevermögen je Beschäftigten in der extraktiven Industrie betrug 1960 rd. 29.000 Mark, in den Investitionsgüterindustrien rd. 10.000 Mark, also etwa ein Drittel. Vgl. Vierteljahreshefte für Wirtschaftsforschung a. a. O. 1/1963, S. 48 ff

2 R. Krengel berechnet in: Ursachen und Wirkungen der Strukturveränderung des industriellen Anlagevermögens der Bundesrepublik, in: Strukturwandlungen einer wachsenden Wirtschaft; Schriften des Vereins für Socialpolitik, Bd. 30/2; (West-)Berlin 1964 - einen "Struktureffekt". Bei Festlegung der quantitativen Auswirkung verschiedener Faktoren (z. B. der Anlagenausnutzung) errechnet er eine Einsparung von Bruttoanlagevermögen je Beschäftigten durch die Strukturveränderung (Preisbasis von 1950, Industrie insgesamt) von 1012 DM, die also ohne Strukturveränderung mehr erforderlich gewesen wären. Ebenda S. 748 ff.

3 Vgl. DWI-Bericht 2/1964, Technische Entwicklung und Vergeudung von Produktivkräften in der westdeutschen Industrie, S. 7

1961 wurde das Brutto-Anlagevermögen der Industrie zu 90 bzw. 87 % ausgenutzt, das bedeutet eine "konjunkturelle Unterbeschäftigung der verfügbaren Kapazitäten".[1] Diese chronische Nichtauslastung von Produktionskapazitäten, selbst bei derartigem Wachstumstempo der Wirtschaftsentwicklung und derartigen technischen Anforderungen, ist ein Beispiel für die Unfähigkeit des staatsmonopolistischen Kapitalismus, mit den modernen Produktivkräften fertigzuwerden. Sie stellt zugleich auch Kapitalvernichtung dar. Die zweifellos beträchtlichen Produktivitätsfortschritte bilden nicht das unter den erreichten technischen Bedingungen Mögliche.

Trotz Brachliegens beträchtlicher, moderner Kapazitäten erhöhten sich die Investitionen fast ununterbrochen auch in den Flautejahren 1953, 1958 und 1963. Bezeichnend ist eine Erklärung des Generaldirektors der "Vereinigten Glanzstoff-Fabriken, AG", des größten westdeutschen Chemiefaser-Konzerns, Dr. Vits, zur Frage der Überkapazitäten. Er stellt fest, daß gewisse Überhänge nicht ausgeschlossen seien. "Die Möglichkeit vorübergehend auftretender Kapazitätsspitzen konnten kein Chemiefaserunternehmen veranlassen, auf den Ausbau der eigenen Produktionsanlagen zu verzichten."[2] Ursachen für dieses Verhalten sind der aus dem Profitstreben resultierende und sich verstärkende Konkurrenzkampf sowie die sich ständig ändernden technischen Erfordernisse. Es ist dabei stets im Auge zu behalten, daß die beträchtlichen Kapazitäten hohe Wachstumsraten von Produktion und Umsatz erfordern. Daher die oft zu hörende Feststellung: "Wenn von einer Rückkehr zu 'normalen' Wachstumsraten gesprochen wird, muß beachtet werden, daß vor Jahrzehnten für 'normal' gehaltene Wachstumsraten heute einfach nicht mehr ausreichen, die dank wesentlich verstärkter Investitionstätigkeit Jahr für Jahr hinzuwachsenden Kapazitäten genügend auszulasten."[3] Nicht zuletzt spielt auch für die imperialistischen Staaten der wachsende Zwang eine Rolle, im Wettbewerb beider Systeme möglichst hohe Auslastungs- und Wachstumsraten zu erzielen. F. Sternberg z. B. stellt dazu fest, daß man das Tempo des wirtschaftlichen Aufstiegs an der europäischen Vergangenheit messen kann, "dann war es verhältnismäßig schnell. Man kann und muß es jedoch am Tempo messen, das die großen weltgeschichtlichen Prozesse ... nunmehr erfordern - und dann war es viel zu langsam ..."[4]

1 Vgl. Vierteljahreshefte für Wirtschaftsforschung a. a. O., 1/1963, S. 54
2 Vgl. Chemiefasern, Frankfurt/Main, 2/1964, S. 79
3 Vgl. Vierteljahreshefte für Wirtschaftsforschung, a. a. O. 4/1962, S. 312
4 Vgl. Wer beherrscht die zweite Hälfte des 20. Jahrhunderts?, München 1963, S. 182/183

Tabelle 5

Zur Entwicklung der "Kapitalproduktivität" in der Industrie Westdeutschlands

	Netto-Produktion zu Anlagevermögen 1	
	1950	1960
1. Bergbau	0,39	0,33
2. Gr. u. Prod.-güterind.	0,51	0,65
3. Investitionsgüterind.	0,89	1,23
4. Verbrauchsgüterind.	1,13	1,26
5. Nahrungs- u. Genußmittelindustrien	1,27	1,49
6. Industrie insgesamt	0,74	0,92
darunter:		
7. Kohlenbergbau	0,39	0,31
8. Erdölgewinnung	0,33	0,39
9. Chem. Industrie	0,56	0,87
10. Mineralverarbeitung	0,66	0,69
11. Maschinenbau	0,98	1,05
12. Fahrzeugbau	0,82	1,34
13. Schiffsbau	0,37	0,62
14. Elektrotechnik	0,95	1,48

1 Vgl. Wandlungen der Wirtschaftsstruktur in der Bundesrepublik Deutschland, a. a. O., S. 463
Netto-Produktionswert je Einheit (1,00 DM) Brutto-Anlagevermögen (in Preisen von 1950)

5. Schlußbemerkungen

Abschließend läßt sich zu den hier behandelten Fragen der Beziehungen zwischen der technischen Revolution und der Investitionsentwicklung in der Industrie Westdeutschlands feststellen:

1. Die Entwicklung der Produktivkräfte, der technischen Revolution ist außerordentlich eng mit der Entwicklung der Investitionen, der Akkumulation in der Industrie verbunden. Die Investitionen, die Akkumulation in der Industrie - ihre Rate, Masse, Struktur und Effektivität - spielen eine große Rolle für die Durchsetzung der technischen Revolution und für das Niveau, die Richtung und das Entwicklungstempo der erweiterten Produktion und Reproduktion. Die allgemeine Durchsetzung des technischen Fortschritts und die verschiedenen Etappen der wissenschaftlich-technischen Revolution erfordern ein allgemeines starkes Ansteigen der Investitionen, das sich entsprechend zu bestimmten Zeitpunkten sprunghaft beschleunigt. Etappen der technischen Revolution sind eng mit Investitionsetappen, mit Akkumulationsetappen verbunden. Als miteinander verbundene Entwicklungsprozesse erhöhen sich die Ausrüstung der lebendigen Arbeit mit Arbeitsmitteln (und überhaupt mit Produktionsmitteln) und die Arbeitsproduktivität.
2. Alle diese allgemeinen Entwicklungstendenzen der modernen Produktivkräfte setzen und setzten sich in Westdeutschland unter entwickelten staatsmonopolistischen Verhältnissen durch. Infolge des Wirkens der kapitalistischen Triebkräfte - des Profitstrebens, des Konkurrenzkampfes sowie, in wachsendem Maße, des Strebens nach Festigung und Ausdehnung des Profitsystems - werden die allgemeinen Entwicklungsgesetze der Produktivkräfte in kapitalistischer Art und Weise wirksam; gehemmt und verzerrt und mit besonderen sozialökonomischen und politischen Auswirkungen.

Das enorme Investitionswachstum und die schnelle Durchsetzung der technischen Revolution in der Wirtschaft Westdeutschlands, speziell in der Industrie, waren daher verbunden

a) mit einem zyklischen, ungleichmäßigen und disproportionalen Verlauf der gesellschaftlichen Reproduktion. Dadurch wurde die die ökonomische und technische Entwicklung labil, unterbrochen und verzögert. Als Beispiel der verzerrten und deformierten kapitalistischen Entwicklung sei auf den Kohlenbergbau verwiesen. "Hier erscheint die objektive Entwicklungstendenz der Produktivkräfte und des gesellschaftlichen Bedarfs (Verlagerung von der Kohle zum Erdöl und Erdgas) in der kapitalistischen Hülle der Konkurrenz der jeweiligen Kapitalistengruppen, der sozialen Kämpfe der betroffenen Arbeiterschichten, der Eingriffe des Staatsapparates zugunsten der herrschenden Monopolgruppen usw."[1]

b) mit Nichtausnutzung bzw. Stillegung oft moderner Kapazitäten, was u. a. Produktionsausfall, Minderbeschäftigung und Kapitalvernichtung verursachte; also Vergeudung von Produktivkräften - eine Erscheinung des Parasitismus dieses Systems. Das wird besonders deutlich erkennbar, wenn der Zusammenhang zwischen der Entwicklung der Technik, der Investitionen und der Rüstung beachtet wird; denn technisches Potential und Wirtschaftspotential ist zugleich Rüstungspotential. In einem entsprechenden Einfluß auf die Investitionen für Forschung und Entwicklung, auf die Kapazitätsentwicklung mancher Zweige (z. B. der Mineralölgewinnung und -verarbeitung, der elektrotechnischen Industrie, des Luftfahrzeugbaues) kommen Rüstungsbestrebungen, Militarisierung und Aggressivität zum Ausdruck.

c) mit einer Konzentration, einer Zusammenballung ökonomischer und politischer Macht in den Händen der westdeutschen Finanzoligarchie wie nie zuvor in der Geschichte des deutschen bzw. westdeutschen Imperialismus. Der ökonomische und politische Machtzuwachs verstärkte die Expansionsbestrebungen des westdeutschen staatsmonopolistischen Kapitalismus und führte zu verschärften Gegensätzen im kapitalistischen Lager (in der NATO, in der EWG, auf den Märkten usw.) sowie zu verstärkter Aggressivität gegen den Sozialismus, gegen den Frieden.

Zugleich verschärften sich, gerade durch die technische Revolution, der kapitalistische Grundwiderspruch sowie der Widerspruch zwischen den Monopolen und den Volksmassen. Die Arbeiter und die anderen Werktätigen Westdeutschlands mißtrauen der technischen Revolution in ihrer kapitalistischen Form; sie fürchten solche Nachteile wie z. B. die steigende Arbeitsintensität, die Unsicherheit des Arbeitsplatzes, die berufliche Dequalifikation, die soziale Ungerechtigkeit. Daher auch die bezeichnende Schlußfolgerung in einer großen westdeutschen Publikation: "Eine weitsichtige Politik wird deshalb dafür sorgen wollen, daß nicht die gleichen Gruppen während längerer Zeit auf der Schattenseite der Strukturverschiebungen wohnen müssen."[2]

1 Vgl. G. Kohlmey, Neue Aufgaben für die Erforschung der kapitalistischen Wirtschaft, in: Einheit 8/1963, S. 66
2 Vgl. J. Niehans, Strukturwandlungen als Wachstumsprobleme, in: Strukturwandlungen einer wachsenden Wirtschaft, a.a.O., Bd. I, S.45

In einer Einschätzung der Bonner Regierungserklärung vom 10. 11. 1965 heißt es: "Die technische Revolution unter den Bedingungen der verschärften kapitalistischen Konkurrenz und der nuklearen Rüstung, das belastet die wirtschaftlichen Möglichkeiten auch eines solchen Landes, wie die Bundesrepublik außerordentlich ... (Daher) will die Regierung Erhard die wirtschaftlichen Lasten nunmehr in vollem Umfange auf die Werktätigen Westdeutschlands abwälzen."[1] Die antimonopolistischen Kräfte, insbesondere die Arbeiterklasse, haben daher dringlicher denn je die Aufgabe, den sozialökonomischen Auswirkungen des technischen Fortschritts und der Strukturveränderungen in ihrem Sinne, im Sinne des sozialen Fortschritts, im Sinne des gesellschaftlichen Fortschritts zu begegnen und über eine zu erkämpfende Mitbestimmung in Staat und Gesellschaft eine Demokratisierung der Wirtschaft und damit Demokratie und Frieden überhaupt zu erringen.[2]

1 Vgl. Neues Deutschland, v. 11. 11. 65 (Leitartikel)

2 Vgl. Vorschläge f. demokratische Veränderungen in Westdeutschland, Ausschuß f. deutsche Einheit, Berlin 1965

Tabelle 2 a) Die westdeutschen Bruttoinvestitionen in allen Anlagebereichen 1950 und 1955 bis 1964 (Angaben in Mrd. DM bzw. in %, in lfd. Preisen und in Preisen von 1954)[1]

	1950	1955	1956	1957	1958	1959	1960[2]	1961	1962	1963	1964
1. Bruttoinvest. (in lfd. Preisen)	18,1	41,0	45,0	46,7	50,4	58,0	70,6	80,7	90,2	94,9	108,0
2. Bruttoinvest. (in Pr. von 1954)	21,6	39,6	42,1	42,2	45,2	51,0	60,0	65,6	69,4	71,0	78,8
3. Anteil am "Brutto-Sozialprod". (in %)	18,5	23,0	22,9	21,8	22,0	23,0	23,8	24,7	25,4	25,2	26,2

b) Die Bruttoinvestitionen in der westdeutschen Industrie (in Mrd. DM; in lfd. Preisen bzw. in Preisen von 1958)[3]

	1950	1955	1956	1957	1958	1959	1960	1961	1962	1963	1964
1. Bruttoinv. (in lfd. Preisen)	4,6	11,6	12,2	12,5	12,8	13,7	17,4	19,9	20,6	19,9	20,9
2. Bruttoinv. (in Pr. v. 1958)	6,4	12,7	12,9	12,8	12,8	13,6	16,7	18,4	18,6	17,4	-
3. Anteil an d. Ges. Inv. in allen Bereichen (in %)	25	28	27	27	25	24	25	25	23	21	-

c) Die Bruttoinvestitionen in den beiden Produktionsgruppen der Industrie (in Mrd. DM, in lfd. Preisen)[4]

	1950	1955	1956	1957	1958	1959	1960	1961	1962	1963	1964
1. Invest in A	3,1	9,4	9,6	9,8	10,0	10,7	13,6	16,0	16,5	15,7	16,3
2. Invest in B	1,5	2,2	2,5	2,7	2,8	3,0	3,8	3,8	4,1	4,1	4,6
3. Anteil von A (in %)	67	81	79	78	78	78	78	80	80	79	78
4. Zuwachsrat. v. A (in %)	23	29	2	2	2	7	24	18	3	-5	6
5. Zuwachsrat. v. B (in %)	15	16	17	8	.	9	23	3	6	.	10

1 Statistisches Jahrbuch d. BRD, lfd.; Abschnitt "Volkswirtschaftliche Gesamtrechnungen". Für 1950, 1959 bis 1964: a. a. O. 1965, S. 560
2 Ab 1960: einschl. Saarland und Westberlin
3 R. Krengel in Vierteljahreshefte für Wirtschaftsforschung, a. a. O., 4/1961, S. 333 ff; 4/1963, S. 364 ff; 4/1964, S. 360 ff. Für 1964: Schätzung des Ifo-Instituts München; Ifo-Schnelldienst Nr. 25 vom 18.6.1965
4 Ebenda

Tabelle 1

Indizes und Zuwachsraten der Wirtschaft Westdeutschlands (1950 bzw. 1953 gleich 100; Jahreszuwachsraten in %) 1

	1950	1951	1952	1953	1954	1955
1. Nettoprod. d. Ind.[2]						
a) Index	100	118	126	139	155	178
b) Zuwachsraten	24	18	7	10	12	15
2. Brutto-Sozialprod.[3]						
a) Index	100	122	140	150	161	184
b) Zuwachsraten	-	22	14	8	7	14
3. Netto-Sozialprod. zu Faktorkosten [3]						
a) Index	100	121	138	149	161	186
b) Zuwachsraten	-	21	14	8	8	15
4. Gesamte Bruttoinvest.[3]						
a) Index	100	124	143	162	182	227
b) Zuwachsraten	24	23	15	13	12	25
5. Beschäftigte Ind.-Arbeiter [4]						
a) Index	100	111	114	119	125	136
b) Zuwachsraten	-	11	3	4	5	9
6. Aktienkurse insges.[2 5]						
a) Index	56	80	99	89	125	196
b) Zuwachsraten	-	43	24	-10	40	57
7. Preise [6]	100	119	121	118	116	118

1 Statistisches Jahrbuch d. BRD lfd.
2 einschl. Saarland, ohne Westberlin
3 Ab 1960: Einschl. Saarland und Westberlin
4 In allen Anlagebereichen. Bis 1957: ohne Saarland und Westberlin, 1958 und 1959: ohne Westberlin. Ab 1960: einschl. Saarland und Westberlin
5 31. 12. 1953 gleich 100. - Ab 1959: Jahresende, vorher Jahresdurchschnitt
6 Index der Erzeugerpreise industrieller Produkte; Statistisches Jahrbuch d. BRD, 1964 und 1965, S. 478/9 und 474 - Ab 1960 einschl. Saarland und ab 1962 einschl. Westberlin.

1956	1957	1958	1959	1960	1961	1962	1963	1964
192	203	209	224	249	265	277	287	312
8	6	3	7	11	6	5	4	9
203	221	236	256	303	333	362	385	421
10	9	7	8	18	10	9	6	10
205	224	239	258	305	335	362	383	419
11	9	7	8	18	9	8	6	9
249	258	278	320	390	446	498	524	597
10	4	8	15	24	14	12	5	14
144	148	151	150	161	165	163	160	160
6	3	2	−1	7	2	−1	−2	–
187	186	239	516	710	647	492	545	562
−5	−1	28	116	37	−9	−24	11	3
120	122	122	121	122	124	125	126	127

Ottekar Mrazék, Prag

Die Berechnung des Nutzeffektes von Investitionen und die dabei gesammelten Erfahrungen in der CSSR

Liebe Kolleginnen und Kollegen, ich bin froh, daß ich an Ihrer Konferenz teilnehmen kann, denn ich sehe, daß die Probleme, die Sie da lösen, den unseren ähnlich sind. Auch vor uns stehen die Fragen des Nutzeffektes, der Festlegung einer entsprechenden Methodik seiner Feststellung, bzw. die Fragen der Bewertung der Ergebnisse. Wir haben ähnliche Probleme wie die, die Prof. Hauk angeführt hat. Wir haben auch bei uns etwas ähnliches probiert, wie die Produktionsfondsabgabe und in den experimentierenden Betrieben, wo damit angefangen wurde, stoßen wir auch auf eine ganze Reihe von Problemen.

Prof. Hauk erklärte in seinem Referat, daß die Problematik besonders in der Schwierigkeit liegt, den tatsächlichen Nutzeffekt festzustellen, und weiter, daß ein großer Unterschied zwischen dem vorgesehenen Nutzeffekt bei den Projekten und dem tatsächlichen Nutzeffekt sei. Wir haben in der Tschechoslowakei dieselbe Erfahrung gemacht. Wir haben sogar die Erfahrung gemacht, daß die Betriebe nicht imstande waren, eine tatsächliche Bewertung des Nutzeffektes der realisierten Projekte aufzustellen. Es ist nicht so schwierig, den Nutzeffekt des Automatisierungsvorhabens im Stadium der Projektierung zu berechnen. Da existiert bei uns eine von der Staatlichen Plankommission festgelegte Methodik, die freilich in der Praxis in den Betrieben etwas abgewandelt wird.
Bei manchen Berechnungen des Nutzeffektes wurde besonders anfangs ungenau vorgegangen; es wurde zwar die Änderung der Arbeitskosten berücksichtigt, aber nur ungenügend die Änderung der Abschreibungen bei einem Automatisierungsvorhaben. Aber diese Mängel werden bei einer konsequenten Handhabung der vorgeschriebenen Methodik der Nutzeffektberechnung immer mehr beseitigt.

Doch viel schwieriger ist es mit der Berechnung des tatsächlichen Nutzeffektes bei den realisierten Vorhaben. Diese Berechnungen stoßen auf eine ganze Reihe von Schwierigkeiten. Es wirkt hier auch die Tatsache, daß Investitionen bisher zum großen Teil zentral geplant und finanziert wurden. Daher ist der Betrieb in erster Linie an der Einreihung der Investitionen für das Automatisierungsvorhaben in den Plan und an der Zuteilung der notwendigen Mittel interessiert; und um das zu erreichen, werden im Projekt die Investitionskosten oft unterschätzt und die Effekte überschätzt. Damit hat aber der Betrieb begreiflicherweise kein Interesse an der Feststellung der tatsächlich erreichten Effektivität.

Ein weiterer Grund, der einen Vergleich der Effektivität des realisierten Automatisierungsvorhabens mit dem Projekt erschwert, ist die Tatsache, daß die tatsächlichen Bedingungen, unter denen z. B. die eingesetzte automatische Fertigungsstraße arbeitet, sich oft sehr von den im Projekt vorgesehenen Bedingungen unterscheiden. In den meisten Projekten wird mit optimalen Bedingungen gerechnet; es wird eine kurze Anlaufzeit angenommen sowie die volle Auslastung der Maschinen vorgesehen.

In der Praxis zeigt sich aber eine ganze Reihe von negativen Einflüssen, die die Anlaufzeit verlängern. Zum Beispiel bei dem Aufbau unserer neuen Automobilfabrik verlängerte sich die Anlaufzeit der automatischen Fertigungsstraßen gegenüber dem Projekt um 1 bis 1,5 Jahre. Während dieser Zeit waren diese Fertigungsstraßen gegenüber den Voraussetzungen des Projektes nur zu 60 % ausgelastet. Dadurch verlängert sich auch die Rückflußdauer der für das Vorhaben ausgelegten Mittel. Die im Projekt festgelegten Parameter verlieren ihre Gültigkeit und der vorgesehene Nutzeffekt wird nicht erreicht. Oft kommt es auch dazu, daß das Projekt bei der Realisierung infolge der Kürzung der Investitionsmittel abgeändert wurde. Diese Kürzungen betreffen gewöhnlich das, was man als nebensächlich betrachtet; das sind die Nebenprozesse, die Hilfsprozesse. Hier streicht man gewöhnlich ab und vergißt, daß dadurch dann im Hauptprozeß die vorausgesehenen Effekte nicht erzielt werden können, weil ja das Vorhaben dann nicht so komplex aufgebaut wird, wie es beabsichtigt war. Auch die Qualifikation der bedienenden Arbeiter spielt dabei eine Rolle. Es zeigt sich oft, daß die Betriebe die für die Bedienung einer so komplizierten automatischen Anlage notwendige Qualifikation unterschätzen und ungenügend ausgebildete Arbeiter einsetzen. Das ist auch ein Moment, das dann das tatsächliche Produktionsergebnis beeinflußt.

Eine weitere Ursache, warum eine Berechnung des tatsächlich erreichten Nutzeffektes nicht durchgeführt wird, ist wohl auch, daß die Evidenz, die Primärevidenz in den Betrieben nicht genügend darauf ausgerichtet ist, die Daten festzustellen, die wir zur Ermittlung der Effektivität der einzelnen Vorhaben, der einzelnen Einrichtungen brauchen.

Ein weiterer Faktor, der einen Vergleich des erreichten Nutzeffektes erschwert, ist auch der Preis der Einrichtung selbst. Die Effektivität wird bei verschiedenen Preisen ganz unterschiedlich sein. Wir haben die Erfahrung gemacht, daß der Preis für dieselbe Einrichtung sehr schwanken kann. Zum Beispiel wurde in der schon erwähnten Automobilfabrik beim Projekt vom Lieferanten für einen bestimmten Preis eine automatische Fertigungsstraße angeboten. Der Preis basierte angeblich auf der Kostenberechnung des Erzeugers. Der Abnehmer hatte auf Grund der vorgesehenen Lebensdauer der Fertigungsstraße errechnet, daß bei einer Lebensdauer der automatischen Fertigungsstraße von 4,5 Jahren der vom Lieferanten veranschlagte Preis zu hoch sei, und daß, wenn die Straße effektiv sein sollte, der Preis um ca. 40 % herabgesetzt werden müßte. Der Lieferant nahm diesen Preis an. Da sehen Sie, daß der Preis wohl ein sehr bewegliches und ein sehr subjektives Element ist bei der Festlegung des Nutzeffektes; geradeso wie die Festlegung der Lebensdauer der Fertigungsstraße, das heißt anders gesagt, der Koeffizient des Nutzeffektes. Ich glaube, daß das noch Gebiete sind, wo objektive Kriterien gesucht werden müssen. Wir haben sie noch nicht. Und das ist besonders jetzt wichtig bei der Verwirklichung des neuen ökonomischen Systems, in dem die Preisfestlegung viel freier und besser sein wird als bisher. Da ist es besonders wichtig, daß der Lieferant nicht zu sehr in einer starken Position gegenüber dem Abnehmer steht, die sich auf seine Monopolstellung auf dem Markt stützt.

Eine Konkurrenz besteht zum großen Teil einzig im Ausland. Ihre Ausnutzung ist sehr eingeengt durch die Devisensituation. Damit besteht dann die große Gefahr, daß die ganze Frage des Nutzeffektes verzerrt werden kann, um so mehr, als die Außenhandelsgesellschaften aus handelspolitischen Gründen die Preise für den Import dieser Einrichtungen oft sehr abweichend von den Preisen des Weltmarktes festlegen.

Das schränkt besonders die Möglichkeiten der Berechnung des Nutzeffektes von verschiedenen Varianten der angestrebten Lösung und die Auswahl der tatsächlich günstigsten Variante bedeutend ein. Das Angleichen der Inlandspreise an das Weltmarktpreissystem wird ein langwieriger Prozeß sein, jedoch für eine intensive Förderung des technischen Fortschrittes ein, meiner Ansicht nach, unvermeidlicher Prozeß.

Diese Momente erschweren eine exakte Analyse des tatsächlichen Nutzeffektes der realisierten Automatisierungsvorhaben und den Vergleich mit dem im Projekt aufgestellten Effekt und führen dazu, daß in unserer Betriebspraxis solche Analysen selten durchgeführt werden, obwohl sie uns eine ganze Reihe von Problemen, die mit der derzeit verwandten Methodik der Nutzeffektsberechnung verbunden sind, zeigen würden.

Der Nutzeffekt der Automatisierung hängt selbstverständlich auch mit der Konzeption der Automatisierung zusammen. Was für eine Konzeption ist zu wählen? Prof. Hauk erklärte auf Grund der analysierten Vorhaben, daß die derzeitigen Automatisierungsmaßnahmen zum großen Teil alle mehr oder weniger zur Ersparnis von Arbeitskräften, sehr wenig aber zur Einsparung von Material beitragen. Das ist der Stand auch bei uns. Das hängt aber mit der Konzeption der Automatisierung zusammen. Es ist selbstverständlich auch für uns wichtig, Arbeitskräfte einzusparen. Wir sind in einer ähnlichen Situation wie die DDR, was die Arbeitskräfte betrifft. Doch tritt das Problem auf, daß die Automatisierung, soweit sie auf die Einsparung der lebenden Arbeitskraft orientiert ist, sehr stark durch das Lohnniveau beeinflußt wird. Das sehen wir auch an den Beispielen in den kapitalistischen Ländern. Der Vergleich des Niveaus der Automatisierung in den Vereinigten Staaten und in Frankreich zeigt, daß das Niveau der Automatisierung in Frankreich, wo ansonsten auch das technische Niveau relativ hoch ist, auch bei den Filialen der amerikanischen Betriebe im Verhältnis zu den Betrieben in Amerika selbst, viel niedriger ist. Analysen, die die Franzosen selbst gemacht haben, sprechen davon, daß einer der Hauptgründe dafür die unterschiedliche Lohnhöhe ist. Es ist die Frage, inwieweit dieser Faktor auch bei uns wirken und die Automatisierung beeinflussen wird, besonders, wenn wir bei der Reorganisation des ökonomischen Systems stärker das Interesse des Betriebes herausarbeiten möchten und praktisch die Grundkennziffern, die Kriterien für den Nutzeffekt, immer mehr auf die Basis der materiellen Interessiertheit des Betriebes einstellen. Wie sich dann die Lohndifferenzen zwischen den einzelnen Industriezweigen oder Betrieben auf die Automatisierung auswirken werden, das wird man wohl noch untersuchen müssen. Aber für uns ist gegenwärtig besonders die Materialeinsparung wichtig. Denn wir müssen, ähnlich wie Sie, den Großteil unserer Rohstoffe einführen, wobei unsere Fertigung sehr materialintensiv ist. Der Bedarf an Materialien steigt eigentlich schneller als die Produktion. Wenn wir das Verhältnis der Entwicklung des gesellschaftlichen Produktes zu der des Produktionsverbrauches untersuchen (d. h. den Verbrauch der Produktionsmittel), zeigt sich bei uns, daß der Produktionsverbrauch rascher ansteigt als das Gesamtprodukt. Besonders intensiv zeigt sich diese Entwicklung in den letzten Jahren.

Diese Entwicklung führte dazu, daß der Anteil des Nationaleinkommens am gesellschaftlichen Produkt sinkt. Das ist aber eine Entwicklung, die wir auf die Dauer selbstverständlich nicht wünschen. Und wir müssen die Wege suchen, dieses zu ändern. Selbstverständlich hängt diese Entwicklung sehr stark mit der Wirtschaftsstruktur zusammen, besonders damit, daß wir vor allem nach dem Jahre 1948 sehr stark die Schwerindustrie entwickelt haben, und innerhalb des Maschinenbaus selbst wieder die Sparten, die einen großen Materialverbrauch haben, besonders den Schwermaschinenbau. Wir müssen auch die Frage lösen, wie weit man die Struktur der Wirtschaft ändern kann, und in welcher Frist. Die Möglichkeiten einer Strukturänderung sind freilich begrenzt, erstens schon durch die gesamte technische Basis der Industrie und deren Charakter, selbstverständlich aber auch dadurch, wie sich der Bedarf und die Exportmöglichkeiten usw. in den verflossenen 15 Jahren entwickelt haben. Der Weg, den man in der Schwerindustrie sowie auch in anderen Industrien gehen muß, ist der Übergang zur materialsparenden Fertigung. Und das ist eine Frage, die eng mit der Konzeption der Automatisierung zusammenhängt. Gegenwärtig besteht ein Übergewicht bei solchen Vorhaben der Automatisierung, die von den alten, klassischen Technologien ausgehen und unter Nutzung dieser Technologien automatische Maschinen einsetzen. Das sind Vorhaben, die größtenteils eine Einsparung von Arbeitskräften bringen, wenigstens zum Teil, aber die sehr wenig Material einsparen. Darum macht es sich besonders notwendig, künftighin Wege zu suchen, wie man die Automatisierung mit einer Änderung der klassischen Technologie verbinden kann. Unser Forschungsinstitut für Technologie und Ökonomik des Maschinenbaues hatte eine Analyse vom Nutzeffekt verschiedener Vorhaben des technischen Fortschrittes durchgeführt. Es ging um Automatisierungsvorhaben, Änderung der Organisation, Änderung der Technologie, Rationalisierungsvorhaben usw. Diese Vorhaben wurden nach dem Nutzeffekt klassifiziert. Das Resultat war, daß der größte Effekt dort erreicht wurde, wo eine Änderung der Technologie und der Organisation mit der Automatisierung verbunden war, nicht jedoch bei isolierten Automatisierungsvorhaben. Isolierte automatisierte Vorhaben zeigten eine bedeutend geringere Effektivität als solche, wo es zu einer komplexen Lösung kam. Das aber stellt uns vor eine Frage. Unser dritter 5-Jahresplan von 1960 - 1965, der dann infolge verschiedener anderer Umstände nicht realisiert wurde, ging von der Konzeption aus, im Maschinenbau eine breite Automatisierung, auch der Kleinserienfertigung und der Einzelfertigung, durchzuführen und zwar mittels programmgesteuerter Werkzeugmaschinen. Es gab sogar im Jahre 1963 eine Gruppe englischer Ingenieure, die in ihrem Bericht von einem spezifischen Weg der tschechoslowakischen Automatisierung sprachen. Meiner Ansicht nach zeigt sich jetzt, daß dieser Weg in dem im Plan vorgesehenen Umfang sehr problematisch ist.

Die programmgesteuerten Werkzeugmaschinen sollten, wie gesagt, ursprünglich das Problem der Automatisierung einer Kleinserienfertigung lösen, die typisch für unseren Schwermaschinenbau ist. Vom Umfang dieses Vorhabens zeugt die Tatsache, daß in den Jahren 1961 bis 1965 im Maschinenbau 13 000 Automaten bzw. automatisierte Straßen eingesetzt werden sollten und den größten Teil sollten gerade programmgesteuerte Werkzeugmaschinen bilden (zum Vergleich: in den Vereinigten Staaten von Amerika wurden in den Jahren 1958 bis 1960 weniger als 100 Stück solcher programmgesteuerten Werkzeugmaschinen im Maschinenbau jährlich eingesetzt; in den letzten Jahren stieg diese Zahl auf 400 - 500 Stück jährlich).

Die praktische Einführung dieser Werkzeugmaschinen zeigte, daß sie für so eine breite Automatisierung der Kleinserienfertigung noch nicht geeignet sind. Denn die programmgesteuerten Werkzeugmaschinen sind praktisch klassische Werkzeugmaschinen. Sie zeichnen sich gegenüber diesen durch keine größere Produktivität infolge eines bedeutend kürzeren Ablaufes der Fertigung aus. Ihr Vorteil gegenüber üblichen Werkzeugmaschinen ist, daß sie ohne direkte Bedienung durch den Arbeiter arbeiten können, wobei aber die Beaufsichtigung des Ganges der Maschine notwendig ist.

Auf der anderen Seite sind jedoch diese programmgesteuerten Werkzeugmaschinen sehr teuer, da es sich praktisch, was die Leistung betrifft, um die traditionelle, universelle Werkzeugmaschine handelt, die aber durch die zusätzliche Ausstattung mit der sehr teuren Regelungstechnik vervollkommnet wurde. Das heißt, daß sie gerade in diesen kleinen Serienfertigungen und Einzelfertigung verteuernd wirken gegenüber der früheren Fertigung auf den Universalwerkzeugmaschinen.

Natürlich kann man nicht die ganze Entwicklung von gesteuerten Werkzeugmaschinen annullieren, denn diese Maschinen haben ihre Vorteile. Sie sind z. B. geeignet zur Fertigung von komplizierten Teilen, die eine große Präzision verlangen, aber sie sind nicht so breit anwendbar, besonders in der Einzelfertigung, wie man ursprünglich annahm. Es zeigt sich nun, daß wohl eine der größten Voraussetzungen einer effektiven Automatisierung eine Massenfertigung ist, d. h., man müßte bei dem Charakter unseres Maschinenbaues von der Spezialisierung der Erzeugnisse zur Spezialisierung der Bestandteile übergehen. Das hat freilich seine Probleme, besonders organisatorische. Die praktischen Erfahrungen unserer Betriebe auf diesem Gebiet zeigen uns, daß es gute Voraussetzungen für eine Spezialisierung auf Bestandteile innerhalb einer VVB gibt; es gibt aber schon Schwierigkeiten, wenn so eine Arbeitsteilung zwischen mehreren VVB stattfinden soll. Gewöhnlich ist uns bis jetzt diese Spezialisierung meistens nur im Rahmen einer VVB gelungen. Aber gerade in dieser Spezialisierung und einer Massenfertigung einzelner Bestandteile ist der Weg ja nicht nur die Einführung einer automatischen Fertigung, sondern gleichzeitig auch die Änderung der Technologie. Dadurch ist die Möglichkeit gegeben, von einem spanabhebenden Verfahren zu einem Verformungsverfahren zu kommen, das bedeutend effektiver und hauptsächlich materialsparend ist, jedoch nur unter der Voraussetzung, daß man dort tatsächlich eine sehr hohe Stückzahl erreicht. So zeigt sich bei uns die Notwendigkeit, die Konzeption der Automatisierung so, wie sie ursprünglich aufgestellt war, zu revidieren und besonders Wege zu suchen, die intensiver die Automatisierung zur Materialeinsparung ausnützen.

Rolf Stranzky, Halle

Die Abrechnung des ökonomischen Nutzens

Für uns, die in der Industriepraxis tätig sind, ist es immer sehr anregend, an solchen wissenschaftlichen Konferenzen wie der heutigen teilzunehmen. Wir sind besonders dafür dankbar, daß theoretisch-ökonomische Fragen behandelt werden, die uns unmittelbar in der Praxis bewegen. Als Gegenleistung erlaube ich mir, einiges aus unseren Erfahrungen mitzuteilen.

Herr Professor Hauk hat die wichtige Frage der Abrechnung des ökonomischen Nutzens und des damit verbundenen Informationsflusses behandelt. Ich möchte seinen Ausführungen unbedingt zustimmen. Nach unseren Erfahrungen ist es möglich und notwendig, die elektronische Rechentechnik einzusetzen, um den Aufwand je Erzeugniseinheit zur Bestimmung des ökonomischen Nutzens unserer geplanten Maßnahmen und der tatsächlich abgelaufenen Vorgänge zu ermitteln. Wir konnten in der VVB Braunkohle Halle ein Verflechtungssystem erproben, dessen 42 000 Aufwandkoeffizienten mit Hilfe des elektronischen Rechenautomaten Gamma 10 errechnet wurden, nachdem die erforderlichen Primärdaten in 11 Betrieben der VVB als Jahreszahlen statistisch erfaßt und auf Lochkarten übertragen worden sind.

Das verwendete Modell ist im Prinzip denjenigen ähnlich, die von der Verflechtungsbilanzierung bei der Planung her bekannt sind. Das Modell geht jedoch weit mehr in die Details, so daß man sagen kann, es vereinigt technologische Elemente und die mit dem technologischen Prozeß verbundenen ökonomischen Beziehungen auf einer Ebene, auf der gerade die Fragen der Automatisierung und der Nutzensberechnung technologischer Varianten von großer Bedeutung sind.

Dieser notwendigen Einheit von Technologie und Ökonomie genügen viele der heute vorgeschlagenen Modelle noch nicht. Daher ist es wichtig, daß wir in diesem Sinne auf die gegenwärtigen Bestrebungen, ein neues System von Rechnungswesen und Statistik zu erarbeiten, Einfluß nehmen. Bei diesem neuen System kann es nicht nur darum gehen, welche Informationen bisher erfaßt wurden und wie wir das jetzt alles auf einen einheitlichen Nenner bringen können, sondern wir müssen erreichen, mit diesem System den ökonomischen Nutzen jeder Maßnahme abrechnen zu können, die sich schließlich auf betrieblicher Ebene als technologische Maßnahme darstellt.

Ein weiteres wichtiges Problem, das hier von Professor Hauk ausführlich behandelt wurde, betrifft das inhaltliche ökonomische Durchdenken unserer Leitungsentscheidungen. Bei den erwähnten Untersuchungen in der Braunkohlenindustrie ist es gelungen, für rund 2000 Abrechnungsstellen (Kostenstellen und Kostenträger) im Bereich der VVB die verschiedensten "Inputs" zu erfassen, zu einem großen Teil in Mengen- und Zeiteinheiten, zum Teil nur als Kosten nach verschiedenen Kostenarten. Aus diesen "Inputs" können pro Abrechnungsstelle eine charakteristische "Nutzeffektskennziffer" und weitere Informationen gewonnen werden, die als Einflußfaktoren für die Zahlenwerte der Nutzeffektskennziffer betrachtet werden können.

Die Nutzeffektskennziffer umfaßt das Nettoproduktaufkommen in der Abrechnungsstelle je Zeiteinheit lebendiger Arbeit, die aufgewandt werden muß, um einen bestimmten "Output" der Abrechnungsstelle (Bruttoproduktion) zu erzielen. Zwischen der Nutzeffektskennziffer und den Aufwandkoeffizienten der Abrechnungsstelle bestehen offensichtlich funktionale Zusammenhänge, so daß gerade diese Koeffizienten zugleich quantitativer Ausdruck von Einflußfaktoren des Nutzeffektes sind. In der Praxis ist es zweckmäßig, eine relative Darstellung zu wählen, ähnlich wie im Rechnungswesen ein Plan-Ist-Vergleich von Kosten durchgeführt wird. Die "Bezugsbasis" sind geeignete Normative, die als Sollwerte im Sinne der Kybernetik gelten können und die nicht unbedingt mit den herkömmlichen "Planzahlen" identisch sein müssen. In Ermanglung solcher Normative haben wir zunächst VVB-Mittelwerte gewählt und auf diese Mittelwerte die einzelnen (gleichartigen) Ist-Werte der Koeffizienten bezogen.

Was zeigte sich nun bei der "Auswertung" der gewonnenen Informationen über den ökonomischen Nutzeffekt und dessen Einflußfaktoren? Es bereitete nicht unerhebliche Schwierigkeiten, die nach dem neuen System gewonnen und maschinell verarbeiteten Daten, die uns doch eine weit detailliertere und exaktere Information zu bringen geeignet sind, richtig auszuwerten. Obgleich unsere Kollegen tagtäglich mit den sich in den Informationen widerspiegelnden Prozessen praktisch auseinandersetzen, obgleich sie diese Prozesse ständig beeinflussen und lenken, bereitet es ihnen Schwierigkeiten, die festgestellten Erscheinungen und Zusammenhänge richtig technologisch und ökonomisch zu interpretieren und ggf. zu verändern. Man sollte eigentlich annehmen, daß es aus den weit detaillierteren Informationen besser als bisher gelingen müßte, die ökonomischen Zusammenhänge zu erkennen und Maßnahmen mit hohem ökonomischen Nutzeffekt abzuleiten.

Ich muß bekennen, daß ich solche Schwierigkeiten nicht erwartet hatte und die sich aus dem neuen Informationsfluß ergebende Aufgabe der Auswertung der Informationen leichter einschätzte. Bei meinen Überlegungen ging ich davon aus, daß meine Kollegen als Fachleute auf dem Gebiete der Technologie und Ökonomie der Braunkohlenindustrie, die doch seit Jahren verschiedenste Analysen und Pläne anhand der bisherigen statistischen Zahlen und Kostenabrechnungen erarbeitet haben, mit Hilfe der einheitlichen, systematischen und tiefgehenden technologischen und ökonomischen Information die ökonomischen Prozesse inhaltlich leichter durchdenken können.

Wie ist es möglich, daß gerade das Gegenteil von dem eintrat, was rein sachlich gesehen zu erwarten war? Wie konnte bei einigen Kollegen die Meinung entstehen, daß die gewonnenen Informationen ihnen keine neue Aussage bringen? Offensichtlich wirft die maschinelle Datenverarbeitung zur Verwirklichung eines auf Grund kybernetischer Erkenntnisse neuentwickelten Informationsflusses eine Reihe neuer Probleme auf, die ohne ein gründliches inhaltliches ökonomisches Durchdenken nicht zu lösen sind.

Bereits die größere Detaillierung in eine Vielzahl von Abrechnungsstellen und Inputarten offenbarte, daß verschiedene Zuordnungen von Aufwendungen zu den Kostenstellen bzw. Kostenträgern selbst für vergleichbare Abrechnungsstellen nicht einheitlich erfolgte und andere Mängel in der Kontierung vorhanden waren, die eine exakte Aussage und Nutzeffektsbeurteilung erschweren. Es gibt Abweichungen verschiedener Koeffizientenwerte, die - obgleich sie als Jahresmittelwerte durchaus gute Schätzungen für die Erwartungswerte von Zufallsgrößen darstellen - von den als Bezugsbasis gewählten Zahlen in einem Maße abweichen, wofür man schwerlich behaupten kann, diese Abweichungen seien betriebsindividuelle Besonderheiten und notwendig. In den seltensten Fällen gelang es uns, die extremen Abweichungen plausibel zu erklären. Man kann auch nicht so ohne weiteres annehmen, daß es sich um Fehlkontierungen handelt, da das ganze System ausbilanziert und mit seinen wichtigsten Zahlen zugleich mit der staatlichen Berichterstattung abgestimmt ist. Man muß dann angeben, wo der falsch kontierte Betrag hingehört und an dieser Stelle den sich neu ergebenden Koeffizienten untersuchen.

Ein auf der Einheit von Technologie und Ökonomie gegründetes detailliertes System der Information erzwingt, daß die tatsächlichen Vorgänge im Betrieb sowie die geplanten Maßnahmen zur Veränderung der Technologie und damit des ökonomischen Nutzeffektes ganz exakt wissenschaftlich begründet werden. Damit wird gegenüber einer routinemäßigen Behandlung dieser Fragen die wirklich schöpferische Tätigkeit außerordentlich in den Vordergrund gerückt. Illusionäre Vorstellungen in dem Sinne, daß man nur ein Datenverarbeitungssystem zu organisieren brauche, um die bisher ungelösten Aufgaben zu bewältigen, werden sehr rasch beseitigt, wenn man so unmittelbar zur schöpferischen Verarbeitung und Auswertung der maschinell gewinnbaren Informationen gezwungen wird. Amerikanische Fachleute, die auf diesem Gebiet auch ähnliche Erfahrungen sammeln mußten, bekannten selbst, daß die Datenverarbeitungsmaschinen das "Risiko" nicht abgeschafft, sondern nur "klarer" gemacht hätten.

Von kapitalistischen Spezialisten des Managements wird immer wieder behauptet, die Datenverarbeitungsanlagen könnten - zumindest auf der mittleren und unteren Leitungsebene - die meisten Leitungsfunktionen des Menschen ebensogut ausüben. In unserer sozialistischen Gesellschaftsordnung ist aber die Leitungstätigkeit vom kapitalistischen Management sehr verschieden, allein schon dadurch, daß alle Werktätigen in den schöpferischen Prozeß der Planung und Leitung der Volkswirtschaft einbezogen werden. Es gibt bei uns für alle eine vielfältige Aufgabe, sich mit den technologischen und ökonomischen Problemen unserer Wirtschaft intensiv vertraut zu machen und die inneren Zusammenhänge zu erkennen, damit wir die Erscheinungen besser verstehen und beherrschen lernen. Die maschinelle Datenverarbeitung verschafft uns dazu die benötigten Informationen und nimmt Routinearbeiten ab, damit weitgehend schöpferische Arbeit geleistet werden kann. Dabei bedienen wir uns auch der mathematischen Methoden.

Wir müssen uns im klaren sein, daß wir nicht nur ein maschinelles System der Datenverarbeitung investieren müssen, um die benötigten Information zu erhalten, sondern daß auch für die mathematischen Bearbeitungen nicht unerhebliche Aufwendungen in personeller und finanzieller Hinsicht anfallen. Wir haben uns zum Beispiel bemüht, in einer Studie zu zeigen, wie mit Hilfe mathematisch-statistischer Methoden die erwähnten funktionalen Zusammenhänge zwischen Nutzeffektskennziffer und Einflußfaktoren erfaßt werden können (Regressionsfunktionen). Trotz aller Einsicht in die Notwendigkeit solcher Untersuchungen ist es nicht möglich gewesen, bereits heute den Forschungsauftrag personell abzudecken. Die Berechnungen ergaben außerdem, daß dafür allein 250 000 MDN Kosten für die Benutzung eines Großrechenautomaten mit Magnetbandeinheiten (ELLIOTT 503) anfallen würden. Wenn wir aber in der Automatisierung der Leitungstätigkeit einen entscheidenden Schritt vorwärts kommen wollen, dürften solche entscheidenden Aufgaben nicht hinausgeschoben werden, wenn ihre Lösung herangereift ist.

Die schöpferische Arbeit steht den Vorgängen der Datenverarbeitung nicht als etwas Äußerliches gegenüber, sondern sie bezieht sich selbst auf die Gestaltung des Systems der Datenverarbeitung. Die gewonnenen Informationen dürfen für den "auswertenden" Menschen nicht als etwas Gegebenes erscheinen, sondern von der Auswertung müssen neue Impulse ausgehen, um immer vollkommenere Systeme zur Steuerung der Wirtschaft zu formen und zu organisieren. In den Ausführungen von Dr. Schulz war deutlich zu erkennen, wie viele Ansatzpunkte für kybernetische Betrachtungen und regelungstheoretische Modellierungen sich geradezu anbieten. Leider wird, wie in den hier gehaltenen Vorträgen mehrfach zum Ausdruck kam, die notwendige Selbstregulation im Sinne der Kybernetik in der Planungspraxis manchmal durchbrochen, wodurch die beabsichtigte Wirkung der ökonomischen Hebel aufgehoben oder gemindert wird.

Bei der weiteren Ausarbeitung und Vervollkommnung des Systems der ökonomischen Hebel und der Planung sollten wir uns die kybernetischen Erkenntnisse nutzbar machen, indem wir vor allem die Regelzusammenhänge herausarbeiten, modellieren und in der Praxis organisatorisch verwirklichen. Hierbei gibt es keine Entfremdung zwischen Selbstregulation und schöpferischer Tätigkeit. Durch Organisation selbstregulierender Systeme läßt sich beides miteinander verbinden, obgleich sich vielleicht heute mancher Polit-Ökonom noch nicht recht vorstellen kann, wie in einem mathematischen bzw. kybernetischen Regelkreismodell auch die schöpferische Tätigkeit der Menschen einen Ausdruck findet. Zum Verständnis dieser Problematik ist es eben unerläßlich, daß man sich mit der kybernetischen Theorie und ihrer Anwendung in der Wirtschaft vertraut macht.

Ich möchte noch einmal ausdrücklich betonen, daß man weder solche selbstregulierenden Systeme noch die Systeme der elektronischen Datenverarbeitung zur Steuerung wirtschaftlicher Prozesse ausarbeiten kann, wenn man keine exakte ökonomische Theorie besitzt. In vielen Fällen reicht das ökonomisch-theoretische Wissen der Mathematiker, Naturwissenschaftler und Techniker nicht aus, um Steuersysteme in der Wirtschaft zu entwickeln, die einen maximalen ökonomischen Nutzen bringen. Das gilt besonders für volkswirtschaftliche ökonomische Aspekte, die auch bei "betrieblichen" Fragen - wie beispielsweise Investitionsvorhaben oder Rationalisierungen, Einführung neuer Technologien oder Erzeugnisse - eine große Rolle spielen.

Andererseits sind aber die Ökonomen bei der Lösung der angeführten Aufgaben nicht immer genügend in der Lage, sich mit dem Mathematiker, Naturwissenschaftler oder Techniker zu verständigen. Natürlich gibt es hierzu gute wie schlechte Beispiele. Aber es muß deutlich gesagt werden, daß wir stärker als bisher die ökonomisch-theoretischen Aspekte in die Praxis bringen müssen, indem wir grundlegende Verallgemeinerungen ökonomischer Gesetzmäßigkeiten in der Praxis verwirklichen. Das kann nicht nur in dem Sinne geschehen, daß wir ökonomische Experimente betreiben, um diese oder jene Hypothese zu beweisen. Dabei kann es nämlich passieren, daß Änderungen an der einen oder anderen Stelle im Endergebnis gar nicht den Effekt bringen, den man eigentlich erwartet. Erst wenn die Resultate der verschiedensten experimentellen Untersuchungen zu einer geschlossenen Theorie verarbeitet und verallgemeinert werden, wenn wir unsere Maßnahmen auf wirkliche Theorie statt auf einzelne Hypothesen aufbauen, dann können wir von einer Einheit ökonomischer Wissenschaft und Praxis sprechen. Die Theorie muß in den verschiedensten Experimenten immer wieder nachweisbar sein oder in Verbindung mit den Experimenten ständig vervollkommnet werden.

In Bezug auf die Automatisierung gewinnt die theoretische Arbeit zunehmend an Bedeutung. Bekanntlich erfordern die Automatisierungsvorhaben erhebliche Investitionen und umfangreiche wissenschaftliche Vorarbeiten auf technologischem und ökonomischem Gebiet. Wir teilen die hier bereits geäußerte Ansicht, daß die Automatisierung vorhandener Technologien nicht den entscheidenden ökonomischen Nutzeffekt bringt. Wir sollten uns vor allen Dingen darauf orientieren, mit Hilfe der modernen Rechenautomaten durch Simulationsverfahren oder andere mathematische Verfahren neuartige Technologien mit maximalem ökonomischen Nutzen zu erarbeiten. Hierzu braucht man aber geeignete Modelle und klare theoretische Vorstellungen, die zu einem großen Teil sogar erst durch experimentelle Untersuchungen in der Praxis erarbeitet werden können.

Als Beispiel hierzu möchte ich aus der Metallurgie das "mathematische Hochofenmodell" erwähnen. Nachdem dieses Modell in der genannten Weise erarbeitet worden ist, kann man nunmehr mit dem Modell in einem Rechenautomaten den Hochofenprozeß nachbilden und studieren, beispielsweise zur Bestimmung kostengünstigster Möllerzusammensetzungen oder auch zur Erzbewertung. Die optimale Variante wird dann in der Praxis realisiert. Ausländische Experten auf dem Gebiet der Prozeßrechentechnik erläuterten mir im Gespräch, daß man heute derartige Rechner als "Bastelanlagen" baut, um sie sogar nur zeitweise an einen zu studierenden Prozeß anzuschließen, bis man nach dem Prinzip der kybernetischen selbstlernenden Automaten in dem Zusammenwirken von Mensch und Automat das Modell des untersuchten Prozesses gefunden hat, das diesen Prozeß am besten widerspiegelt und seine Simulation zur wissenschaftlichen Voraussage bestimmter Ergebnisse ermöglicht.

Gewöhnlich wird man am Anfang nicht das optimale Modell erdenken können, sondern es erst im Laufe einer längeren experimentellen Arbeit finden. Ist es dann jedoch gefunden und mit seiner Hilfe die optimale Prozeßführung erarbeitet, so kann man in vielen Fällen den elektronischen Rechner wieder "abklemmen" und zum Studium bisher noch unbekannter Prozeßverläufe einsetzen. Nach Aussagen erfahrener Fachleute auf diesem Gebiet gibt es gar nicht so viel Prozesse, die unbedingt ständig durch einen Rechner gesteuert werden müßten. Sie können nach der Festlegung der optimalen Prozeßführung durchaus mit konventionellen Regelungseinrichtungen beherrscht werden. Das verbilligt natürlich das Automatisierungsvorhaben ganz wesentlich. Außerdem wird zugleich die Funktionssicherheit des ganzen Systems erhöht und nicht nur von einem "Herzstück" abhängig, wie es der alle Prozesse steuernde Prozeßrechner sein würde.

Eine nach meiner Auffassung noch nicht genügend beachtete Möglichkeit, durch Automatisierung den ökonomischen Nutzeffekt zu erhöhen, ist die "Qualitätsregelung". Bei der Vorbereitung des Einsatzes elektronischer Rechenautomaten und Regelungseinrichtungen sollten wir diese Möglichkeiten zur Verminderung von Ausschußmengen und anderer Qualitätsminderungen nutzen. Die Prüfvorgänge nehmen eine immer größere Bedeutung ein, sie werden immer komplizierter und so anspruchsvoll, daß der Mensch sie nicht rechtzeitig und präzis genug ohne Automatisierung bewältigen kann. Die Folge sind ökonomische Verluste. Hier lohnt es sich unbedingt, daß man automatisiert und mathematisch-statische Methoden anwendet. Es lassen sich bereits heute aus allen Gebieten recht überzeugende Beispiele anführen.

Ein weiteres Gebiet, auf dem die Automatisierung sicherlich einen hohen ökonomischen Nutzen bringen wird, ist die Automatisierung des Informationsflusses für die ökonomische Leitungstätigkeit auf den verschiedenen Ebenen der Leitungspyramide. Wir müssen die Einführung der elektronischen Datenverarbeitung in der Wirtschaft, wie sie nach dem Ministerratsbeschluß vorgesehen ist, wie ein "Automatisierungsvorhaben" behandeln und dementsprechend auch den ökonomischen Nutzen dieses Investitionsvorhabens berechnen und optimieren, wie das bereits geschildert wurde. Das wird uns zu einer nüchternen Einschätzung der Regelungstechnik und des Einsatzes elektronischer Rechner führen und dazu zwingen, erst optimale Systeme der ökonomischen Steuerung zu erarbeiten und zu erproben - durch Simulation und Modellierung am praktischen Prozeß im Betrieb bzw. der VVB oder Volkswirtschaft - und dann die technischen Einrichtungen zu projektieren und zu installieren.

Eine der Hauptaufgaben in der gegenwärtigen Epoche der Automatisierung besteht darin, im Zusammenhang mit der Technik der Automatisierung die ökonomischen Zusammenhänge und Gesetzmäßigkeiten zu verallgemeinern und moderne - insbesondere kybernetische Methoden - zur optimalen Ausnutzung dieser Gesetzmäßigkeiten in der Praxis anzuwenden. Ökonomische Gesetze setzen sich nicht von allein so durch, daß ein maximaler Nutzeffekt entsteht, sondern man muß sie demgemäß auszunutzen verstehen. Wir neigen noch zu sehr dazu, an die Lösung dieser Aufgabe zu praktizistisch heranzugehen. So muß beispielsweise exakt untersucht werden, welche Modellierungen liegen der Informationserfassung und der wirtschaftlichen Entscheidungstätigkeit zugrunde. Häufig erfassen wir Daten, ohne von vornherein völlig im klaren zu sein, in welches Modell diese Informationen integriert werden sollen und ob sie für die zu treffenden Entscheidungen auch wirklich benötigt werden oder gar andere Informationen erforderlich wären. Wie soll man bei so einer "Grundlage" vernünftig den Informationsfluß mit hohem ökonomischen Nutzen automatisieren? Deshalb betone ich hier so die Bedeutung ökonomisch-mathematischer und kybernetischer Modellierungen als notwendige Basis für den Einsatz elektronischer Datenverarbeitungsanlagen.

Auch die Ökonomen müssen mit dafür sorgen, daß ihr Informationsbedarf für die wissenschaftlich-ökonomische Forschung und die Anwendung der wissenschaftlichen Erkenntnisse in der Praxis besser als bisher befriedigt wird. Sonst können die großen Aufgaben nicht gelöst werden, die uns das neue ökonomische System auf dem Gebiete der politischen Ökonomie stellt.

Helmar Brenner, Berlin

Die Bedeutung der Verkürzung des Realisierungszeitraumes von Automatisierungsmaßnahmen und die Möglichkeiten der Stimulierung

Der sich gegenwärtig vollziehende Prozeß der technischen Revolution hat nicht nur in der Produktionsorganisation und im Produktionssortiment Veränderungen hervorgerufen, sondern auch Fragen aufgeworfen, die mit der Realisierung des technischen Fortschritts verknüpft sind. Das charakteristische dabei ist, daß die moralische Abwertung der Arbeitsmittel zu einem ernsten Problem geworden ist. Das stellt nicht nur höhere Anforderungen an die Kapazitätsauslastung und den optimalen Einsatz der Arbeitsmittel, sondern auch an die Zeit der Entwicklung, Überführung und den Bau neuer Geräte und Anlagen. Eine erste wichtige Seite in diesem Zusammenhang ist, daß bei allen Maßnahmen, deren Bauzeit einen längeren Zeitraum umfaßt, genauere Rechnungen gemacht wordon müssen, um die volkswirtschaftliche Effektivität zu sichern. Das ist nicht nur von der Fragestellung des moralischen Verschleißes her wichtig, sondern damit hängen eng auch folgende Probleme zusammen:

1. Die verzögerte Inbetriebnahme führt zur Bindung von Investitionsmitteln ohne Effekt, so daß eine Schwächung der Akkumulationskraft der Volkswirtschaft bewirkt wird.
2. Ein längerer Realisierungszeitraum - das haben die praktischen Untersuchungen ergeben - führt meist zu einem erhöhten Kostenanfall.
3. Der durch die Maßnahmen vorgesehene Effekt (Produktionszuwachs, Selbstkostensenkung, Erhöhung des Gewinns) wird später ausgelöst und damit einen verzögerten und verringerten Reineinkommenszuwachs als Folgeerscheinung nach sich ziehen.

Diese Faktoren beeinflussen das Nationaleinkommen und dessen Zuwachs recht erheblich, wenn man berücksichtigt, daß der überwiegende Teil der Finanzmittel für die Rationalisierung und Rekonstruktion eingesetzt wird; damit soll nicht geleugnet werden, daß auch bei Neuinvestitionen diese Faktoren eine wesentliche Rolle spielen. So ist in der gegenwärtigen Etappe der wirtschaftlichen Entwicklung in der schnellen Realisierung der Aufgaben des Planes Neue Technik ein wesentliches Mittel zur Erhöhung der Effektivität der Investitionsmittel zu sehen.

Die konkreten Untersuchungen von Maßnahmen des Planes Neue Technik im Bereich der VVB Kraftwerke hat ergeben, daß bei ca. 60 % die Zeitdauer ihrer Verwirklichung unökonomisch ist und unter den gegenwärtigen Bedingungen der raschen Wirksamkeit des moralischen Verschleißes nicht akzeptiert werden kann. Dabei handelt es sich meist um die im Volumen größten Maßnahmen, die die betriebliche Rentabilität am wirkungsvollsten beeinflussen.
Im einzelnen ist der Realisierungszeitraum die Summation folgender Teilgrößen:

1. Projektierung
2. Überführung des Projektes und Vorbereitung der Maßnahmen
3. Koordinierung der Bau- und Montagezeiten
4. Verkürzung der Anlaufzeiten

Als besonderen Engpaß muß man gegenwärtig die Überleitungszeit und die Anlaufzeit ansehen. Diese Teilzeiten, die vom Charakter fast aller Maßnahmen verschwindend klein sein müßten, sind die wesentlichsten Ursachen, daß zwischen Weltniveau und den im Plan Neue Technik der DDR-Kraftwerke ausgewiesenen Realisierungszeitraum beträchtliche Unterschiede bestehen.

Nicht nur die einzelnen Teilzeiten, sondern auch die Sicherung der optimalen Überlagerung der Teilzeiten ist entscheidend für die Länge des Realisierungszeitraumes. Die Untersuchungen haben ergeben, daß die ungenügende Koordinierung der Teilzeiten gegenwärtig wesentlich zur Verlängerung des Realisierungszeitraumes beiträgt. Die Hauptschwierigkeiten liegen in der Überlagerung der Projektierung und Vorbereitung der Maßnahmen. Dabei handelt es sich um sehr stark subjektiv beeinflußbare Faktoren. Hauptvoraussetzung, um die Realisierungszeit auf ein technisches Minimum zu reduzieren, ist die wissenschaftliche Führungstätigkeit. Je befähigter die wirtschaftsleitenden Kader sind und je größer ihr Verantwortungsbewußtsein, um so stärker ist ihr Bemühen um kurze Realisierungszeiräume. Zweifellos dürfte unter sozialistischen Produktionsbedingungen in der wissenschaftlichen Führungstätigkeit die wesentlichste Möglichkeit zur Erreichung minimaler Zeiträume bei Automatisierungsmaßnahmen liegen. Dieser durchaus richtige Grundsatz setzt aber eine sozialistische Gesellschaft mit einem hohen Niveau der Produktivkräfte und Produktionsverhältnisse voraus. In der DDR kann man sagen, daß bezüglich des Qualifikationsniveaus und des Standes der Bewußtseinsbildung gegenwärtig noch nicht solche hohen

Voraussetzungen an die Menschen gestellt werden können. Demzufolge ist die Wirksamkeit der wissenschaftlichen Führungstätigkeit noch begrenzt.

Aus diesem Grunde wird der Einsatz materieller Stimuli als wichtige Ergänzung für eine wichtige Voraussetzung zur entscheidenden Verkürzung des Realisierungszeitraumes angesehen. Mit der Einführung des neuen ökonomischen Systems der Planung und Leitung wird die Bedeutung der Anwendung ökonomischer Hebel herausgestellt, die sie gegenwärtig bei der Lösung wirtschaftlicher Aufgaben haben. Bei der Erreichung der schnelleren Produktionswirksamkeit kann der gewünschte Effekt nur bei sorgfältiger Vorbereitung und sehr differenzierter Anwendung der ökonomischen Hebel erreicht werden. Dazu sind einige Voraussetzungen notwendig.

1. Grundlage einer exakten Leistungsbemessung bildet die Fixierung von Normativen für die Realisierungszeit.
2. Kenntnis des Weltniveaus der Realisierung im jeweiligen Industriezweig.
3. Differenzierung der Normative entsprechend dem Charakter der Maßnahmen.

Damit sind auch bereits die Probleme aufgezeigt, die einer echten Stimulierung entgegenwirken. Prinzipiell kann von hier aus folgendes auf Grund der Untersuchungen im Zweig Energie gesagt werden. Alle Automatisierungsmaßnahmen, deren Realisierungszeitraum 1 Jahr übersteigt, unterliegen bereits dem moralischen Verschleiß; deshalb sollte 12 Monate die maximale Größe für Normative sein. Prinzipiell sollte das Weltniveau - soweit bekannt - Grundlage für die Fixierung des Normativwertes sein. Ist das nicht möglich, dann sollte der höchstmögliche erreichbare Wert unter unseren Produktionsbedingungen Grundlage sein. Diese Orientierung auf Höchstwerte, also kürzeste Realisierungsfristen, ist notwendig, um zu sichern, daß eine Maßnahme nicht bereits technisch veraltet ist, wenn sie produktionswirksam wird. Wie wichtig das ist, zeigt folgendes Beispiel. Im Jahre 1962 wurden im VEB Kraftwerk Lübbenau Untersuchungen angestellt über die Möglichkeiten der Mehraggregatbedienung in den Blockwarten. 1963 lag eine klare Konzeption über den entsprechenden Nutzen und Aufwand vor. Erst Anfang 1964 wurde mit der technischen Realisierung begonnen, die Ende 1967 abgeschlossen ist. Die Inangriffnahme einer solchen Automatisierungsmaßnahme war im Jahre 1962 durchaus richtig. Jedoch zeichnet sich bereits heute ab, daß die internationale Tendenz zu Zentralwarten mit Datenverarbeitungsanlagen geht. Das heißt, der Realisierungszeitraum von 5 Jahren wandelt den errechneten ökonomischen Nutzen teilweise in einen gesellschaftlichen Verlust um. Eine Realisierungszeit von 1 - 1 1/2 Jahren hätte den vollen Rückfluß der Mittel für diese Automatisierungsmaßnahme garantiert. Sie ersehen an diesem Beispiel nicht nur, wie wichtig die Orientierung auf Höchstwerte bezüglich der Realisierungszeit ist, sondern auch, daß diese Werte ständig, entsprechend den jeweiligen Bedingungen des technisch-wissenschaftlichen Fortschritts verändert werden. Und darin liegt auch die Gefahr, daß durch subjektive Einflüsse der echte Normativcharakter verloren geht. Trotzdem halte ich die Schaffung solcher Normativwerte, entsprechend dem Charakter der Maßnahme und des Zweiges, für einen Fortschritt gegenüber der bisherigen Realisierung des Planes Neue Technik in den Betrieben, wobei 4 grundsätzliche Normativwerte entsprechend dem Charakter der Maßnahme für alle Industriezweige vorgeschlagen werden.

1. Verbesserung der Organisation der Produktion, Mechanisierung von Teilprozessen mit Hilfe von Steuergeräten, ohne daß Veränderungen in der Produktionstechnologie vorgenommen werden.
   Normativwert: 2 Monate
2. Mechanisierung und Teilautomatisierung von Produktionsabschnitten durch den Einsatz von BMSR-Technik, ohne Veränderung des Einsatzes der bisherigen Produktionsaggregate.
   Normativwert: 5 Monate
3. Mechanisierung und Automatisierung von Produktionsabschnitten durch den Einsatz von BMSR-Technik unter Einbeziehung von technologischen Veränderungen an den Aggregaten.
   Normativwert: 10 Monate
4. Vollmechanisierung und -automatisierung unter grundlegender Veränderung der Produktionstechnologie bzw. der völligen Rekonstruktion von Bereichen zur Automatisierung unter Einsatz von BMSR-Technik und umfangreicher Veränderungen des Produktionsniveaus.
   Normativwert: 12 - 14 Monate, in einzelnen Fällen bis 2 Jahre.

Diese Werte mögen hart erscheinen, sind aber notwendig, um mit der internationalen technischen Entwicklung Schritt zu halten.
Zunächst wird damit erreicht, daß nur solche Maßnahmen in den Plan Neue Technik eingehen, die im wesentlichen dem Weltniveau entsprechen bzw. helfen, das Weltniveau zu erreichen. Es ist nicht mehr der formale, rechnerisch ermittelte "Nutzen" Grundlage für die Entscheidung, ob eine Maßnahme durchgeführt wird oder nicht. Damit kann der moralischen Abwertung der Automatisierungsmaßnahme weitge-

hend entgegengetreten werden. Wichtig ist, daß diese Werte ständig dem neuesten Stand von Wissenschaft und Technik entsprechen.

Um echte materielle Stimuli für eine rasche Realisierung daran zu knüpfen, ist die Vorgabe entsprechender Normativwerte notwendig. Im Rahmen eines Plan-Ist-Vergleiches sollte die Abrechnung erfolgen, um zu zeigen, inwieweit die Entwicklungs- und technische Realisierungszeit eingehalten würde.

Dabei sollte etwa in folgender Weise vorgegangen werden, um eine sinn- und vor allem wirkungsvolle Anwendung der ökonomischen Hebel zu gewährleisten.

Wird der vorgegebene Normativwert unterboten, sollte ein größerer Teil des zusätzlich erreichten Gewinns, der durch die vorzeitige Produktionsaufnahme bzw. -vergrößerung oder Selbstkostensenkung erzielt wurde, für die Verwirklichung des Prinzips der materiellen Interessiertheit verwendet werden. Wenn die Normativwerte verantwortungsbewußt verarbeitet wurden und richtig angewendet werden, sollten ruhig 30 - 40 % des zusätzlichen Gewinns, der dadurch erreicht wurde, als Prämie an die bei der Realisierung Beteiligten ausgeschüttet werden. Ich bin überzeugt, daß damit eine wesentliche Verkürzung der Realisierungsfristen eintritt und der Plan Neue Technik zu einem echten Plan Neue Technik wird und auch die ökonomischen Hebel, die an den erreichten Nutzen gebunden sind, eine echte Basis erhalten.

Auf der anderen Seite sollten die ökonomischen Hebel auch bei negativen Wirkungen zur Anwendung kommen.

Wird der Normativwert nicht eingehalten, dann sollte der fehlende Reineinkommenszuwachs aus dem Teil des Gewinns gedeckt werden, der für die Speisung der Prämienfonds zur Verfügung steht. Darüber hinaus sollte die Fehlsumme mit einem Aufschlag von 3 % versehen werden - als eine Art entgangener Zins. Es müßte auch überlegt werden, ob nicht ein Teil der Fehlsumme aus den persönlichen Einkommen der leitenden Kader bzw. der dafür Verantwortlichen abgedeckt wird. Ich glaube, daß die fühlbare Belastung des Betriebsergebnisses der raschen und konsequenten Umsetzung des Planes Neue Technik Rechnung trägt sowie zur Aufnahme nur solcher Maßnahmen in den Plan führt, die dem wissenschaftlich-technischen Fortschritt dienen.

In meinen methodischen Vorschlägen für die Nutzeffektsermittlung im Zweig Energie wurden diese Vorstellungen eingearbeitet. Damit soll gesichert werden, daß die Automatisierungsmaßnahmen in jedem Fall den Nutzeffekt der gesellschaftlichen Arbeit erhöhen.

Klaus Steinitz, Berlin

Zu einigen Problemen der Bestimmung des volkswirtschaftlichen Nutzeffekts

In den beiden Referaten und in der Diskussion spielte die mit der Fondsintensität verbundene Problematik eine große Rolle. Einige Genossen haben in der Diskussion starke Einwände gegen die Anwendung der Kennziffern der Fondsintensität auf volkswirtschaftlicher Ebene erhoben. Sie versuchten zu begründen, daß auf Grund des hohen Aggregationsgrades die spezifischen Faktoren, die die Entwicklung der Fondsintensität bestimmen, eliminiert werden können. In diesem Zusammenhang wurde auch gefordert, das Schwergewicht der Effektivitätsanalyse auf die Betriebe, auf den unmittelbaren Produktionsprozeß zu legen, da dort die Entscheidung über die Erhöhung der Effektivität gefällt werde. Natürlich ist es richtig, daß letzten Endes der konkrete Produktionsprozeß die Gesamtentwicklung bestimmt. Wenn wir aber diesen Aspekt verabsolutieren, verbauen wir uns das Verständnis für eine Reihe von Grundproblemen, die in der perspektivischen Entwicklung unserer Repbublik immer größere Bedeutung erlangen. Die ökonomische Effektivität wird eben nicht nur bestimmt von den konkreten Bedingungen in den einzelnen Produktionsprozessen, sondern in wachsendem Maße von solchen Faktoren, die auf gesamtvolkswirtschaftlicher Ebene bzw. innerhalb der Zweige, in Beziehungen zwischen den verschiedenen Produktionsprozessen, wirksam werden.

Unter den heutigen Bedingungen wird die perspektivische Entwicklung der Effektivität unserer Volkswirtschaft maßgeblich davon bestimmt, wie es gelingt, eine rationelle Produktionsstruktur herauszubilden. Unter der Entwicklung einer effektiven Struktur der materiellen Produktion verstehe ich insbesondere folgende Prozesse:

1. Die ständige Erhöhung des Anteils solcher Zweige, Erzeugnisgruppen und Erzeugnisse am Produktionsausstoß, die die materielle Grundlage für die Verwirklichung der technischen Revolution unter den spezifischen Bedingungen der DDR bilden. Diese Vervollkommnung der materiell-technischen Zusammensetzung des gesellschaftlichen Gesamtprodukts trägt unmittelbar

zur Erhöhung der Effektivität der Akkumulation und der Gesamtheit der produktiven Fonds bei.

2. Die Veränderung der Produktions- und Investitionsstruktur zugunsten der Zweige mit relativ günstigen ökonomischen Bedingungen, z. B. hinsichtlich der Fonds und Investitionsintensität, des Investitionsaufwandes je freizusetzende Arbeitskraft, das Nettoprodukts je Beschäftigten. Hieraus ergibt sich für die gesamte Volkswirtschaft ein wesentlicher positiver Struktureffekt.
3. Die Vervollkommnung der Rohstoffstruktur und die Durchführung von Maßnahmen, die einen rationelleren Verbrauch der Rohstoffe und Materialien bewirken, führt dazu, daß der Anteil der Zweige am gesellschaftlichen Gesamtprodukt erhöht werden kann, die Bestandteile des volkswirtschaftlichen Endprodukts bzw. Nationaleinkommens herstellen.
4. Durch eine Veränderung der Produktions- und Außenwirtschaftsstruktur in Richtung des verstärkten Exports von Erzeugnissen, die durch ihr hohes wissenschaftlich-technisches Niveau und eine relativ günstige Arbeitsproduktivität die Realisierung einer günstigen Devisenrentabilität ermöglichen, sowie durch den verstärkten Import von Erzeugnissen, bei denen die Importaufwendungen im Verhältnis zu den Aufwendungen bei der Eigenherstellung besonders niedrig sind, ergeben sich positive Auswirkungen auf das zur Verwendung gelangende Nationaleinkommen und die Beschleunigung der technischen Revolution.

Die Analyse der Auswirkungen der Strukturveränderungen auf die Effektivität und die bewußte Ausnutzung der Struktureffekte für die Erhöhung des perspektivischen volkswirtschaftlichen Nutzeffekts gewinnt im Rahmen unserer Entwicklung erhöhte Bedeutung. Bei der Analyse der Auswirkungen der Veränderung der Struktur gilt es, verschiedene Aspekte zu beachten.

Ein Aspekt hängt zusammen mit dem <u>unterschiedlichen Ausgangsniveau der Effektivität</u> der verschiedenen Zweige bzw. Erzeugnisgruppen. Bekanntlich bestehen zwischen den Zweigen äußerst große Unterschiede hinsichtlich ihrer Fondsintensität. Die Höhe der Fondsintensität spiegelt wider, welcher Ausstattungsgrad der Arbeitskräfte mit Fonds erforderlich ist, um ein bestimmtes Niveau der Arbeitsproduktivität zu erreichen. Je ungünstiger das Verhältnis zwischen Ausstattungsgrad und Arbeitsproduktivität, um so höher die Fondsintensität.

Ein anderer Aspekt hängt mit den <u>unterschiedlichen Aufwendungen zusammen, die zur Erhöhung der Arbeitsproduktivität erforderlich</u>

sind, oder mit anderen Worten von der Entwicklung der Fondsintensität. Hier treten Relationen auf, die sich teilweise wesentlich unterscheiden von denen des Ausgangsniveaus. Es gibt einige Zweige, die hinsichtlich des Ausgangsniveaus relativ günstig sind, die aber zu einer bestimmten Erhöhung der Arbeitsproduktivität einen überdurchschnittlichen Aufwand an Fonds benötigen. Der zweite Aspekt, die Aufwendungen je Einheit Zuwachs, ist besonders wichtig für Entscheidungen über den rationellsten Einsatz der für Rationalisierungszwecke vorgesehenen Investitionen.

Die Analyse der mit der Fondsintensität verbundenen Struktureffekte kann in zweierlei Richtung vorgenommen werden. Einmal indem der Struktureffekt auf Grund von Veränderungen des Anteils der Zweige an der Produktion bestimmt wird. Hierbei wird davon ausgegangen, daß die Fondsintensität der Zweige konstant bleibt. Das heißt, es werden nur die Veränderungen der Produktionsanteile berücksichtigt. Zum anderen der Struktureffekt, der sich unter Berücksichtigung der Veränderung der Fondsintensität der Zweige ergibt. Hierbei werden die Auswirkungen der Veränderung des Anteils der Zweige an den Fonds berücksichtigt.

Zur Bestimmung des Struktureffekts können folgende Formeln angewendet werden:

a) Struktureffekt durch Veränderung der Anteile an der Produktion (Annahme einer gleichbleibenden Fondsintensität)

$$\frac{\sum_{i=1}^{n} p_{i1} f_{io} - \sum_{i=1}^{n} p_{io} f_{io}}{\sum_{i=1}^{n} p_{io} f_{io}}$$

Ist die aus dieser Formel errechnete Veränderung der Fondsintensität durch den Struktureffekt ein negativer Wert, dann ist der Struktureffekt positiv. Wenn jedoch die Rechnung einen positiven Wert ergibt, dann erhöht sich die Fondseffektivität, d. h., der Struktureffekt ist negativ.

b) Struktureffekt durch Veränderung der Anteile an den Fonds

$$\frac{\sum_{i=1}^{n} p_{i1} f_{i1} - \sum_{i=1}^{n} p_{io} f_{i1}}{\sum_{i=1}^{n} p_{io} f_{i1}}$$

siehe Erläuterung bei a)

po, p1 = Anteil der Zweige am Produktionsvolumen (ein ./.) im Basis- bzw. Planjahr

fo, f1 = Fondsintensität der Zweige im Basis- bzw. Planjahr

i = Zweige (1, 2, ... n), die in die Berechnung des Struktureffekts einbezogen werden.

Die Berechnung beider Arten des Struktureffekts ist wichtig, da sich zwischen ihnen häufig beträchtliche Unterschiede ergeben. Zum Beispiel führt der sinkende Anteil der Kohleindustrie an der industriellen Warenproduktion auf Grund der hohen Fondsintensität, die dieser Zweig aufweist, zunächst zu einem positiven Struktureffekt. Dieser Effekt kommt aber kaum zur Wirkung, weil sich innerhalb der Kohleindustrie die Fondsintensität erhöht, so daß der Anteil der Kohleindustrie an den Fonds sich nicht entsprechend dem sinkenden Anteil an der Produktion verringert.

Neben der Einschätzung des Einflußes der Strukturveränderungen auf die Fondsintensität muß eine Analyse der Entwicklung der Fondsintensität vor allem noch folgende Komplexe umfassen:

1. Die Effektivität der Investitionen im Vergleich zur Effektivität der vorhandenen Grundfonds. Hier gibt es eine Vielzahl von wichtigen Faktoren, die ich nicht im einzelnen behandeln kann. Ich möchte nur auf solche Fragen hinweisen, wie auf den Vergleich der Effektivität der für Neubauten bestimmten Investitionen mit der Effektivität der vorhandenen Grundfonds, auf die Analyse der Entwicklung der Preise für Investitionsgüter im Vergleich zur Entwicklung ihrer Leistungskennziffern, auf den Umfang der für die Freisetzung von Arbeitskräften eingesetzten Investitionen.
2. Die Veränderung des Grades der extensiven und intensiven Ausnutzung der Grundfonds. Das Schwergewicht der Anstrengung zur Senkung der Fondsintensität darf nicht einseitig auf die neu hinzukommenden Fonds gerichtet sein, die nur ca. 6 % der vorhandenen Fonds umfassen. Es muß auf die Gesamtheit der fungierenden produktiven Fonds konzentriert werden.

Die Analyse der Effektivität der Volkswirtschaft und der verschiedenen Zweige muß auf einer richtigen Verbindung der Kennziffern der Fondsintensität und der Arbeitsproduktivität beruhen. Eine grobe Einschätzung der Industriezweige der DDR nach dem Niveau der beiden Kennziffern läßt drei Gruppen von Industriezweigen erkennen:

Zweige, die sowohl hinsichtlich der Fondsintensität wie auch der Arbeitsproduktivität ein relativ niedriges Effektivitätsniveau aufweisen. Hierzu gehören insbesondere die Zweige der Grundstoffindustrie (ohne Chemie).

Zweige, in denen beide Kennziffern ein unterschiedliches relatives Effektivitätsniveau aufweisen. Dabei gibt es eine Gruppe, in der die Fondsintensität über dem Durchschnitt der Industrie liegt, während die Arbeitsproduktivität ein höheres Niveau als der Durchschnitt der Industrie aufweist. In einer anderen Gruppe weisen die Relationen das entgegengesetzte Bild auf. Die Fondsintensität liegt unter dem Durchschnittsniveau der Industrie, während die Arbeitsproduktivität ein niedrigeres Niveau als der Durchschnitt der Industrie aufweist.

Einige andere Zweige der verarbeitenden Industrie, in denen beide Kennziffern ein relativ hohes Effektivitätsniveau aufweisen. Hierzu können aber noch nicht unmittelbare Schlußfolgerungen über die unterschiedliche Effektivität der verschiedenen Zweige gezogen werden. Die gegenwärtigen Preise lassen eine solche Einschätzung nicht zu. Nach den gegenwärtigen Preisen wird nicht das produzierte Nettoprodukt des Zweiges erfaßt, sondern das durch den Verkauf seiner Produkte realisierte Nettoprodukt. Das ergibt sich insbesondere daraus, daß einerseits die Industriepreisreform noch nicht abgeschlossen ist. Die Preise, und davon abgeleitet auch die Höhe der Produktion, insbesondere des Nettoprodukts und des Reineinkommens, werden durch die dritte Etappe der Industriepreisreform noch wesentliche Änderungen erfahren. Andererseits werden auch nach Abschluß der Industriepreisreform die Preise noch nicht den gesellschaftlich notwendigen Aufwand in einem für aussagekräftige Nutzeffektsberechnungen erforderlichen Grade richtig widerspiegeln.

Um die Entwicklung der Effektivität der gesellschaftlichen Arbeit in den einzelnen Bereichen und Zweigen komplex einzuschätzen und die effektivste Variante der Zweigentwicklung bestimmen zu können, ist es erforderlich, die Arbeitsproduktivität mit der Fondsintensität in einer Kennziffer zu verbinden. Das ist vor allem deshalb notwendig, weil jede der beiden Kennziffern (das gilt vor allem auf der Ebene der Zweige, Erzeugnisgruppen, Betriebe) jeweils nur eine Seite des gesellschaftlichen Aufwandes, entweder den laufenden Aufwand oder den Fondsvorschuß, widerspiegelt. Wirtschaftspolitische Entscheidungen müssen aber unter Berücksichtigung beider Aufwandsarten getroffen werden. Es ist beispielsweise sehr wichtig zu wissen, mit welchem Fondsaufwand ein bestimmtes Niveau bzw. eine bestimmte Steigerung der Arbeitsproduktivität erreicht wird. Wenn nur die Veränderungen der laufenden Aufwendungen berücksichtigt werden, können sich daraus Fehlentscheidungen ergeben, z. B. Durchführung einer sehr investitionsintensiven Variante der Produktionsentwicklung, die zwar zu einer höheren Arbeitsproduktivität führt, aber dazu unverhältnismäßig mehr materielle Fonds bindet, oder vorrangiger Export von Erzeugnissen, die zwar eine relativ hohe Arbeitsproduktivität aufweisen, die aber auf Grund einer hohen Fondsintensität für die Produktionserweiterung so umfangreiche Fonds benötigen, daß dieser Vorteil mehr als aufgewogen wird.

Für die Verbindung der Arbeitsproduktivität und der Fondsintensität in einer kombinierten Kennziffer ist folgender Weg möglich:

Die "Arbeitsintensität der Produktion" wird als reziproke Größe der Arbeitsproduktivität berechnet (Aufwand in Arbeitsstunden je MDN Produktion).

Der Wert des Fonds wird in Arbeitszeit umgerechnet. Grundlage hierfür ist die experimentelle Berechnung des vollen Arbeitsaufwandes für die Produktion der Zweige der Volkswirtschaft für das Jahr 1962, die nach der von Rudolph/Wittich vorgeschlagenen Methode von der Staatlichen Zentralverwaltung für Statistik durchgeführt wurde.

Nach dieser Berechnung ergibt sich ein voller Arbeitsaufwand je Einheit Fonds in Höhe von ca. 0,3 Stunden. Entsprechend der bei Nutzeffektsberechnungen für Investitionen üblichen Bewertung der Investitionen mit dem Normativkoeffizienten des Nutzeffekts (0,2), wurden die Grundfonds, um sie mit dem laufenden Aufwand vergleichbar zu machen, ebenfalls mit einem Koeffizienten von 0,2 multipliziert; somit ergibt sich für die Berechnung der kombinierten Fonds- und Arbeitsintensität der Produktion:

$$F_i \times 0{,}3 \times 0{,}2 + A_i$$

F_i = Fondsintensität der Produktion

A_i = Arbeitsintensität der Produktion

Es handelt sich bei der vorgeschlagenen Methode um einen Versuch, den laufenden Aufwand an lebendiger Arbeit mit dem Aufwand an Fonds zu einer einheitlichen Kennziffer zu verbinden. Die Aussagekraft und Genauigkeit dieser Berechnung darf nicht überschätzt werden, da sowohl die 0,3 Stunden je Einheit Fonds nur eine sehr grobe volkswirtschaftliche Durchschnittsgröße darstellen, wie auch die Festlegung des Normativkoeffizienten in Höhe von 0,2 noch nicht exakt begründet werden kann.

Durch die Kombination von Fondsintensität und Arbeitsintensität in einer zusammengefaßten Kennziffer können die Aussagekraft volkswirtschaftlicher Nutzeffektsberechnungen wesentlich erhöht und Entscheidungen, insbesondere zu strukturellen Veränderungen, besser ökonomisch begründet werden. Mit Hilfe einer solchen kombinierten Kennziffer wird es möglich sein, insbesondere folgende Prozesse sachkundiger und tiefgründiger einzuschätzen:

1. Welchen Beitrag die einzelnen Bereiche und Zweige für das Nationaleinkommen im Verhältnis zu den in diesen Bereichen und Zweigen eingesetzten Arbeitskräften und produktiven Fonds leisten.
2. Welche Dynamik der Nutzeffekt in der Volkswirtschaft insgesamt und in den einzelnen Bereichen und Zweigen aufweist. Die Berechnung der kombinierten Kennziffer ermöglicht für die Perspektivplanperiode eine fundiertere Einschätzung der Effektivitätsentwicklung als es allein nach der Arbeitsproduktivität oder Fondsintensität möglich wäre. Zugleich besitzt auch der Vergleich mit vorangegangenen Perioden eine höhere Aussagekraft als ein Vergleich allein auf der Grundlage der Fonds- oder Investitionsintensität. Entscheidend ist z. B., ob und inwieweit die höhere Investitionsintensität (höherer Aufwand an Investitionen je Einheit Produktionszuwachs) zu einem rascheren Tempo der Steigerung der Arbeitsproduktivität geführt hat bzw. führen wird.
3. Welche Variante der Erreichung des Produktionsziels eines Zweiges oder einer Erzeugnisgruppe vom volkswirtschaftlichen Standpunkt die effektivste ist (z. B. eine investitionsintensivere oder eine arbeitsintensivere Variante). Ausgehend vom Kriterium der größten Senkung des Gesamtaufwands je Produktionseinheit müssen die Varianten miteinander verglichen werden.

Rudolf Reichenberg, Berlin

Zum Problem der Grundfondsintensität und ihrer Beziehung zum Nettoprodukt

In den Thesen von Dr. Schulz heißt es: "Die Grundfondsintensität und damit der im Vergleich zur Produktion erforderliche Aufwand der in den Fonds vergegenständlichten Arbeit wird sinken, wenn es gelingt, vergegenständlichte und lebendige Arbeit so zu kombinieren, daß die Arbeitsproduktivität schneller steigt als die Ausstattungsquote." Im mündlichen Vortrag von Dr. Schulz wurde steigende Grundfondsintensität als schlechte Erscheinung eingeschätzt. Prof. Dr. Motteck forderte in der Diskussion zu überprüfen, ob Investitionen nicht in solche Bereiche fließen sollten, in denen die Fondsintensität sinkt. Diese Bemerkungen erfordern aus verschiedenen Gründen eine Präzisierung, weil sonst durch Überbetonung einer an und für sich wichtigen Kennziffer (Fondsintensität) falsche oder voreilige Schlüsse gezogen werden.

Theoretisch ist so viel zunächst klar, daß unter sonst gleichbleibenden Bedingungen eine steigende Fondsintensität ungünstig, eine sinkende Fondsintensität günstig ist. Die Kennziffer Fondsintensität ist also ein Baustein, ein Bestandteil zur Messung der ökonomischen Effektivität des Reproduktionsprozesses auf seinen verschiedenen Ebenen. Damit diese Kennziffer richtig ausgenutzt wird, muß aber immer beachtet werden:

1. Zahlreiche Faktoren wirken auf die Fondsintensität ein, die ohne nähere Analyse keine eindeutigen Schlußfolgerungen gestatten.
2. Infolge zahlreicher Faktoren, die auf die Bewegung der Fondsintensität einwirken, kann ein schnelleres Wachstum der Arbeitsproduktivität gegenüber der Ausstattungsquote durchaus kompensiert werden.
3. Die Faktoren wirken auf den einzelnen Ebenen der Volkswirtschaft (Betrieb, Zweig, gesamte Volkswirtschaft) unterschiedlich, so daß immer beachtet werden muß, für welche Ebene die Aussage der Fondsintensität analysiert werden soll.

Zunächst soll auf die unterschiedliche Inhaltsbestimmung der Kennziffer Fondsintensität verwiesen werden. So fixiert die Staatliche Zentralverwaltung für Statistik die Kennziffer wie folgt:

"Grundfondsquote (Grundmittelquote). Verallgemeinerte Kennziffer über die Beziehungen zwischen Produktionsvolumen und Wertvolumen der Grundfonds, die vom technischen Niveau und vom Ausnutzungsgrad der Grundfonds bestimmt wird.

Errechnung: $\frac{\text{Produktionsvolumen}}{\text{Bruttowert der GM im Jahresdurchschnitt}}$

Grundfondsintensität - Kennziffer, die ausdrückt, wieviel Grundmittel notwendig sind, um eine bestimmte Produktionseinheit zu erringen. Sie ist die reziproke Größe der Kennziffer Grundfondsquote."[1]
Kratsch[2] nennt innerhalb von zwei Bildungsmöglichkeiten faktisch vier Inhaltsbestimmungen (Produktionsgrund- und umlauffonds im Verhältnis zur Bruttoproduktion, zur Warenproduktion oder zum Nettoprodukt sowie die Relation zwischen dem Koeffizienten der technischen Ausrüstung und dem Koeffizienten der Arbeitsproduktivität). Alle mir bekannten Veröffentlichungen oder Forschungsergebnisse lassen sich auf eine der genannten Inhaltsbestimmungen zurückführen. Kennzeichnend ist weiterhin die ausschließliche Berechnungsmethodik auf Grundlage der Grundmittel, obwohl Schlußfolgerungen über die Fondsintensität (also einschließlich der Produktionsumlauffonds) gezogen werden. Mir bekannte Ausnahmen sind der genannte Artikel von Kratsch und ein Vortrag von Dr. Scholl vor Politökonomen.[3]

Als logische Konsequenz ergeben sich zum Teil widersprüchliche Faktenangaben über die Bewegung der Fondsintensität. (Hinzu kommt noch, daß vielfach nicht klar ersichtlich ist, was unter Fonds erfaßt wird.) So berechnet z. B. Schulz für die DDR (1956 - 1961) eine Erhöhung der Grundfondsintensität um 9 %.[4]
Gleichzeitig weist Schulz darauf hin, daß er bei Zugrundelegung anderer Unterlagen auch in der Lage ist, eine Senkung der Grundfondsintensität auf 88 % nachzuweisen, er sich aber auf + 9 % festlegt.[5]

1 Vgl. Definition wichtiger Kennziffern und Begriffe für Planung und Statistik, Berlin 1965, S. 128
2 Vgl. Kratsch, Zur Methodologie der Fondsintensität, in: Wirtschaftswissenschaft, Heft 8/1965, S. 1252
3 Vgl. Scholl, Zu Investitionsproblemen des Perspektivplanes der DDR, Vortrag 28. 9. 1965
4 Vgl. Schulz, Über den Charakter, die Bestimmung und die Funktion der Produktionsfondsabgabe ..., Unveröffentlichte Habilschrift, S. VI
5 Ebenda, S. VII

Unabhängig hiervon zeigen die Entwicklungszahlen für einzelne Länder (unter sich vergleichbare Zahlen) Zeiten, in denen die Grundfonds- bzw. Fondsintensität steigt, in denen sie fällt und in denen sie mehr oder weniger konstant bleibt.
Da die einleitend gemachte Bemerkung der sonst gleichbleibenden Bedingungen für die tatsächlichen Prozesse nicht zutrifft, kann daher über die Bewegung der Fondsintensität zunächst nur festgestellt werden, daß sie steigt, fällt oder gleichbleibt. Die ökonomische Bedeutung der jeweiligen Bewegungsrichtung kann nur im Zusammenwirken mit anderen Faktoren eingeschätzt werden.

Betrachten wir die genannte Berechnungsart etwas genauer. Im Nenner erscheint die Kategorie Bruttoprodukt. Es kann sich dabei um das betriebliche, zweigliche oder volkswirtschaftliche Bruttoprodukt handeln. Daraus ergibt sich bereits, daß sie in dieser Beziehung zum Bruttoprodukt nur eine geringe Aussagefähigkeit hinsichtlich der Effektivität des betrieblichen, zweiglichen oder volkswirtschaftlichen Reproduktionsprozesses haben kann. So wirken z. B. solche Faktoren zur Vergrößerung des Produktionsvolumens, wie zunehmende gesellschaftliche Arbeitsteilung, Verbrauch von teuerem Material, Erhöhung der Abschreibungssätze in Richtung einer sinkenden Grundfondsintensität. Gleichzeitig wirken auch alle Faktoren einer echten Erhöhung des Produktionsvolumens, die ebenfalls zum Sinken der Grundfondsintensität führen. Das erfordert bei Vergleichen, die mit der entsprechenden Entwicklung in kapitalistischen Ländern durchgeführt werden, außerordentlich sorgfälig zu verfahren. Unmittelbare Schlußfolgerungen ohne nähere Analyse - wie sie häufig anzutreffen sind - sind meines Erachtens nicht richtig.
Bei diesen Vergleichen kommt zu dem Gesagten noch hinzu, daß Preissteigerungen eliminiert werden müssen. Andererseits wird der Bruttowert der Grundmittel durch überhöhte Abschreibungen (z. B. zum Zwecke der Profitverschleierung) und durch Nichtaufnahme brachliegender Betriebe bzw. Betriebsteile in die Statistik[1] nach unten gedrückt.

Es darf außerdem nie übersehen werden, daß in einer steigenden Grundfondsintensität zahlreiche progressive Prozesse ihren Niederschlag finden können. So weist z. B. Schulz auf folgendes hin: "Unbedingt muß beachtet werden, daß die Strukturveränderung in unserer Volkswirtschaft und damit im Zusammenhang die Erweiterung der Produktionsfonds insbesondere in anlageintensiven Wirtschaftszweigen

1 Vgl. in: Sowjetwissenschaft, Gesellschaftswissenschaftliche Beiträge, Heft 9/1965, S. 965

steigende Tendenzen der Grundfondsintensität auslösen. In gleicher Richtung wirken auch Investitionen zur Kompensierung des Rückgangs an Arbeitskräften".[1] Es ist auch erforderlich, die Untersuchungen über die Entwicklung der Fondsintensität in der Richtung weiterzuführen, daß Verbindungen zur strukturellen Entwicklung des gesellschaftlichen Gesamtprodukts hergestellt werden.

Folgendes Beispiel soll zeigen, wie u. a. die Entwicklungsrelation zwischen Nationaleinkommen (N) und Ersatzfonds (E) die Aussage über die Bewegung der Grundfondsintensität (GFi) beeinflußt.

	BW	MV	Ab	E	v	m	N	BP	GFi[2]
Ausgangsjahr	600,-	140,-	60,-	200,-	200,-	200,-	400,-	600,-	1,0
Folgejahr bei (1) E rascher als N	900,-	200,-	90,-	290,-	255,-	255,-	510,-	800,-	1,125
E langsamer als N (2)	900,-	150,-	90,-	240,-	280,-	280,-	560,-	800,-	1,125
E gleich schnell N (3)	900,-	177,-	90,-	267,-	266,-	267,-	533,-	800,-	1,125

In dem stark vereinfachten Beispiel steigt in allen 3 Fällen das BP um mehr als 33 %, der BW um 50 %, die Abschreibungssätze bleiben gleich, die Verteilungsverhältnisse zwischen v und m bleiben gleich, die GFi steigt einheitlich. Mit Hilfe der neuen Grundmittel sollen aber unterschiedliche Bewegungen des Materialverbrauchs verbunden sein. Aus der Erhöhung der GFi in allen 3 Fällen müßte bei einer einseitigen Betrachtung eine ungünstige Entwicklung in allen drei Fällen geschlußfolgert werden. Wie sieht es aber wirklich aus? Im Fall 1 (E > N) liegt der relative Zuwachs an N (+ 28 %) unter dem relativen Zuwachs an E (+ 45 %). Zweifellos nicht günstig für eine Volkswirtschaft, obwohl auch diese Erscheinung nicht ohne weiteres als negativ eingeschätzt werden kann. Unter diesen Bedingungen ist die gestiegene Grundfondsintensität zweifellos eine ungünstige Entwicklung. Im Fall 2 (E < N) wächst N um 40 % und E um 20 %.

1 Vgl. Schulz, ebenda, S. VII

2 BW = Bruttowert der Grundmittel im Jahresdurchschnitt
MV = Materialverbrauch
Ab = Abschreibungen
v = notwendiges Produkt
m = Mehrprodukt
BP = Bruttoprodukt
GFi = Grundfondsintensität

Obwohl hier die Grundfondsintensität steigt, muß man von einer günstigen Entwicklung sprechen. Im Fall 3 (E = N) wachsen E und N um um 33 %. Auch in diesem Falle drückt die gestiegene Grundfondsintensität keine ungünstige Entwicklung aus.

In der DDR entwickelte sich die Relation $\frac{\text{Anlagefonds}}{\text{Bruttoprodukt}}$ in der sozialistischen Industrie wie folgt:

(in Klammern der Koeffizient $\frac{\Delta N_{t+1}}{A_t}$)

1959	1,20	(0,54)
1960	1,17	(0,28)
1961	1,18	(0,27)
1962	1,18	(0,18)
1963	1,19	(0,19)
1964	1,22	(0,34)

Die Anlagefondsintensität zeigt seit 1960 eine steigende Tendenz. Interessant ist allerdings, daß die sinkende Effektivität des Reproduktionsprozesses bis 1962, sofern sie durch den Koeffizienten $\frac{\Delta N_{t+1}}{A_t}$ widergespiegelt wird, 1960 mit einer sinkenden, 1961 mit einer steigenden und 1962 mit einer gleichbleibenden Anlagefondsintensität verbunden war. In den Jahren 1963 und 1964 war die steigende Anlagefondsintensität mit einer Verbesserung der Effektivität des Reproduktionsprozesses verbunden. Auch diese Zahlen unterstreichen, daß die Bewegung der Fondsintensität nur ein Baustein zur Effektivitätsmessung sein kann. Nur durch die Analyse weiterer Faktoren können eindeutige Schlußfolgerungen gezogen werden. Diese Betrachtungen gelten nicht nur für die Volkswirtschaft insgesamt, sondern auch für einzelne Bereiche. Das zeigen Berechnungen in der "Komplexen technisch-ökonomischen Zielstellung" eines Anlagen bauenden Zweiges der DDR.

	1964	1965	1966	1967	1968	1969	1970
Grundfondsquote	100	103	107	97	81	98	105
Kostensatz[1]	100	102	101	98	94	93	88
Eigenleistung[2]	100	99	108	119	131	145	170

Die Tabelle zeigt: Im Jahre 1965 steigt die Grundfondsquote, ist aber gleichzeitig mit einem Steigen des Kostensatzes und einem Sin-

1 $\frac{\text{Gesamtselbstkosten der Warenproduktion}}{\text{Warenproduktion in B-Preisen}}$

2 $\frac{\text{Eigenleistung in TMDN}}{\text{Wirtschaftsbereich typisches Personal}}$

ken der Eigenleistung verbunden. 1967 und 1968 sinkt die Grundfondsquote, ist aber in diesen Jahren verbunden mit einer Senkung des Kostensatzes und einer Steigerung der Eigenleistung. Nur in den Jahren 1966, 1969 und 1970 ist die steigende Grundfondsquote mit steigender Eigenleistung und sinkendem Kostensatz verbunden.

Es ist schließlich unbedingt erforderlich, für die einzelnen Bereiche getrennte Berechnungen durchzuführen. Damit können die Ursachen der Grundfondsintensitätsbewegung besser geklärt und der Charakter der Bewegung (ob positiv oder negativ) präziser beurteilt werden. So muß in den Zweigen oder Bereichen, in denen z. B. noch vorwiegend Hand- durch Maschinenarbeit ersetzt wird, ein Steigen der Grundfondsintensität erwartet werden. Ähnlich ist es mit den Zweigen, die zeitweilig vorwiegend durch extensive Reproduktion erweitert werden. Für die Bewegung der Grundfondsintensität in der gesamten Volkswirtschaft ist dabei entscheidend, welches relative Gewicht der jeweilige Bereich oder Zweig am gesellschaftlichen Gesamtprodukt einnimmt. So betrug z. B. der Anteil an der abgesetzten industriellen Warenproduktion 1964 in der DDR für die Grundstoffindustrie 29 %, für die metallverarbeitung 29 % und für die Leicht- und Lebensmittelindustrie 42 %.[1] Die Tendenzen zur Erhöhung der Grundfondsintensität wirkten in der Vergangenheit stärker und werden auch im Perspektivplan stärker in der Grundstoffindustrie, weniger stark in der Metallverarbeitenden Industrie und am schwächsten in der Leicht- und Lebensmittelindustrie wirken. Die entsprechend den Entwicklungslinien der technischen Revolution erforderliche Strukturwandlung unserer Volkswirtschaft erfordert aber einen stärkeren Investitionseinsatz in den ersten beiden Bereichen. Damit werden auch weiterhin die die Grundfondsintensität erhöhenden Faktoren stärker wirken. Sie sind aber Ausdruck einer progressiven Strukturverschiebung.

Diese Beispiele sollen genügen, um zu zeigen, daß die Kennziffer GFi und ihre Bewegung unbedingt im Zusammenhang mit dem Wirken anderer Faktoren gesehen werden muß. Nur dann sind eindeutige ökonomische Aussagen hinsichtlich der Effektivität des Reproduktionsprozesses möglich. Diese Notwendigkeit verstärkt sich in aufsteigender Linie vom Betrieb über den Zweig bis zur gesamten Volkswirtschaft. Deshalb hat Kratsch völlig recht, wenn er schreibt: "Er (der Koeffizient der Fi) wird aber erst aussagekräftig, wenn er aus

1 Berechnet nach: Statistisches Jahrbuch der DDR, Berlin 1965, S. 140

einem System von Kennziffern und Normativen abgeleitet wird, das die kausalen Beziehungen zwischen den Produktionselementen hinreichen genau widerzuspiegeln vermag."[1]

Meine Bemerkungen zur Grundfondsintensität treffen im Prinzip auch auf die Fi (also Einbeziehung der Produktionsumlauffonds) zu. Eine Anderung tritt insofern ein, als die unterschiedliche Umschlagszeit von Produktionsgrund- und -umlauffonds, ihre unterschiedliche Größe und Zusammensetzung neue Momente für die Analyse der Bewegungsrichtung der Fi aufwirft. Ein Teil sich gegenseitig aufhebender Faktoren wird also ausgeschaltet. Deshalb muß unbedingt Kratsch zugestimmt werden, wenn er schreibt: "In der ökonomischen Literatur werden wegen statistischer Unzulänglichkeiten bei der Ermittlung der Umlauffonds für PF immer die Grundfonds eingesetzt. Das ist unzulässig ..."[2]

Eine gewisse Veränderung tritt durch die Verwendung der Kennziffer Warenproduktion - und zwar der abgesetzten Warenproduktion - anstelle der Bruttoproduktion ein. Meines Erachtens sind jedoch auch diese Änderungen nicht grundlegender Natur. Grundlegende Änderungen ergeben sich meines Erachtens jedoch bei der Berechnung der Beziehungen zwischen Produktionsfonds und Nettoprodukt. Hier handelt es sich allerdings um eine eindeutige volkswirtschaftliche Kennziffer (im Unterschied zur Fi oder Grundfondsintensität, die ja betrieblich, zweiglich und volkswirtschaftlich ausgewiesen werden kann. Sie ist eine aussagefähigere Leistungskennziffer für die Effektivität des volkswirtschaftlichen Reproduktionsprozesses, weil sie nicht verzerrt werden kann durch arbeitsteilige Prozesse, Veränderungen der Abschreibungssätze, Veränderungen in der Verwendungsstruktur des Materials u. a. m. Sie ist eine volkswirtschaftlich synthetische Kennziffer, die in sich aufgenommen hat solche betrieblichen oder zweiglichen Leistungskennziffern wie PFA, Restgewinn, Lohnfonds in ihren Relationen zur angewandten toten und lebendigen Arbeit. Es ist daher nicht verständlich, warum Kratsch keine Unterschiede hervorhebt zwischen der Berechnung $\frac{PF}{P}$ und $\frac{PF}{N}$[3]. In der "Richtlinie zum NÖS" ist nicht ohne Grund die volkswirtschaftliche Effektivität auf den Zuwachs des Volumens an Nationaleinkommen orientiert.

Kratsch hat recht, wenn er darauf verweist, daß die Berechnung der Fondsintensität aus den Koeffizienten der technischen Ausrüstung

1 Vgl. Kratsch, ebenda, S. 1254/55
2 Vgl. a. a. O., S. 1252
3 Vgl. a. a. O., S. 1252

der Arbeit und den Koeffizienten der Arbeitsproduktivität einen wichtigen Fortschritt gegenüber der Berechnung $\frac{PF}{P}$ darstellt.[1] Allerdings sprengt dieser Fortschritt auch nicht den Kreis der Faktoren, die die Aussagefähigkeit der GFi bzw. Fi beeinflussen. Was ist z. B. die technische Ausrüstung der Arbeit? Sie ist eine Kennziffer, die ihrerseits wiederum von einer Reihe Faktoren beeinflußt wird und daher in ihrer Aussage für Effektivitätsmessungen ebenfalls nur eine begrenzte Aussage hat. So wirken z. B. auf die Grundmittelausstattung der Arbeit solche Faktoren ein wie:

Struktur der Grundmittel,
Struktur der Arbeitskräfte,
Schichtkoeffizient,
technologische Entwicklungstendenzen,
Preisentwicklung bei Investitionsgütern,
Grad der Mehrmaschinenbedienung,
Strukturverschiebungen in der Produktion,
Bewertung der Grundmittel,
Fehlerdifferenzen durch Erfassungsunterschiede.[2]

Aus diesen Gründen halte ich Untersuchungen über die Relation zwischen Nettoprodukt und Produktionsfonds für unbedingt erforderlich. Damit könnten meines Erachtens auch die von Kratsch festgestellten Mängel für alle Ebenen überwunden werden. So schreibt Kratsch: "Obwohl die Behandlung der Koeffizienten der Fondsintensität als Resultate aus der wechselseitigen Bewegung und Abhängigkeit der Fondsausstattung der Arbeit und deren Produktivität einen theoretischen Fortschritt ... darstellt, bleibt seine Aussage ... nicht eindeutig, weil sie auf einer zu hohen Abstraktionsebene verharrt."[3] Die hohe Abstraktionsstufe ist meines Erachtens nicht der Grund für die Unzulänglichkeit. Das N ist auch eine hohe Abstraktionsstufe. Es kommt doch darauf an, was ich messen will (die Effektivität des gesamten Prozesses oder Abschnitte daraus). Bei der Messung der Effektivität des volkswirtschaftlichen Reproduktionsprozesses kann ich nur auf einer hohen Abstraktionsstufe vorankommen. Natürlich kann ich, davon ausgehend, noch keine zweigstrukturierten Investitionsvarianten vorgeben. Insofern hat Kratsch recht,

1 Vgl. a. a. O., S. 1252
2 Vgl. Thesen zur Vervollkommnung der Planung der wissenschaftlich-technischen Entwicklung im Neuen Ökonomischen System, Forschungsmaterial des entsprechenden Arbeitskreises beim Beirat für ökonomische Forschung vom 25. 8. 1964
3 Vgl. Kratsch, ebenda, S. 1253

wenn er z. B. fordert, daß "die Wechselbeziehungen zwischen Fondsausstattung und Produktivität der Arbeit ... nur im Rahmen des Zweiges erforscht werden" können.[1] Aber wie sollen sich volkswirtschaftlich diese Wechselbeziehungen anders niederschlagen als in Relation zum N?
Kratsch erhebt neben der Höhe der Abstraktion einen zweiten Einwand: Bei den Relationsrechnungen zum N handele es sich lediglich um numerische Größen, während er Normative anstrebe. Hierbei wird folgendes übersehen: Die numerische Größe $\frac{PF}{N}$ ist ein volkswirtschaftlicher Leistungsmaßstab für die Effektivität in der Kombination zwischen toter und lebendiger Arbeit.[2] Die entsprechenden Normative daraus müssen natürlich auf Zweige und Betriebe angepaßt werden. Das geschieht aber doch schon durch die PFA, verschiedene Kreditierung der Produktionsumlauffonds, Rückflußdauer, Rückflußnormative usw. Bei aller Notwendigkeit weiterer Normative darf meines Erachtens niemals außer acht gelassen werden: Volkswirtschaftlich müssen alle Normative in ihren Ergebnissen in ein einheitliches Ziel münden. Nur auf der Grundlage dieses einheitlichen Zieles (Volumenzuwachs des N bei bedarfsgerechter Struktur) haben die von Kratsch zu Recht geforderten detaillierten Untersuchungen (Strukturverschiebungen; Entwicklung der Produktionsumlauffonds; Forschungsintensität; Substitution der Arbeitskraft) eine klare Orientierung.

Ein weiteres Problem, das in den Untersuchungen über die Bewegung der Fondsintensität stärker berücksichtigt werden muß, ist die zeitliche Bewegung. So muß offensichtlich die zeitliche Verschiebung zwischen Δ PF und Δ N beachtet werden. Die indirekte Wirksamkeit von Δ PF auf Δ N kann in verschiedenen Zeiträumen außerordentlich verschieden sein. Weiterhin muß überlegt werden, ob überhaupt eine jährliche Betrachtung oder nicht vielmehr eine auf die Umschlagszeit bezogene Betrachtung angebrachter ist. Daher reichen die mir bekannten Untersuchungsergebnisse nicht aus, um definitive Messungen über die Entwicklung der volkswirtschaftlichen Effektivität in der Kombination zwischen toter und lebendiger Arbeit und damit des volkswirtschaftlichen Reproduktionsprozesses zu treffen. (Sie erfassen entweder nur die Akkumulationseffektivität oder berücksichtigen die zeitliche Verschiebung nicht.)

1 Ebenda, S. 1257
2 Da das N objektiv aus v und m besteht, gewinnen natürlich auch solche Relationen, wie $\frac{PF}{v}$ und $\frac{PF}{m}$ sowie ihre wechselseitige Bewegung an Bedeutung. Darauf soll hier nicht eingegangen werden.

Die Kennziffer $\frac{PF}{N}$ entwickelte sich in der DDR ohne Zeitverschiebung wie folgt:[1]

1960	1961	1962	1963	1964
1,95	1,98	2,06	2,1	2,14

Bei einer zeitlichen Verschiebung von einem Jahr lauten die Werte:

1,86	1,93	2,01	1,95

Beiden Berechnungen gemeinsam ist der Anstieg von $\frac{PF}{N}$ bis 1963. Während jedoch ohne Zeitverschiebung der Anstieg 1964 fortgesetzt wird, wird er bei einer Jahresverschiebung von einem Rückgang abgelöst.

Ein angenommenes Beispiel soll die Veränderung durch Berücksichtigung der Umschlagszeit demonstrieren (Umschlagszeit = 5 Jahre):

Jahr	PF	N	$\frac{PF}{N}$	$\frac{\Sigma PF}{\Sigma N}$
1	71	31	2,3	
2	72	33	2,18	
3	77	38	2,03	$\frac{387}{184} = 2{,}11$
4	81	40	2,03	
5	86	42	2,05	
6	92	45	2,04	
7	96	47	2,04	
8	106	52	2,04	$\frac{530}{255} = 2{,}08$
9	112	53	2,12	
10	124	58	2,14	
11	-	64	-	

Bei einer jährlichen Betrachtung von $\frac{PF}{N}$ haben wir Jahre mit steigender, sinkender und gleichbleibender Intensität. Unter Zugrundlegung fünfjähriger Zeiträume tritt eine Senkung im zweiten gegenüber dem ersten Zeitraum ein, so daß z. B. der Anstieg von $\frac{PF}{N}$ in den Jahren 5,9 und 10 nicht als negativ eingeschätzt werden kann.

Zusammenfassend kann festgestellt werden: Die mit der technischen Revolution zunehmende Bedeutung umfassender Berechnungen der ökonomischen Effektivität des Reproduktionsprozesses auf allen seinen Ebenen erfordert auch die Anwendung der Kennziffer Fondsintensität. Dabei sind jedoch stets die Ebene und die Bedingungen zu berücksichtigen, unter denen eine bestimmte Bewegung der Fondsintensität verläuft. Eine größere Aussagefähigkeit wird schließlich dann erreicht, wenn in die Forschungen das Problem der Zeit und die Relationsrechnung zum Netteprodukt einbezogen werden.

1 Infolge fehlender Unterlagen erfassen die Werte nur den Bereich der sozialistischen Industrie

Martin Pelzer, Berlin

Der Zusammenhang zwischen Grundfondsausstattung und Steigerung der Arbeitsproduktivität

Im letzten Abschnitt der These 2 wird von Schulz hervorgehoben, daß die Grundfondsintensität sinkt, wenn es gelingt, vergegenständlichte und lebendige Arbeit so zu kombinieren, daß die Arbeitsproduktivität schneller steigt als die Ausstattungsquote. Eine solche Kombination von vergegenständlichter und lebendiger Art zu erreichen, die eine sinkende Grundfondsintensität bzw. eine steigende Grundfondsquote zur Folge hat, ist kompliziert und in der Regel nicht allein mit dem Einsatz modernster Technik zu lösen. Die Lösung dieser Problematik zwingt zu tiefgründigen Überlegungen vor allem in der Richtung, welche Möglichkeiten die Vertiefung der gesellschaftlichen Arbeitsteilung zur Bewältigung dieser Problematik bietet. Wie notwendig Überlegungen in dieser Richtung sind, zeigt sich am Beispiel der Produktion von Spezialbetriebsmitteln nur allzu deutlich.

Bekanntlich wird ein großer Teil der für die Fertigung von bestimmten Erzeugnissen notwendigen Spezialbetriebsmittel in den Werkzeugbauabteilungen der Betriebe, d. h. in Hilfsproduktionsprozessen, produziert. In der Regel liegt die Abdeckung des Bedarfs an Spezialbetriebsmitteln durch Eigenaufkommen, also durch die Werkzeugbauabteilungen, z. B. in den Betrieben der elektronischen Industrie, zur Zeit bei über 50 %, oft sogar bei 100 %. In den Betrieben der Elektrotechnik und des Maschinenbaus sieht es nicht wesentlich anders aus. Die Hilfsproduktionsprozesse bilden somit zur Zeit eine wichtige Säule innerhalb der Gesamtproduktion von Spezialbetriebsmitteln.

In den letzten Jahren ist der Bedarf an Spezialbetriebsmitteln angestiegen. Mit einem weiteren Anwachsen dieses Bedarfs ist auch in den nächsten Jahren zu rechnen. Nach voraussichtlichen Einschätzungen einiger Betriebe der elektronischen Industrie wird sich beispielsweise der Bedarf an Schnitt-, Stanz-, Präge-, Ziehwerkzeugen, Vorrichtungen und Werkzeugen für die Plastumformung bis 1970 um 40 bis 80 % gegenüber 1964 erhöhen. Hauptfaktoren für diese steigende

Tendenz des Bedarfs an Spezialbetriebsmitteln in den Betrieben der elektronischen Industrie sind vor allem in der Erhöhung des Volumens der Produktion von elektronischen Erzeugnissen und in der schnellen Entwicklung der elektronischen Erzeugnisse zu sehen. Dieser wachsende Bedarf zwingt zu einer Erhöhung des Umfanges der Produktion von Spezialbetriebsmitteln. Dabei muß gleichzeitig gesichert werden, daß der Grundfondsvorschuß für diese Produktion langsamer ansteigt als die Produktion von Spezialbetriebsmitteln, damit auch im Spezialbetriebsmittelbau eine sinkende Grundfondsintensität bzw. eine steigende Grundfondsquote erreicht werden kann.

Der Grundfondsvorschuß ist in den letzten Jahren in den Werkzeugbauabteilungen angestiegen, dabei in einigen dieser Abteilungen, wie aus Untersuchungen in Betrieben der elektronischen Industrie hervorgeht, sogar erheblich. Dieser Grundfondsvorschuß stieg vor allem mit dem Einsatz von mehr und moderneren Werkzeugmaschinen in diesen Hilfsproduktionsprozessen. Er entwickelte sich z. B. in der Werkzeugbauabteilung eines Betriebes der VVB Nachrichten- und Meßtechnik von 1957 (100 %) bis 1962 auf 226 % (Bruttowerte). In einem anderen Betrieb dieser VVB entwickelte sich der Maschinenbestand in der Werkzeugbauabteilung von 1960 bis 1963 auf 200 %. Dabei stieg im ersten Betrieb der Grundfondsvorschuß in diesem Zeitraum prozentual wesentlich schneller als der in den Hauptproduktionsprozessen (ca. 165 %) und als der im Gesamtbetrieb (ca. 191 %).

Mit dieser quantitativen Entwicklung des Grundfondsvorschusses vollzog sich zugleich auch eine wesentliche qualitative Entwicklung der Grundfonds in den Werkzeugbauabteilungen. So weist die Altersstruktur der vorhandenen Werkzeugmaschinen in den Werkzeugbauabteilungen der meisten Betriebe dieser VVB z. Z. einen relativ guten Stand aus. Im Jahre 1963 waren beispielsweise in 4 Betrieben dieser VVB 10 - 23 % der Werkzeugmaschinen, die in diesen Abteilungen eingesetzt sind, bis zu 2 Jahre alt, 36 - 57 % bis zu 5 Jahre alt und 57 - 78 % bis zu 10 Jahre alt. Betrachtet man den Werkzeugmaschinenbestand nach Gütegraden, so hatten im Jahre 1963 11 - 50 % des Werkzeugmaschinenbestandes den Gütegrad I und nur 9 - 21 % den Gütegrad V.

Die Auswirkungen der quantitativen Entwicklung des Grundfondsvorschusses in den Werkzeugbauabteilungen der Betriebe dieser VVB auf die qualitative Entwicklung des Grundfondsbestands kommen auch darin zum Ausdruck, daß

a) hochwertige und hochleistungsfähige Werkzeugmaschinen und technologische Ausrüstungen angeschafft wurden,

b) durch den Einsatz technologischer Ausrüstungen das technische Niveau der bereits vorhandenen Werkzeugmaschinen gehoben wurde und

c) der Anteil der aktiven Grundfonds am Gesamtgrundfondsvorschuß in diesen Hilfsproduktionsprozessen erhöht wurde.

Dieser in den letzten Jahren gewachsene Grundfondsvorschuß im Spezialbetriebsmittelbau hatte zweifellos Einfluß auf die Entwicklung der Quote der Grundfondsausstattung pro Arbeitskraft. Die Quote der Grundfondsausstattung weist in den Werkzeugbauabteilungen eine steigende Tendenz auf. So stieg diese Quote in den Werkzeugbauabteilungen von 2 Betrieben der VVB Nachrichten- und Meßtechnik wie folgt (nur Ausrüstungen):

a) 1. Betrieb von 1958 bis 1962 auf 214 %,

b) 2. Betrieb von 1959 bis 1964 auf 256 %.

Wie bereits gesagt, sinkt die Grundfondsintensität bzw. steigt die Grundfondsquote jedoch nur dann, wenn die Arbeitsproduktivität schneller wächst als die Grundfondsausstattung pro Arbeitskraft. In beiden hier betrachteten Werkzeugbauabteilungen war das in den letzten Jahren nicht der Fall. Die Arbeitsproduktivität stieg z. B. in der Werkzeugbauabteilung des 2. Betriebes von 1959 bis 1964 nur auf 159 %. Auch in der Werkzeugbauabteilung des 1. Betriebes war der Anstieg der Arbeitsproduktivität wesentlich niedriger, so daß in diesen 2 Abteilungen die Grundfondsintensität in den letzten Jahren stieg bzw. die Grundfondsquote sank. Hierbei ist jedoch zu beachten, daß der wertmäßige Produktionsumfang der Werkzeugbauabteilungen, der ja bekanntlich bei der Grundfondsintensität im Nenner und bei der Grundfondsquote im Zähler der Formel steht, sobald er nur Eigenverbrauch des Betriebes verkörpert, und das ist gegenwärtig der größte Teil, oft sogar die gesamte Produktion dieser Abteilungen sich lediglich aus dem in diesen Abteilungen anfallenden Selbstkostenvolumen zusammensetzt. Das heißt, der Ausweis der Entwicklung der Grundfondsintensität bzw. der Grundfondsquote wird dadurch verzerrt, daß die Entwicklung des Reineinkommens bei der Produktionsentwicklung nicht berücksichtigt wird. Dieser Einfluß der Verzerrungen auf den Ausweis der Entwicklung der Grundfondsintensität bzw. der Grundfondsquote in diesen 2 Werkzeugbauabteilungen dürfte jedoch meines Erachtens nicht stark sein, so daß sich auch bei Berücksichtigung dieser Verzerrungen das Verhältnis von Grundfondsvorschuß und Produktion in den letzten Jahren ungünstig entwickelt haben dürfte.

Die Ursachen für diese ungünstigen Entwicklungsrelationen zwischen der Quote der Grundfondsausstattung pro Arbeitskraft und der Arbeitsproduktivität, die in den letzten Jahren in diesen zwei Werkzeugbauabteilungen eine steigende Grundfondsintensität bzw. eine sinkende Grundfondsquote zur Folge hatten, sind mannigfaltig. Dazu gehören die ungenügende Vorbereitung der Investitionsmaßnahmen (z. B. die ungenügende Beachtung der Orientierung des Einsatzes der Investitionsmittel auf die Anschaffung modernster, aber zugleich auch für diesen Hilfsproduktionsprozeß zweckmäßiger Technik und auf die Durchsetzung hochproduktiver technologischer Verfahren, die Beachtung der notwendigen Qualifizierungsmaßnahmen usw.) und die noch ungenügende extensive und intensive Nutzung des Grundfondsvorschusses. So wird beispielsweise in der Werkzeugbauabteilung des ersten Betriebes nur in Spitzenzeiten zweischichtig gearbeitet und auch dann fast ausschließlich an Stoß- und Hobelmaschinen, Fräsmaschinen und Schleifmaschinen. Für die Werkzeugbauabteilung im zweiten Betrieb ist nur das letztere charakteristisch. Diese schlechte Nutzung der vorhandenen Grundfonds ist allerdings nicht nur für die Werkzeugbauabteilungen in diesen zwei Betrieben zutreffend, sondern z. B. noch im Betriebsmittelbau der VVB Nachrichten- und Meßtechnik die Regel. Trotz dieser subjektiven Faktoren, die sich auf die Nutzung des Grundfondsvorschusses in den Werkzeugbauabteilungen und damit auf die Grundfondsintensität bzw. Grundfondsquote ungünstig auswirken, setzt die gegenwärtig vor allem innerbetriebliche Arbeitsteilung bei der Produktion von Spezialbetriebsmitteln einer entscheidenden Erhöhung der Nutzung des Grundfondsvorschusses selbst Grenzen.

Bekanntlich hängt die Nutzung des Grundfondsvorschusses entscheidend von der Organisation der Produktion und in diesem Zusammenhang vor allem von der Fertigungsart ab. Für diese Hilfsproduktionsprozesse ist gegenwärtig die Einzelfertigung typisch, und nur in Ausnahmefällen werden Kleinstserien gefertigt. Die Einzelfertigung wirkt sich hemmend auf die Erhöhung der Nutzung des Grundfondsvorschusses in diesen Abteilungen aus. Andererseits setzt sie der Anwendung modernster Technik und Technologie Grenzen. So kann beispielsweise in mehreren Werkzeugbauabteilungen von Betrieben der elektronischen Industrie das im Vergleich zum Hobeln produktivere Schlagzahnfräsen nicht durchgesetzt werden, weil die dafür notwendige Maschine auf Grund der Einzelfertigung nicht genügend ausgelastet wäre. Wesentlich bessere Bedingungen für die Erhöhung der Nutzung des Grundfondsvorschusses in diesen Hilfsproduktionsprozessen und für die Anwendung modernster Technik und Technologie wären allerdings gegeben, wenn zur Serienfertigung übergegangen würde. Der Übergang zu höheren Fertigungsarten bei der Produktion von Spezialbetriebsmitteln auf der Basis der innerbetrieblichen Arbeitsteilung ist jedoch sehr schwierig, denn die Möglichkeiten dazu sind vom Bedarf her sehr begrenzt. Dagegen bieten die Standardisierung von Betriebsmitteln, -baugruppen sowie -bauteilen und die Spezialisierung in der Produktion von Spezialbetriebsmitteln, insbesondere die Spezialisierung in vertikaler Richtung auf Betriebsmittelbaugruppen und -bauteile, reale Möglichkeiten, um auf diesem Gebiet zu höheren Fertigungsarten zu gelangen. Das heißt jedoch in der Endkonsequenz Einschränkung der innerbetrieblichen Arbeitsteilung und Übergang zu Systemen der überbetrieblichen Arbeitsteilung bei der Produktion von Spezialbetriebsmitteln.

Schon Marx wies im III. Band des Kapitals (S. 102) darauf hin, daß der Konzentration, Zentralisierung, Spezialisierung und Kooperation für die Ökonomie der vorgeschossenen vergegenständlichten Arbeit eine große Bedeutung zukommt. Er schreibt: "Durch die Konzentration der Arbeiter und ihre Kooperation auf großen Maßstab wird einerseits konstantes Kapital gespart. Dieselben Gebäude, Heiz- und Beleuchtungsvorrichtungen usw. kosten verhältnismäßig weniger für große als für kleine Produktionsstufen. Dasselbe gilt von der Kraft- und Arbeitsmaschinerie. Obgleich ihr Wert absolut steigt, fällt er relativ im Verhältnis zur steigenden Produktion." Das bedeutet: Die Durchsetzung der Konzentration, Zentralisierung, Spezialisierung und Kooperation in der Produktion führt zur Erhöhung der Rationalität und der Effektivität des Grundfondsvorschusses. Die Durchsetzung der Spezialisierung im Spezialbetriebsmittelbau ist somit nicht nur eine Maßnahme zur Senkung der Fertigungskosten und zur Verkürzung der Fertigungszeiten, so wie das nur oft in der Praxis gesehen wird, sondern muß auch als eine Maßnahme zur Erhöhung der Rationalität und Effektivität des Grundfondsvorschusses im Spezialbetriebsmittelbau gewertet werden. Die Herstellung einer wirkungsvollen Kombination von vergegenständlichter und lebendiger Arbeit und die Sicherung eines schnelleren Wachsens der Arbeitsproduktivität gegenüber der Quote der Grundfondsausstattung pro Arbeitskraft und damit einer sinkenden Grundfondsintensität bzw. einer steigenden Grundfondsquote im Bereich des Spezialbetriebsmittelbaus ist daher hauptsächlich eine Frage der Standardisierung und Spezialisierung. Dabei kommt es darauf an, die Grenzen, die die innerbetriebliche Arbeitsteilung auf diesem Gebiet setzt, zu berücksichtigen. Die Notwendigkeit der Standardisierung von Betriebsmitteln, -baugruppen und -bauteilen und der Produktionsspezialisierung im Betriebsmittelbau kommt besonders deutlich zum Ausdruck, wenn man beachtet, daß zukünftig mit einem Ansteigen des Bedarfs an Spezialbetriebsmitteln gerechnet werden muß und dieser steigende Bedarf in der bisher üblichen Art und Weise, d. h. bei vorwiegender innerbetrieblicher Arbeitsteilung, nicht mehr in ökonomisch vertretbarer Weise abgedeckt werden kann.

Auch Lemke kommt in ihrer Dissertation zu dieser Schlußfolgerung. Sie schreibt (S. 66): "Obwohl im Werkzeugbau (Werkzeugbauabteilungen) noch heute die Mehrzahl der benötigten Betriebsmittel werkstücks- bzw. gerätegebunden konstruiert und auch produziert werden, kann diese Art der Fertigung nicht in der bisherigen Form beibehalten werden. Sie genügt nicht den Anforderungen, die die technische Revolution stellt."

Ein Verzicht auf die Vertiefung der Arbeitsteilung im Betriebsmittelbau kommt daher einem Verzicht auf die umfassende Durchsetzung modernster Technik und Technologie im Spezialbetriebsmittelbau gleich und hätte eine ökonomisch unvertretbare Entwicklung des Grundfondsvorschusses und der benötigten Arbeitskräfte in diesem Produktionsbereich zur Folge. Die wirkungsvollste Kombination von vergegenständlichter und lebendiger Arbeit im Spezialbetriebsmittelbau erreichen heißt somit Vertiefung der Arbeitsteilung bei der Produktion von Spezialbetriebsmitteln zu erreichen und nur dann auf der Basis der innerbetrieblichen Arbeitsteilung zu bleiben, wenn das aus technischen und ökonomischen Gründen nicht anders möglich ist. Hieran wird andererseits sichtbar, daß eine Spezialisierung im Betriebsmittelbau nicht um jeden Preis durchzusetzen ist, sondern in erster Linie nur dann, wenn sie auch rentabel ist.

Die Kennziffern Grundfondsintensität bzw. Grundfondsquote stellen das Verhältnis von Produktion und Grundfondsvorschuß dar. Geht man davon aus, daß der Bedarf an Spezialbetriebsmitteln zukünftig ansteigt, sich also die Produktion erhöhen muß, so kommt es bei Sicherung einer sinkenden Grundfondsintensität bzw. steigenden Grundfondsquote darauf an, daß der Zuwachs des Grundfondsvorschusses geringer ist als der Zuwachs der Produktion von Spezialbetriebsmitteln. Diesem Aspekt, der Notwendigkeit der relativen Verringerung des Grundfondsvorschusses, muß in der Investitionstätigkeit Rechnung getragen werden. Geht man davon aus, daß der Grundfondsvorschuß im spezialisierten und zentralisierten Betriebsmittelbau rationeller und effektiver ist, so zwingt diese Tatsache dazu, den Investitionsfonds zur Ausdehnung der Produktion von Spezialbetriebsmitteln, die auf Grund des wachsenden Bedarfs notwendig wird, vor allem zur Erweiterung dieses Bereichs des Betriebsmittelbaus einzusetzen. Andererseits bedeutet das, nur dann in den Werkzeugbauabteilungen zwecks Ausdehnung der Produktion zu investieren, wenn der Zuwachsbedarf an Spezialbetriebsmitteln durch den spezialisierten und zentralisierten Betriebsmittelbau aus technischen und ökonomischen Gründen nicht abgedeckt werden kann und die bessere Nutzung der vorhandenen Grundfonds in diesen Abteilungen nicht solche Produktionserhöhung ermöglicht, wie sie durch den wachsenden Bedarf, der durch diese Abteilungen abgedeckt werden muß, erforderlich wird. Je mehr es gelingt, den wachsenden Betriebsmittelbedarf der Betriebe durch Kauf, Ausleihtätigkeit und Kooperation abzudecken, desto weniger Investitionen werden zur Erhöhung des Produktionsumfanges der Werkzeugbauabteilungen erforderlich sein. Das heißt umgekehrt: Je weniger wir es verstehen, mit Hilfe der Standardisierung von Betriebsmitteln, -baugruppen und -bauteilen, ihrer Berücksichtigung bei der Konstruktion von Spezialbetriebsmitteln und ihres Bezugs aus spezialisierten und zentralisierten Betriebsmittelfertigungen, was andererseits die Schaffung solcher Kapazitäten voraussetzt, den Bedarf, der durch die Werkzeugbauabteilungen abzudecken ist, zu reduzieren, um so mehr Investitionsmittel müssen wir in einem Prozeß zur Erhöhung der Produktion einsetzen, wo der Grundfondsvorschuß vor allem auf Grund der niedrigeren Organisation der Produktion nicht so rationell und effektiv ist. Die Sicherung eines rationellen Einsatzes und eines hohen volkswirtschaftlichen Nutzens der Investitionen im Betriebsmittelbau erfordert, die Investitionstätigkeit mit der Produktionsspezialisierung zu verbinden. Jede Investition, die der Ausdehnung der Produktion einer Werkzeugbauabteilung dient, um damit einem Bedarf gerecht zu werden, der durch die spezialisierte und zentralisierte Betriebsmittelfertigung eigentlich hätte günstiger abgedeckt werden können, bringt volkswirtschaftlich nicht den höchsten Nutzen, obwohl dabei für den Betrieb ein bestimmter Nutzen erzielt werden kann.

Die Herstellung einer wirkungsvollen Kombination von vergegenständlichter und lebendiger Arbeit, die ein schnelleres Wachstum der Arbeitsproduktivität gegenüber der Quote der Grundfondsausstattung pro Arbeitskraft im Spezialbetriebsmittelbau hervorruft, ist somit nicht allein ein Problem des Einsatzes und der Anwendung modernster Technik und Technologie, sie ist unter den gegenwärtigen konkreten Bedingungen in diesem Produktionsbereich vor allem eine Frage der Schaffung der für ihre umfassende Anwendung notwendigen Voraussetzungen und der Vertiefung der Arbeitsteilung bei der Produktion von Spezialbetriebsmitteln, das heißt eine Frage der Sicherung einer proportionierten Entwicklung der beiden Bereiche des Spezialbetriebsmittelbaus, des Bereichs der dezentralen und des Bereichs der zentralen Betriebsmittelfertigung.

Renate Weiß, Berlin

Der Zusammenhang zwischen der Fondsintensität der Produktion und dem Grad der Ausnutzung der Grundfonds

Das Niveau der Fondsintensität wird im wesentlichen von den Grundfonds bestimmt; deshalb soll sich hier auch die Auseinandersetzung auf die Probleme der Grundfonds beschränken. Der Anteil der Grundfonds an den produktiven Fonds beträgt in der DDR 88,5 Prozent[1] im Industriedurchschnitt. "Die Grundfondsintensität und der damit im Vergleich zur Produktion erforderliche Aufwand der in den Fonds vergegenständlichten Arbeit wird sinken, wenn es gelingt, vergegenständlichte und lebendige Arbeit so zu kombinieren, daß die Arbeitsproduktivität schneller steigt als die Ausstattungsquote."[2]

In der Industrie der DDR ist jedoch der für die Produktion erforderliche Aufwand an Fonds gestiegen. In den Jahren 1959 bis 1963 haben sich die Kennziffern

Fondsintensität der Produktion	auf	105,3 %
Fondsausstattung	auf	127,3 %
Arbeitsproduktivität	auf	120,9 % erhöht.[3]

Die Entwicklung der Fondsintensität in der metallverarbeitenden Industrie zeigt ebenfalls eine steigende Tendenz. Der Stand der Forschung auf diesem Gebiet erlaubt keine Antwort auf die Frage nach den Hauptursachen dieser Entwicklungstendenz, die sich im Gegensatz zu den fortgeschrittenen Industrieländern befindet. Die Entwicklung der Fondsintensität (aggregierte Kennziffer) wird von einer Vielzahl von Faktoren beeinflußt. Um die Ursachen für eine bestimmte Richtung der Entwicklung zu ermitteln, ist eine umfangreiche Analysentätigkeit erforderlich.

Beschränken wir uns auf die Grundfonds, dem entscheidenden Bestandteil der produktiven Fonds.

1 O. Kratsch, Vortrag zu Problemen der Fondsintensität auf der Konferenz des Instituts Politische Ökonomie der HfÖ im Haus des Lehrers vom 27. - 30. 9. 1965
2 Vgl. Thesen zum Vortrag von Dr. habil. Schulz, These 2
3 Vgl. Kratsch, ebenda

Alle Faktoren, die den Umschlag der Grundfonds beschleunigen, führen zur Senkung des Fondsaufwandes (Fondsvorschuß)
Das sind solche Faktoren wie:

1. Der Grad der Auslastung der Grundfonds
2. Spezialisierung, Konzentration der Produktion (Typenbereinigung)
3. Technologische Veränderungen in der Produktion (z. B. Fließfertigung an Stelle von Werkstattfertigung)
4. Sortimentsveränderungen der Produktion (Senkung bzw. Steigerung der materialintensiven Produktion)
5. Ausweitung, Einschränkung von Kooperationsbeziehungen
6. Steigerung der Arbeitsproduktivität im Maschinenbau und im Bauwesen und damit Verwohlfeilerung der Maschinen und Ausrüstungen, der Gebäude
7. Strukturveränderungen der Grundfonds zugunsten des Anteils von Maschinen und Ausrüstungen

Dabei ist zu berücksichtigen, daß all diese Faktoren direkt oder indirekt miteinander verbunden sind und sich gegenseitig beeinflussen. Die Quantifizierung des Einflusses dieser Faktoren auf die Höhe der Grundfondsintensität (bzw. die Fondsintensität) ist äußerst kompliziert. Betrachten wir den Faktor "Grad der Auslastung der Grundfonds". Voraussetzung für die Quantifizierung seines Einflusses auf die Grundfondsintensität ist die Ermittlung des effektiven Auslastungsgrades. Kratsch[1] schlägt vor, die effektive Auslastung der Produktionsfonds mit Hilfe des "Schichtkoeffizienten" und des "Auslastungskoeffizienten" (Beziehung zwischen vorhandenen Fonds und den effektiv eingesetzten Fonds) zu ermitteln. Weitere Erläuterungen zu diesen Kennziffern werden von Kratsch nicht gemacht; das wäre jedoch unbedingt erforderlich, da in der Literatur der Schichtkoeffizient nicht eindeutig definiert wird. Es gibt hier zwei Hauptrichtungen: Einmal wird als Bezugsbasis die Zahl der Maschinen gewählt und einmal die Zahl der Produktionsarbeiter.

1. Schichtkoeffizient[2] $= \dfrac{\text{Zahl der arbeitenden Drehmaschinen der bestehenden Schicht}}{\text{Zahl der arbeitenden Drehmaschinen insgesamt}}$

2. Schichtkoeffizient[3] $= \dfrac{\text{Arbeiterzahl in der größten Schicht}}{\text{Gesamtzahl der Arbeiter}}$

1 Vgl. O. Kratsch, Die Fondsintensität der Produktion, in: Probleme der politischen Ökonomie, Bd. 7, Berlin 1964, S. 184
2 Vgl. Forbrig/Janakieff, Grundriß der Industriestatistik, Bd. II, Berlin
3 Vgl. Iwanow, Reserven zur besseren Nutzung der Produktionsfonds, in: Sowjetwissenschaft 9/1962

In der Industrieberichterstattung der DDR haben die Schichtkoeffizienten noch einen etwas anderen Inhalt.
Es wird unterschieden zwischen dem[1]

1. Schichtkoeffizienten der Maschinen und Anlagen

$$= \frac{\text{Anzahl der Maschinen (Stück)} \; (\text{1-schichtig}) + (\text{2-schichtig}) \cdot 2 + (\text{3-schichtig}) \cdot 3}{\text{Anzahl der eingesetzten Maschinen}}$$

und dem

2. Schichtkoeffizienten auf der Basis der Produktionsarbeiter der einzelnen Schichten
   a) Normalschicht
   b) 1. Schicht
   c) 2. Schicht
   d) 3. Schicht

$$= \frac{\text{Anzahl der Produktionsarbeiter der zu berechnenden Schicht}}{\text{Gesamtzahl der Produktionsarbeiter}} \cdot 100$$

Für den Zweck, den Kratsch verfolgt, wäre die Ermittlung des Schichtkoeffizienten der Maschinen und Anlagen" zweckmäßig, da er ja die effektive Auslastung der Fonds ermitteln will und nicht die effektive Auslastung des Arbeitszeitfonds der Arbeitskräfte bzw. der Produktionsarbeiter.

Abgesehen von den Unzulänglichkeiten der Definition der Kennziffern, kommt ein weit wesentlicheres Problem hinzu, nämlich die Aussagekraft dieser beiden Kennziffern. Mit Hilfe des "Schichtkoeffizienten der Maschinen und Anlagen" ist über die effektive Auslastung der Anlagen nur eine äußerst globale Aussage möglich. Der Schichtkoeffizient kann 2,0 betragen (also 2-schichtige Auslastung), und trotzdem kann der Zeitfonds der Maschinen nur zu 30 oder 40 Prozent ausgelastet sein.

Beispiel:[2]
In der Automatendreherei eines elektrotechnischen Betriebes in Berlin betrug der durchschnittliche Schichtkoeffizient der Anlagen 1,9 (1963). Die Erfassung der Laufzeit der Maschinen ergab aber im Durchschnitt von einem Vierteljahr eine 30 bis 40 %ige Auslastung des Maschinenzeitfonds (wobei der Maschinenzeitfonds auf der Basis von 15 Std. ermittelt wurde).[3]
Aus diesem Beispiel ist ersichtlich, daß der Schichtkoeffizient die tatsächliche Auslastung der Maschinen und Ausrüstungen verschleiert

1 Vgl. Formblatt 251 der Industrieberichterstattung der DDR 1964
2 Dieses Beispiel beruht auf Zahlenmaterial, das durch eigene Untersuchungen und Erhebungen in diesem Betrieb ermittelt wurde. Zeitraum: 2. Halbjahr 1963
3 Sept. 1963: 39,0 Prozent; Oktober 1963: 31,6 %; November 1963: 37,6 %.

und damit als Faktor für eine analytische Betrachtung der Entwicklung der Grundfondsintensität nicht genügt.

Der von Kratsch als weitere Kennziffer zur Ermittlung der effektiven Auslastung der Fonds vorgeschlagene "Auslastungskoeffizient" (Beziehung zwischen vorhandenen Fonds und den effektiv eingesetzten Fonds) hat keine bessere Aussage.

1. ist in der Praxis eine Unterscheidung zwischen vorhandenen Fonds und eingesetzten Fonds aus keinem Beleg ersichtlich. Die Ermittlung wäre mit großen Schwierigkeiten verbunden, und
2. kennzeichnet diese Kennziffer nicht die Auslastung der Fonds, da die eingesetzten gegenwärtig nicht voll ausgelastet sind.

Beispiel:[1]

In der Automatendreherei des bereits erwähnten Betriebes betrug die durchschnittliche Auslastung der Maschinen und Anlagen 30 bis 40 Prozent. Von den 30 Maschinen dieser Abteilung hatten allein 5 Stück, das sind rund 16 Prozent des gesamten Maschinenparks, einen Auslastungsgrad von 10 und weniger Prozent. Es handelte sich um folgende Maschinen:

Bezeichnung der Maschinen	Bruttowert d. Maschine MDN (nach der Umbewertung)	Alter in Jahren	Auslastungsgrad (Maschinen Zeitfonds = 15 Std. = 100 %)
(ROST 25) Automatische Revolverdrehbank	40.162	1	10,4
(IG) Gewindeschneidemaschine	2.600	2	9,4
(BR) Reihenbohrmaschine 3 x 15	5.510	10	5,4
(ORT 28) Revolverdrehmaschine	6.816	7	2,8
(OLZ) Leit- und Zugspindeldrehmaschine	22.330	6	9,6

Wie bereits aus der Bezeichnung der Maschinen hervorgeht, handelt es sich nicht um Spezialmaschinen. Die Untersuchungen haben ergeben, daß die Produktion der Teile auch auf den anderen Maschinen der Abteilung möglich gewesen wäre. Die effektive Auslastung dieser Maschinen kann gleich Null gesetzt werden. Im Grunde sind es nicht genutzte Grundmittel. In der Kennziffer "Auslastungskoeffizient" von Kratsch erschienen sie aber als effektiv eingesetzte Fonds.

1 Vgl. Kratsch, a. a. O., und Schulz, a. a. O.

Für die Ermittlung der effektiven Auslastung der Grundfonds ist die Ermittlung der extensiven und intensiven Auslastung der Maschinen und Ausrüstungen unbedingt erforderlich. Die Konzentration auf die Maschinen und Ausrüstungen ist deshalb so wichtig, weil sie

1. der für die Effektivität der Grundfonds entscheidende Bestandteil sind und
2. die Auslastung der Gebäude und baulichen Anlagen sehr wesentlich von der Auslastung der Maschinen und Ausrüstungen abhängt.

Die extensive Auslastung der Grundfonds bringt den Grad der Auslastung des verfügbaren Zeitfonds der Grundmittel (Maschinenzeitfonds) zum Ausdruck. Es bestehen enge Beziehungen zwischen extensiver und intensiver Auslastung. Die intensive Auslastung bringt zum Ausdruck, wieviel Produkte in einer bestimmten Zeit mit Hilfe der Arbeitsmittel erzeugt werden können. Der Grad der intensiven Auslastung stellt ins Verhältnis die effektiv produzierten und die der Möglichkeit nach produzierten Erzeugnisse.

Die Darstellung der intensiven Auslastung der Grundfonds ist besonders in Betrieben mit breitem Produktionssortiment äußerst kompliziert, teilweise sogar unmöglich. 1. ist eine Vergleichbarkeit zwischen den verschiedenen Gebrauchswerten nicht möglich, und 2. sind komplizierte Optimalitätsberechnungen erforderlich. Obwohl für den Grad der Auslastung der Maschinen und Ausrüstungen die intensive Auslastung eine große Rolle spielt (das zeigt sich besonders bei Einführung von Neuerermethoden wie Schnelldrehen, Gruppenbearbeitung usw.), soll hier nur auf die extensive Auslastung und die damit zusammenhängenden Probleme eingegangen werden.

Die Ermittlung der extensiven Auslastung der Maschinen und Ausrüstungen ist mit einer Vielzahl von Problemen verbunden. Das heißt, es gibt zur Zeit nur einige wenige Betriebe, in denen die zeitliche Auslastung (tatsächliche Laufzeit) der Maschinen erfaßt wird. Daher ist die Ermittlung des Auslastungsgrades des Maschinenparks eines Betriebes nicht möglich. Eine Umfrage im Bereich der VVB Elektrogeräte ergab, daß von 24 Betrieben in 4 Betrieben die "tatsächliche Laufzeit der Maschinen" teilweise ermittelt wird. Die Erfassung dieses Primärmaterials hat jedoch keinerlei Einfluß auf die Planung der Grundfonds bzw. der Investitionen, denn das Material wurde bisher nicht ausgewertet. Der Zustand auf diesem Gebiet ist nicht in erster Linie ein Verschulden der Betriebe. Für sie bestand keinerlei Veranlassung; es bestand weder ein ökonomischer noch ein außerökonomischer Zwang für die Erarbeitung dieses Materials. Lediglich für Engpaßmaschinen sind hin und wieder rein empirische Berechnungen durchgeführt worden, um darauf aufbauend bestimmte Kooperationsaufträge an andere Betriebe zu vermitteln. Die Kennziffer "Laufzeit der Maschinen" ist jedoch nicht nur wichtig für die Ermittlung der effektiven Auslastung der Maschinen und Ausrüstungen, um damit eine wissenschaftliche Grundfondsplanung und Investplanung aufzubauen, sondern sie ist ein wichtiges Normativ für die Organisierung der planmäßig vorbeugenden Instandhaltung (PVI) und damit ein Mittel für die Steigerung des Auslastungsgrades der Maschinen und Ausrüstungen.

Um den Einfluß des Faktors "Grad der Auslastung der Maschinen und Ausrüstungen" auf die Höhe der Fondsintensität zu ermitteln, wäre es unbedingt erforderlich, daß

1. die Betriebe die Laufzeit der Maschinen erfassen und
2. dieses Material pro Zeiteinheit (Monat/Jahr) aufbereiten.

Die Methoden zur Erfassung des Materials ist auf vielerlei Art möglich. Da hier in diesem Rahmen nicht auf alle Methoden ausführlich eingegangen werden kann, möchte ich nur auf die z. Z. in der Literatur bekannten und teilweise in den Betrieben praktizierten Methoden hinweisen.

1. Ermittlung der Laufzeit der Maschinen indirekt über den Energieverbrauch
2. Ermittlung der Laufzeit der Maschinen mittels Stichprobeverfahren
3. Operative Erfassung der Laufzeit der Maschinen durch den Meister
4. Erfassung der Laufzeit der Maschinen mit Hilfe von Registriergeräten
5. Ermittlung der Laufzeit der Maschinen über die Lohnscheine

Die genannten Methoden haben Vorteile und Nachteile.

Für eine laufende, ständige Ermittlung der Laufzeit der Maschinen sind jedoch die beiden letztgenannten die günstigsten und für die Betriebe die effektivsten.

Für die Berechnung des Auslastungsgrades der Maschinen genügt aber nicht nur die Kenntnis über die "tatsächliche Laufzeit der Maschinen", sondern dieser muß die mögliche Laufzeit der Maschinen gegenübergestellt werden. Das wird durch Ermittlung des Maschinenzeitfonds möglich. Jedoch die Ermittlung des Maschinenzeitfonds ist ebenfalls mit Schwierigkeiten verbunden, vor allem deshalb, weil es für technisch bedingte Ausfallzeiten (Reparaturen, Wartung u. a.) keine einheitlichen Normative gibt, sondern jeder

Betrieb nach Gutdünken einen bestimmten Prozentsatz für diese Ausfallzeiten der Maschinen kalkuliert. Mir sind Betriebe bekannt, in denen Prozentsätze von 8 bis 16 Prozent der Kalenderzeit dafür kalkuliert wurden; doch die Betriebe setzen in der Regel Erfahrungswerte ein. Damit die technisch bedingten Ausfallzeiten Normativcharakter erhalten, ist ebenfalls die Schaffung von Primärmaterial erforderlich, und zwar ist das Aufgabe der Reparaturabteilungen der Betriebe, die die Zeiten für Reparaturen, Generalreparaturen u. a. erfassen und analysieren müßten.

Aus den kurzen Ausführungen über die Problematik der Ermittlung des Auslastungsgrades der Grundfonds, eines wesentlichen Einflußfaktors auf die Höhe der Fondsintensität der Produktion, ist ersichtlich, wie kompliziert eine allseitige Faktorenanalyse der Fondsintensität der Produktion ist. Im Grunde genommen ist daraus zu ersehen, daß eine Faktorenanalyse zur Zeit gar nicht möglich ist; zumindest kann der Faktor Auslastungsgrad der Fonds nicht berücksichtigt werden. Meiner Ansicht nach ist es aber ein ganz entscheidender Faktor, gerade unter den gegenwärtigen Bedingungen in unserer Industrie, wo die Auslastung der Maschinen und Ausrüstungen durchschnittlich bei 40 - 50 % (Basis 15 Stunden täglich) liegt. Bei Vertiefung der Analyse müßten die Ursachen für die Höhe des Auslastungsgrades ermittelt werden. Das können Ursachen technologischer, organisatorischer und anderer Natur sein.

Die Vielzahl der Faktoren, die direkt auf das Niveau der Grundfondsintensität einwirken oder über den Auslastungsgrad der Fonds zeigt, daß der Koeffizient Fondsintensität oder Grundfondsintensität allein nichts aussagt. Es kann lediglich festgestellt werden, ob der Fondsvorschuß pro Produktionseinheit gestiegen oder gesunken ist. Je größer die Wirtschaftseinheit ist (Zweig, Volkswirtschaft), für die der Koeffizient der Fondsintensität ermittelt wurde, um so geringer ist die Aussagekraft der Kennziffer, da der Ursachenkomplex mit dem Bereichsumfang wächst. Deshalb muß auch die Behauptung von Kratsch[1], daß die Fondsintensität nur für makroökonomische Untersuchungen Bedeutung habe, entschieden zurückgewiesen werden.

Die Kennziffer "Fondsintensität der Produktion auf makro-ökonomischer Basis hat nur Wert für die Wirtschaftsführung, wenn eine

1 Vgl. O. Kratsch, Vortrag zu Problemen der Fondsintensität der Produktion auf der Konferenz des Instituts Politische Ökonomie der HfÖ im Haus des Lehrers vom 27. - 30. 9. 1965

Analyse durchgeführt wird, die bis zur mikro-ökonomischen Einheit (Betrieb, Abteilung) führt". Der Hinweis darauf, daß die Fondsintensität des Betriebes Faktoren wie die "zweigstrukturellen Effekte" nicht umfaßt, ist kein Beweis für die Bedeutungslosigkeit der Fondsintensität des Betriebes. Diese Tatsache beweist nur, wie notwendig es ist, alle Stufen des sozialistischen Reproduktionsprozesses in die Faktorenanalyse der Fondsintensität der Industrie einzubeziehen. Die entscheidenden Faktoren sind dort zu suchen, wo sich die Prozesse vollziehen, die den Fondsvorschuß bedingen, und das ist die materielle Produktion, also in den Betrieben. Hier in den Betrieben müssen deshalb auch die Voraussetzungen für eine Analysentätigkeit bis hinaus zur Ebene der Volkswirtschaft geschaffen werden. Werden diese Voraussetzungen nicht geschaffen, haben alle möglichen Analysen auf Zweigebene oder auf Ebene der gesamten Industrie keine echten Resultate, denn diese Analysen werden im wesentlichen auf Vermutungen und dergleichen beruhen. Trotz der Schwierigkeiten, die mit betrieblichen Untersuchungen verbunden sind, sollte der Schwerpunkt der wissenschaftlichen Arbeit darauf konzentriert werden. Damit werden die Voraussetzungen für wissenschaftliche Analysen auf allen Ebenen des sozialistischen Reproduktionsprozesses geschaffen.

Es erscheint mir auch wichtig, davor zu warnen, die Kennziffer Fondsintensität der Produktion zu überschätzen; es machen sich in letzter Zeit einige derartige Tendenzen bemerkbar. Es wird nicht dagegen polemisiert, die Kennziffer zu ermitteln, um davon ausgehend umfassende Analysen über Entwicklung, Auslastung und Struktur der Grundfonds und Umlauffonds durchzuführen. Der Einwand richtet sich gegen voreilige Schlußfolgerungen, die nur auf Grundlage einer Entwicklungsreihe des Koeffizienten der Fondsintensität gezogen werden. Kratsch[1] schreibt z. B., daß mit Hilfe des Koeffizienten der Fondsintensität der Produktion (Fi) der Fondsbedarf (F) für ein bestimmtes Produktionsvolumen $F = Fi \cdot P$ oder auch bei gegebenem Fondsumfang das zu erwartende Produktionsvolumen $P = \frac{F}{Fi}$ ermittelt werden kann.

Was würde das Ergebnis derartiger Berechnungen auf der Ebene eines Industriezweiges, z. B. der metallverarbeitenden Industrie, unter den gegenwärtigen Bedingungen sein?

Allein aus der Tatsache, daß die Auslastung der Maschinen und Ausrüstungen nur bei 40 - 50 Prozent liegt, ist ersichtlich, daß

1 Vgl. O. Kratsch, Die Fondsintensität der Produktion in: Probleme der politischen Ökonomie, Bd. 7, Berlin 1964, S. 163

der Koeffizient der Fondsintensität erheblich niedriger sein könnte, wenn die optimale Auslastung der Maschinen erreicht würde. Wird aber auf Grundlage des zur Zeit existierenden Koeffizienten z. B. der Bedarf der Fonds für den im Perspektivzeitraum zu erzeugenden Produktionsumfang ermittelt, dann wird dieser geringe Auslastungsgrad der Grundfonds auch für die Zukunft <u>planmäßig</u> organisiert.

Roland Hauk, Berlin

Probleme des Entwicklungsverhältnisses von Grundmitteln und Nationaleinkommen sowie einige theoretische Aspekte der Reproduktion bei wachsender ökonomischer Effektivität der Produktionsmittel

Der Vortrag von Dr. Reichenberg beschäftigt sich mit qualitativen Aspekten der sozialistischen Reproduktion. Ich halte das aus zwei Gründen für außerordentlich wichtig: Einmal spielen in der Wirtschaftspolitik, bei der Gestaltung und Beherrschung des Reproduktionsprozesses, die qualitativen Aspekte eine wachsende Rolle, und zweitens verlangt die notwendige Weiterentwicklung der Theorie von der sozialistischen Reproduktion die verstärkte Einbeziehung qualitativer Entwicklungsprobleme in unsere Betrachtung.

Ich möchte zu zwei der aufgeworfenen Fragen einige Bemerkungen machen.

Einmal zur Frage des Verhältnisses von Grundmittelzuwachs zum Nationaleinkommenszuwachs in der Volkswirtschaft der DDR und danach zur Reproduktionstheorie unter dem Aspekt qualitativer Akkumulationsfragen.

Zunächst zur ersten Frage. Die von Dr. Reichenberg angeführten Daten über den Einsatz von Grundmitteln je Beschäftigten und über das Nationaleinkommen je Beschäftigten in der Volkswirtschaft der DDR weisen ein immer günstiger werdendes Verhältnis zwischen dem Zuwachs an Grundmitteln und dem Nationaleinkommenszuwachs aus.

Gestern wurde hier demgegenüber festgestellt, daß sich in der Industrie der DDR dieses Verhältnis zumindest zeitweilig verschlechtert. Wie lassen sich diese entgegenstehenden Tatsachen vereinbaren?

Die Angaben von Dr. Reichenberg beziehen sich auf die gesamte Volkswirtschaft, während wir gestern über die Industrie diskutiert haben. Wenn trotz einer Verschlechterung des Verhältnisses zwischen Grundmittelzuwachs und Nationaleinkommenszuwachs in der Industrie für die gesamte Volkswirtschaft eine Verbesserung existiert, dann würde das bedeuten, daß wir im Verkehrswesen, in der Landwirtschaft und im Handel außerordentlich effektive Investitionen durchgeführt hätten. Ich möchte stark in Zweifel ziehen, daß hier die Verhältnisse so günstig waren, daß sie das negative Verhältnis in der Industrie überkompensieren. Welche Probleme können hier mitspielen? Die Kennziffer Nationaleinkommenszuwachs wird teilweise durch Bewertungsänderungen und strukturelle Veränderungen beeinflußt, was kein Zuwachs im echten Sinne ist.

Beispielsweise wächst das Nationaleinkommen, wenn das Lohnniveau oder wenn das Preisniveau steigt. Diese beiden Faktoren sind nicht eine Frage von wachsender oder kleiner werdender Effektivität der Investitionen. Das Nationaleinkommen kann auch wachsen, wenn der spezifische laufende Aufwand je Erzeugnis sinkt. Das wäre ein echtes Wachstum, das aber nicht unbedingt auf die Effektivität der Grundmittel zurückzuführen ist. Wir sollten bei der Betrachtung diese drei Faktoren analysieren. Meines Erachtens befinden wir uns ferner in einer Lage, wo der Handel einen Teil vom Nationaleinkommen realisiert, der nicht in diesem Zweig geschaffen worden ist. Also, was als Aufkommen von Nationaleinkommen im Handel ausgewiesen wird, ist nur teilweise im Handel entstanden. Es wird schwerfallen, das zu quantifizieren, aber man muß das Problem sehen. Nun zu den Fragen der Landwirtschaft. Hier gibt es eine beträchtliche Erhöhung des durchschnittlichen Preisniveaus für Erfassung und Aufkauf, selbst wenn sich die Preise nicht verändern sollten. Das ist die Wirkung des wachsenden Anteiles der Aufkaufmengen am Gesamtaufkommen. Im Verlaufe der letzten 7 Jahre gab es eine derartige Erhöhung des durchschnittlichen Preisniveaus von etwa 25 %. Das beeinflußt die ausgewiesene Entwicklung des Nationaleinkommens der Landwirtschaft. Außerdem ist zu prüfen, wieweit in der Landwirtschaft möglicherweise umverteiltes Nationaleinkommen der Industrie erscheint.

Was den Verkehr anbetrifft, so erscheint es zweifelhaft, daß die in diesem Bereich durchgeführten Investitionen in ihrem Ausmaß und der Höhe der Effektivität so gelagert waren, daß sie das Gesamtbild der Volkswirtschaft wesentlich beeinflussen.

Ich bin der Auffassung, die in den angeführten Fakten enthaltene Problematik ist außerordentlich interessant und wichtig. Wir müssen für die Einschätzung weitere Arbeit aufwenden, nicht nur wegen der Beurteilung der zurückliegenden Periode, sondern um diese Fragen in der künftigen Entwicklung richtig zu beurteilen und anzupacken. Das waren Bemerkungen zu der ersten Frage, die mich bewegen.

Nun zur zweiten Frage: der Berücksichtigung des Effektivitätsniveaus in der Reproduktionstheorie.

Vor Jahren wurde die Reproduktion zu einseitig als quantitativer Prozeß aufgefaßt. Das zeigte sich unter anderem in der These, wonach die Akkumulation die einzige Quelle der erweiterten Reproduktion sein sollte. Entsprechend wurde die quantitative Ausdehnung der Fonds, die eine Produktionssteigerung bewirken sollte, als einziges Kriterium der erweiterten Reproduktion betrachtet. Ich halte es für sehr bedeutungsvoll, daß Dr. Reichenberg in seinem Vortrag u. a. darauf hinwies, daß auch die Rekonstruktion Momente der erweiterten Reproduktion enthält. Es ist notwendig, an diesen Hinweis, den Marx uns schon gab, wieder zu erinnern. Bei der Erneuerung der vorhandenen Produktionsmittel existiert im Zusammenhang mit ihrer qualitativen Vervollkommnung eine weitere Quelle der erweiterten Reproduktion. Diesen Aspekt müssen wir stärker betonen. Ich glaube aber, daß wir bei der Theorie über die Akkumulation und erweiterte Reproduktion noch einen dritten Aspekt in die theoretische Schlußfolgerung einbeziehen müssen. Das ist der Einsatz von Investitionsmitteln nicht zur quantitativen Produktionsausweitung, sondern zur effektiveren Gestaltung der Produktion. Ich bitte das richtig zu verstehen. Es existieren also meines Erachtens drei Quellen der erweiterten Reproduktion, die wir in der Reproduktionstheorie ins Auge fassen müssen.

Über die erste Quelle braucht man auch nicht viele Worte zu verlieren. Daß man mit neuen Investitionsmitteln die Produktion ausdehnen kann, leuchtet ohne weiteres ein. Deswegen verlangen die Betriebe sehr schnell Investitionsmittel für die Lösung ihrer Aufgaben.

Die zweite Quelle ist prinzipiell auch verhältnismäßig klar, obwohl wir bei ihrer qualitativen Beherrschung noch viele Probleme lösen müssen. Was hier als Reproduktionskomponente bezeichnet wird, verlangt bei der Erneuerung der Fonds gleichzeitig solche qualitativen Veränderungen im Leistungsvermögen der Ausrüstungen, die ein Produktionswachstum ermöglichen. Bei dieser zweiten Quelle muß man berücksichtigen, daß es sich um eine Seite der einfachen Reproduktion handelt, die gleichzeitig einen wichtigen Faktor im realen Prozeß der erweiterten Reproduktion darstellt. Während die erste Quelle einen quantitativen Zuwachs der Fonds umfaßt (wobei die neueingesetzten Fonds qualitativ besser sein müssen), führt die zweite Quelle zur qualitativen Vervollkommnung vorhandener Fonds. Beide ermöglichen ein Produktionswachstum.

Die dritte Quelle enthält dagegen keine qualitative Ausdehnung der Produktion. Hier wird durch qualitative Vervollkommnung der ökonomischen Leistungsfähigkeit eine höhere Effektivität bei gegebenem Produktionsvolumen erreicht. Das kann teilweise durch einfache Reproduktion der Fonds mit qualitativer Vervollkommnung, aber auch durch den Einsatz von Akkumulationsmitteln für eine höhere Effektivität bei gleicher Produktionsleistung erfolgen. Dieser Effekt der erweiterten Reproduktion würde sich folglich nicht in einem quantitativen Wachstum der Produktion niederschlagen. Das widerspricht in vieler Hinsicht der herkömmlichen Betrachtungsweise. Die Betrachtung des ökonomischen Wachstums muß dann neben der Zunahme des Gesamtprodukts das Effektivitätsniveau seiner Herstellung einschließen. Das Ergebnis der Reproduktion kann danach nicht am Volumen des Zuwachses an Bruttoproduktion gemessen werden. Es müßte vielmehr im Zuwachs am Endprodukt oder an kombinierten Kennziffern von absoluter Zuwachs- und Effektivitätsveränderung gemessen werden.

Selbstverständlich existiert im realen Reproduktionsprozeß keine der genannten 3 Quellen isoliert für sich allein - sozusagen in einer reinen Form.

Ich halte es für unbedingt notwendig, daß wir bei der theoretischen Darstellung der Reproduktion einen Schritt weiter gehen und in Anlehnung an all das, was hier über die Effektivitätskomponente gesagt wurde, diesen Aspekt in die Theorie und in den Begriff der erweiterten sozialistischen Reproduktion einbeziehen. Das ist auch deshalb notwendig, weil diese Frage in der Wirtschaftspolitik und Wirtschaftsführung große Bedeutung hat. Dabei sind gründliche Überlegungen notwendig, in welchem Verhältnis Maßnahmen, die vor allem auf das Wachstumstempo einwirken, zu Maßnahmen, die vor allem die Effektivität gegebener Produktion erhöhen, stehen sollen. Dabei geht es nicht um eine Gegenüberstellung, sondern um eine optimale Lösung unter dem Blickpunkt der Zunahme von Endprodukt.

Günter Bretschneider, Berlin

Zu einigen Problemen des Struktureffektes

Mit den heute und gestern behandelten Themenkomplexen werden vom Institut für Politische Ökonomie für die Wirtschaftspraxis, insbesondere für die Perspektivplanung, außerordentlich interessante Probleme zur Diskussion gestellt. Für die Ausarbeitung des Perspektivplanes bis 1970 und die Begründung des vorliegenden Perspektivplanentwurfes sind die Fragen der Fondsintensität, wie sie gestern behandelt wurden, und der Investitionseffektivität, wie sie heute behandelt werden, von großer Bedeutung.
Ich möchte hier zu einigen Fragen sprechen, die sich aus dem Referat von Dr. Reichenberg ergeben, und zwar unter den speziellen Aspekten, die sich aus der Sicht einer Industrieabteilung in der Staatlichen Plankommission ergeben. Dr. Reichenberg sprach hier über die große Bedeutung der Effektivitätskomponente für die Akkumulationskraft der DDR. Ich kann dies nur unterstreichen. In der Praxis ergeben sich jedoch gerade im Zusammenhang mit der Verwirklichung der technischen Revolution eine Reihe von Problemen, deren theoretische Durchdringung große Bedeutung besitzt.

Zunächst zur Frage des Struktureffektes, d. h. der verschieden großen Effektivität, die durch die unterschiedliche Verteilung der Investitionen auf die Zweige der Volkswirtschaft erzielt wird.

Ich möchte diese Frage unter dem speziellen Gesichtspunkt der unterschiedlichen Verteilung der Investitionen innerhalb der metallverarbeitenden Industrie betrachten. Es zeigt sich hier, und das wird sich sicherlich bei näherer Untersuchung als ein allgemeiner Gesichtspunkt ergeben, daß diese Frage unter zwei Aspekten betrachtet werden muß.

a) Die Größe des Zuwachses der Warenproduktion des Zweiges je Investeinheit und
b) die Auswirkung der Investitionen in dem speziellen Zweig auf die Veränderung des gesellschaftlichen Gesamtproduktes, also auf den Zuwachs des gesellschaftlichen Gesamtproduktes bzw. des Nationaleinkommens.

Nehmen wir dazu ein Beispiel: Eine Mark, die wir im Verarbeitungsmaschinenbau investieren, ergibt für das kommende Jahr im Durchschnitt 1,10 bis 1,20 Produktionszuwachs. Investieren wir die gleiche Summe, das kann 1 Mill. oder 10 Mill. sein - allerdings kann man diese Summe nicht beliebig steigern, da sich die Effektivität nicht unbedingt linear entwickelt -, für Personenkraftwagen, wird ein wesentlich höherer Produktionszuwachs erreicht. Also würde sich vom Zweig her die Entscheidung ergeben, wir investieren nicht im Verarbeitungsmaschinenbau, sondern im Automobilbau.

Ein solches einseitiges Herangehen an die Investitionsstruktur würde nicht berücksichtigen

a) die erforderlichen Nachfolge-Investitionen, sowohl für Zulieferungen als auch für territoriale Aufwendungen - die Probleme der territorialen Aufwendungen werden hier nicht behandelt - und

b) die Auswirkungen auf das Nationaleinkommen insgesamt.

Die Effektivität der Investitionen darf nicht allein am Zuwachs der Warenproduktion des Endproduktes gemessen werden, sondern wir müssen den Gesamtaufwand an Investitionen zur Steigerung des entsprechenden Finalproduktes betrachten. Hierbei zeigt sich schon als erstes, daß für den Automobilbau in einem größeren Umfang Investitionen in der Zulieferindustrie erforderlich sind, und zwar auf Grund der größeren Arbeitsteilung in diesem Zweig gegenüber dem Verarbeitungsmaschinenbau.

Gegenwärtig sind solche Untersuchungen leider noch stark erschwert, da die Verflechtung der Volkswirtschaft noch ungenügend quantitativ erfaßt ist. Es ist notwendig, hier mit Hilfe der Verflechtungsbilanzierung, in die auch diese Frage einbezogen werden muß, zu einer besseren Lösung als bisher zu kommen.

Nun zur nächsten Frage, den Auswirkungen der Investitionen auf das Nationaleinkommen. Hier ergibt sich in unserem Beispiel ein großer Unterschied in der Höhe des Nationaleinkommens je nachdem, ob der Zuwachs der Produktion für den Export oder für das Inland verwendet wird. In der Tendenz ergibt sich folgendes: Wenn die Verarbeitungsmaschinen für den Export zur Verfügung gestellt werden, dann ergibt sich ein positives Moment für diese Zweige und ein negatives Moment für den Automobilbau, da die Devisenrentabilität des Verarbeitungsmaschinenbaues bei 1,2 bis 1,3 liegt und beim Automobilbau bedeutend unter 1. Werden diese Erzeugnisse im Inland verbraucht, führen die Investitionen im Automobilbau - durch den Einfluß der Preisgestaltung - zu einem wesentlich größeren Zuwachs des Nationaleinkommens.

Bei der theoretischen Durchdringung des Struktureffektes muß diese ganze Kompliziertheit beachtet werden.

Noch komplizierter liegt die Frage bei der Entscheidung des Einsatzes der Investitionen in Zulieferzweigen oder in Zweigen mit Finalerzeugnissen. Bei der Messung der Effektivität der Investitionen oder der Fondsintensität am Zuwachs bzw. an der Größe des Nationaleinkommens besteht immer die Gefahr, daß die proportionale Entwicklung der Zulieferindustrie unterschätzt wird. Man muß also einen Weg finden, um in der Praxis dieser Gefahr zu begegnen. Ich möchte hier, weil gerade in der letzten Zeit in der Wirtschaftspraxis die nichtproportionale Entwicklung der Zulieferindustrie in der metallverarbeitenden Industrie zum Hemmnis wurde, kurz auf diese Frage eingehen. Scheinbar ist der Nutzeffekt der Investitionen stets größer, wenn wir die Investitionen bei Finalerzeugnissen einsetzen, weil hier sofort eine Erhöhung des Nationaleinkommens erreicht werden kann. Allerdings nur, wenn die entsprechenden Zulieferungen bereitgestellt werden können, und hier liegt für die Planung die Problematik.

Betrachten wir einen Extremfall. Investitionen in Gießereien von Betrieben des Maschinenbaues, wo die Gießerei unmittelbar an den Betrieb angeschlossen ist, haben scheinbar überhaupt keine Effektivität bzw. nur in der Größe, wie sich durch die Investitionen die Lieferungen an Dritte erhöhen. Daraus ergibt sich das Bestreben, Investitionen in diesem Bereich auszuweichen. Das führte letzten Endes dazu - es gibt dabei noch eine Reihe anderer Probleme, von denen hier abstrahiert wird -, daß durch das Zurückbleiben der Gießereiindustrie in der DDR das Entwicklungstempo der gesamten metallverarbeitenden Industrie gehemmt wird. Ähnlich liegt die Problematik in anderen Zweigen der Zulieferindustrie, nur daß hier die relativ geringe Exportintensität, die "geringere" Effektivität der Investitionen, die scheinbar geringere volkswirtschaftliche Bedeutung u. a. zur ungenügenden Entwicklung dieser Zweige führte.

Die internationale Entwicklung zeigt jedoch, daß auch von Zulieferzweigen außerordentlich große Impulse für die Durchführung der technischen Revolution ausgehen können. Ich möchte in diesem Zusammenhange nur an die Entwicklung der elektronischen Bauelemente-Industrie in Japan erinnern, von der außerordentlich starke Impulse für die gesamte Volkswirtschaft ausgingen.

Die Untersuchung des Struktureffektes der Investitionen muß also immer im Zusammenhang mit dem Wirken des Gesetzes der proportionalen Entwicklung der Volkswirtschaft erfolgen, wobei diesem Gesetz die primäre Bedeutung zukommt. Wir können also die optimale Verteilung der Investitionen nur unter voller Beachtung des Gesetzes der planmäßig proportionalen Entwicklung und der entsprechenden wirtschaftspolitischen Zielstellung durchführen.

Nun zu einem zweiten Problem. Das ist die Frage nach der Größe des Anteils der Investitionen für Rationalisierungsmaßnahmen, größeren Erweiterungen bzw. Neubauten am Gesamtvolumen der Investitionen. Wie im Referat schon erwähnt wurde, fehlt gegenwärtig eine wissenschaftliche Durchdringung dieses Fragenkomplexes.

In unserer Abteilung stehen wir vor folgender Problematik: Wenn wir eine Mark Investitionen für Rationalisierungsmaßnahmen anlegen, erreichen wir im Durchschnitt einen jährlichen Produktionszuwachs von 1,40. Legen wir die gleiche Menge Investitionen für Neubauten oder größere Erweiterungsvorhaben an, so erreichen wir einen Zuwachs von 0,80 pro Mark. Dabei bedeutet ein Zuwachs von 0,80, daß der Zuwachs für die neuen Grundmittel niedriger ist als die bereits erreichte Effektivität der vorhandenen Grundfonds, die etwa bei 0,85 liegt. Hieraus ergeben sich eine Vielzahl von Problemen für die Entscheidung über die Relation der Verwendung der Investitionen für Rationalisierungs- oder Erweiterungsmaßnahmen. Bei der Betrachtung der von mir genannten Zahlen kann man leicht zu dem Ergebnis kommen, 100 % der Mittel für Rationalisierung einzusetzen. Dann könnte für den Perspektivplanzeitraum der größte Produktionszuwachs erzielt werden. Damit ist jedoch für den späteren Zeitraum die weitere Entwicklung stark gehemmt, weil die Rationalisierungsmaßnahmen bei all ihrer Bedeutung doch in gewissem Sinne perspektivisch beschränkt sind. Es wurde hier gestern schon erklärt, daß es möglich ist, durch die Rationalisierung sehr schnell einen Nutzeffekt zu erzielen und eine außerordentlich kurze Rückflußdauer der Mittel zu erreichen, aber daß sie perspektivisch gesehen Grenzen besitzt.[1] Sie treten insbesondere auf, wenn die vorhandenen Bauten nicht mehr ausreichen, um komplexe Maßnahmen durchzuführen.

Für eine optimale Verteilung der Investitionen auf kurzfristig wirkende Rationalisierungsmaßnahmen und perspektivisch wirkende Erweiterungen mit höchster Produktivität gibt es gegenwärtig noch keine wissenschaftlichen Methoden. Wir müssen deshalb von Fall zu Fall entscheiden und eine Reihe von langfristigen Maßnahmen, die zu

1 Auf dem 11. Plenum des ZK der SED wurde vom Gen. W. Ulbricht versucht, die Bedeutung beider Wege zur Erhöhung des Produktionsvolumens prinzipiell darzulegen.

einer umfassenden Verbesserung der Grundfondsstruktur führen, mit einer Vielzahl von Rationalisierungsmaßnahmen kombinieren.

Beide Fragenkomplexe,

die optimale Verteilung der Investitionen auf die einzelnen Zweige sowie der damit verbundene Struktureffekt und

die optimale Verwendungsstruktur der Investitionen in den Zweigen,

bedürfen dringend einer tiefgründigen Untersuchung; deshalb ist es zu begrüßen, wenn sie Gegenstand der Forschung des Instituts für Politische Ökonomie und der heutigen Beratung sind.

Helge Dameris, Berlin

Zum Problem der Ermittlung des perspektivischen Bedarfs an Ausrüstungen für den Bau kompletter Chemieanlagen für Inland und Export

Ich möchte einige Ausführungen zu der im Referat angesprochenen Problematik der Effektivität der Akkumulation, speziell zu den genannten Effektivitätsfaktoren "Verteilung der Investitionen" und "Bilanzsystem", machen. Und zwar unter dem Aspekt der Notwendigkeit einer exakten perspektivischen Bedarfsermittlung mit Hilfe der Verflechtungsbilanzen als Voraussetzung für eine richtige Konzentration der Akkumulation und einer planmäßigen proportionalen Entwicklung überhaupt. Dieses Problem möchte ich am Beispiel des Zusammenhanges zwischen dem Bau von kompletten Chemieanlagen für Inland und Export und dem sich daraus ergebenden Bedarf an Teilausrüstungen für komplette Chemieanlagen zeigen. Worum geht es dabei?
Bekanntlich ist die Chemie und damit der Chemieanlagenbau ein führender Zweig der nationalen Wirtschaft der DDR. Es ist aber ein Kennzeichen des Chemieanlagenbaus, daß nur etwa 25 - 30 % des Wertes der gesamten Ausrüstungen einer kompletten Chemieanlage eigentliche chemische Apparate sind. Die anderen 70 - 75 %, die Hauptmasse also, sind Produkte anderer Zweige und damit auch anderer VVB (z. B. Pumpen, Kompressoren, Rohre, Armaturen, Regeltechnik usw.). Es ist also tatsächlich so, wie Dr. Roichenberg in seinem Referat dargelegt hat, daß eine schnelle Entwicklung der Chemie, je nach Lage der Kapazitäten, eine verstärkte Akkumulation weniger im Chemieanlagenbau selbst als vielmehr in den Zweigen, die Teilausrüstungen für komplette Chemieanlagen produzieren, oder sogar in den diesen vorgelagerten Zweigen notwendig machen kann und auch tatsächlich macht. Die Lösung der Aufgaben des Chemieanlagenbaus erfordert also eine exakte Ermittlung des perspektivischen Bedarfs an Produkten der vorgelagerten Stufen, u. a. als Voraussetzung für eine richtige Konzentration der Akkumulation auf den Chemieanlagenbau. Die auf diesem Wege herzustellende planmäßige Proportionalität ist ein wesentlicher Faktor der Effektivität der Akkumulation.
Die Kenntnis des Bedarfs versetzt die Teilausrüstungen produzierenden Betriebe in die Lage, daraus das notwendige Wachstumstempo, Maß-

nahmen zur Spezialisierung und Konzentration, zur Errichtung von Taktstraßen, die erforderlichen Investitionen usw. abzuleiten. Dem volkswirtschaftlichen Reproduktionsprozeß können Störungen und Disproportionen erspart bleiben (Durcheinanderbringen der Pläne, Fehlkapazitäten, Investruinen usw.). Bei der Aufstellung des Perspektivplanes bis 1970 stand und steht nun das Problem, den Ausrüstungsbedarf für das Chemieprogramm (Inland und Export) zu ermitteln, u. a. auch für Armaturen. Man brauchte also wissenschaftlich begründete Vorstellungen über die Höhe des Anteils des Wertes der Armaturen am Wert der Chemieausrüstungen. Hier bewegen sich die Vorstellungen zwischen 2 - 8 % Anteil. Die Praxis rechnet global mit 5 % Anteil. Diese 5 % sind ein Schlüssel, von dem eigentlich keiner mehr weiß, wie er zustande gekommen ist, d. h., welche Sortimentsstruktur der Chemieanlagen zugrunde gelegt wurde. Versuche, solche Schlüssel zu erarbeiten, wurden in einigen VVB und Projektierungsbüros der Chemie für ihre Bereiche gemacht. Aber es wurde dabei immer ein bestimmtes, begrenztes Sortiment an Chemieanlagen mit einem ganz bestimmten Gewicht der einzelnen Sortimente an der Gesamtauswahl der Anlagen zugrunde gelegt. Es ist unmöglich, daß dieser Schlüssel auf jeden Perspektivzeitraum und auf jedes Teilprogramm paßt, wie etwa auf das des Chemieanlagenexportprogramms für die Sowjetunion. Er paßt schon gar nicht auf das gesamte bis 1970 zu realisierende Chemieprogramm (Inland und Export).

Eine von mir durchgeführte Untersuchung von nur 6 Anlagen zeigte deutlich, daß z. B. die Armaturenintensität der verschiedenen Chemieanlagen sehr unterschiedlich ist. So beträgt der Anteil des Wertes der Industriearmaturen am Wert der gesamten Ausrüstungen bei einer Rohöldestillation 10,6 % und bei einer Polystyrolanlage 2,8 %. Hier sind die Industriearmaturen aus den Projektteilen "Rohrleitungen und Armaturen" und "Kontroll- und Meßgeräte" erfaßt. Darauf hinzuweisen ist deshalb notwendig, weil bei den in der VVB Chemieanlagen vorliegenden Analysen von Anlagen lediglich die Rohrleitungsarmaturen berücksichtigt wurden, nicht aber die Armaturen aus dem Teil "Kontroll- und Meßgeräte". Dadurch weist die Analyse z. B. bei der Rohöldestillation nur einen Armaturenanteil von 6,7 % an Stelle von 10,6 % aus. Der Anteil der Stahlgußarmaturen an den Armaturen insgesamt schwankt bei diesen 6 untersuchten Anlagen von 53 - 83 %. Die exaktere Ermittlung des Bedarfs an Stahlguß ist aber ein sehr wichtiges Problem für unsere Volkswirtschaft, da die Kapazität knapp ist und die Investitionen dafür hoch sind. Ebenso verhält es sich mit den Schwankungen der Anteile anderer Ausrüstungen am Wert der verschiedenen Chemieanlagen (Ausrüstungen). Aus diesen Beispielen ergibt sich, daß man die Aggregation "Chemieanlagen" in geeignete Gruppen untergliedern und Armaturenverflechtungskoeffizienten für diese Gruppen von Chemieanlagen ermitteln muß. Das gilt selbstverständlich auch für die anderen Ausrüstungen, wie Wärmeaustauscher, Kolonnen, Pumpen, Verdichter, Rohre usw. Nur über die Berücksichtigung einmal der spezifischen Ausrüstungskoeffizienten pro Gruppe und zum anderen des Anteils der Gruppen an den insgesamt zu produzierenden Chemieanlagen eines bestimmten Perspektivzeitraums oder eines bestimmten Programms ist es überhaupt möglich, einen globalen Koeffizienten für einen bestimmten Perspektivzeitraum zu bilden. Man muß also von der Struktur des Sortiments der Chemieanlagen ausgehen, das im Perspektivzeitraum tatsächlich produziert wird. Macht man das nicht, kann man sich um Millionen "verplanen". Eine solche Analyse der Verflechtungsbeziehungen zwischen Chemieanlagenbau und ausrüstungsliefernden Betrieben wird uns überhaupt erst in die Lage versetzen, die Auswirkungen gerade der vorrangigen Entwicklung des Chemieanlagenbaus überhaupt und die Auswirkung bestimmter Exportprogramme auf die Armaturenindustrie festzustellen. Das war bisher undenkbar, wenn man nicht für alle Teilprogramme (Inland und Export) immer den gleichen Prozentsatz von 5 % Anteil des Wertes der Armaturen am Wert der Chemieausrüstungen anwenden wollte, also ganz unabhängig davon, aus welchen Anlagen sich die einzelnen Programme zusammensetzen und mit welchem Gewicht diese einzelnen Anlagen an einem Programm beteiligt sind.

Einen wichtigen Schritt in Richtung auf die exaktere Ermittlung des Ausrüstungsbedarfs für komplette Chemieanlagen hat meines Erachtens die VVB Chemieanlagen mit der Ermittlung von "Strukturzahlen" für Gruppen von kompletten Chemieanlagen unternommen. Wenn den jetzigen Ergebnissen auch noch gewisse Mängel anhaften, so ist es doch die prinzipiell richtige Methode des Herangehens, weil sie den Erfordernissen entspricht, die ich oben kurz anzudeuten versuchte. In der VVB Chemieanlagen hat man den Versuch unternommen, spezifische Ausrüstungskoeffizienten nach 25 Positionen für 31 Untergruppen von Chemieanlagen zu bestimmen. (Solche Gruppen sind: Anlagen zur Herstellung von Schwefelsäure, Düngemitteln, von Fotopapier, von Plasten, von Fasern usw.). Sie dienen allerdings nicht als Grundlage für die Koordinierungsvereinbarungen. Dabei kam und kommt es darauf an, auf Grund der Untersuchungen von Vergleichsprojekten die spezifischen Koeffizienten an Teilausrüstungen, darunter auch an Armaturen, zu ermitteln. Hierbei taucht nun folgendes Problem auf: Jede

Gruppe umfaßt eine mehr oder weniger große Anzahl von konkreten Objekten. So enthält die Gruppe "Anlagen zur thermischen und katalytischen Erdöl- und Teerverarbeitung" 81 solcher Investitionsvorhaben. Diese 81 Maßnahmen setzen sich aus Anlagen mit einem Wert von wenigen hunderttausend Mark und aus kompletten Anlagen im Werte von über 60 Millionen Mark zusammen, außerdem aus Neubau-, Rekonstruktions- und Erweiterungsmaßnahmen. Und schließlich sind auch Objekte mit erfaßt, die an und für sich gar keine Chemieanlagen sind, wie Gleissicherungsanlagen, Transformatoren, Labors. Ganz abgesehen davon, daß hier das Problem der Zuordnung der einzelnen Objekte zu den Gruppen der Chemieanlagen geklärt werden muß, ergibt sich als Hauptproblem folgendes: Es muß ein repräsentativer Koeffizient für die verschiedenen Ausrüstungsarten, also ein Durchschnittskoeffizient für diese Gruppen ermittelt werden. Dieses Problem ist noch nicht befriedigend gelöst. Es wurden Anlagen als Typenvertreter, z. T. ohne Berücksichtigung der die jeweiligen Gruppen im laufenden Perspektivzeitraum dem Umfang nach bestimmenden Anlagen, bestimmt und ausgewertet. Das hat seine Ursache u. a. darin, daß Projekte von Anlagen, die in diese Gruppen gehören, nicht greifbar waren, weil sie in der DDR noch nicht gebaut wurden. Natürlich ist es nicht möglich, alle 81 Vorhaben vorher auszuwerten. 1. Es liegen die Projekte bzw. Vergleichsprojekte nicht in jedem Falle vor. 2. 2. wäre der Aufwand viel zu hoch, da keine Speicherung der Ausrüstungskoeffizienten der einzelnen Anlagen auf Lochkarten vorliegt und und damit eine maschinelle Aufbereitung nicht möglich ist. Diese Voraussetzungen können erst sukzessive im Laufe der nächsten Jahre geschaffen werden. Inzwischen wird man sich mit wenigen, aber repräsentativeren Typenvertretern behelfen müssen. Aber ungeachtet der noch bestehenden Unzulänglichkeiten ist der von der VVB Chemieanlagen eingeschlagene Weg eine wichtige Voraussetzung für die Einführung der Verflechtungsbilanzen für komplette Chemieanlagen. Es handelt sich hier um die Erarbeitung eines Typs von Verflechtungsbilanzen im System der Verflechtungsbilanzen, der den Zusammenhang zwischen der kompletten Anlage und den Teilen der Produktion der ausrüstungsliefernden Zweige, mit dem diese am Bau der kompletten Chemieanlage beteiligt sind, widerspiegelt. Bekanntlich stehen beim bisherigen Experiment zur Einführung der Verflechtungsbilanzierung die Betriebsmodelle und die Zweigmodelle im Vordergrund. Diese haben, wenn man von den Modellen absieht, die die innerbetriebliche bzw. innerzweigliche Verflechtung widerspiegeln, die Aufgabe, den Materialverbrauch auf die Bruttoproduktion des Betriebes oder des Zweiges zu beziehen. Solche Bilanzen werden z. B. auch in den Teilausrüstungen produzierenden Betrieben der VVB Chemieanlagen aufgestellt.

Was fehlte, war eine Bilanz, die die Verbindung dieser Teilausrüstungen zum nächsthöheren Endprodukt, nämlich der kompletten Anlage, herstellt. Eine solche Bilanz braucht z. B. der Hauptauftragnehmer für die Planung und Bilanzierung von kompletten Anlagen für Inland und Export. Und dieser Anlagenbilanz entspricht praktisch das Projekt mit seinen Ausrüstungslisten. Diese Anlagenmodelle sind die entscheidende Grundlage für die Meisterung der Aufgaben einer exakteren Bedarfsermittlung von Ausrüstungen als Voraussetzung für eine planmäßige proportionale Entwicklung dieses Bereiches, und damit nicht zuletzt für eine höhere Effektivität der Akkumulation. Ohne Anspruch auf Vollständigkeit erheben zu wollen, möchte ich abschließend und zusammenfassend folgende wesentliche Aufgaben bei der Bestimmung des Bedarfs an Produkten der Vorstufen für komplette Chemieanlagen nennen.

1. Untersuchung der Möglichkeiten der richtigen und einheitlichen Zuordnung der einzelnen Objekte zu den 31 Gruppen von Chemieanlagen. Dabei braucht man offenbar zusätzlich eine Nomenklatur von Nebenanlagen (wie Straßen, Gleisanlagen, Transformatoren, komplette Außenrohrleitungen usw.). Denn bisher wird im wesentlichen so verfahren: Gehört ein Objekt, z. B. ein Labor, zu einem Vorhaben, das insgesamt gesehen zur Erdölverarbeitung gehört, dann wurde dieses Labor der Gruppe Erdölverarbeitungsanlagen zugeordnet. Ebenso muß geklärt werden, ob das Endprodukt oder das Verfahren bzw. der Rohstoff Kriterium der Zuordnung ist.
2. Ermittlung von fundierteren, typischen Koeffizienten an Ausrüstungen, vor allem für die 14 entscheidenden Gruppen des Perspektivzeitraumes 1965 - 1970. Hier sei noch eine Bemerkung angefügt. Bekanntlich besteht eine wichtige Aufgabe bei der Anwendung der Verflechtungsbilanz für die Planung und insbesondere für die Perspektivplanung darin, die Plankoeffizienten zu ermitteln. Das erfordert die Untersuchung und Quantifizierung der Faktoren, die eine Veränderung der einmal ermittelten Berichtskoeffizienten bewirken. Offenbar ist der entscheidende Faktor, der auf die Veränderungen der Koeffizienten einwirkt, die Sortimentsveränderung bei Chemieanlagen. Da mit der Ermittlung von Anlagenkoeffizienten in diesem Jahr erstmalig begonnen wurde, gibt es noch gar

keinen Berichtskoeffizienten für einen vergangenen Perspektivzeitraum. Nun ist aber das Auftragsvolumen nach 31 Gruppen und auch das Auftragsvolumen innerhalb der 31 Gruppen im wesentlichen bekannt. Auf dieser Grundlage kann gleich der Plankoeffizient für 1965 bis 1970 gebildet werden. Das heißt, der oder die Typenvertreter können und müssen unter Berücksichtigung des bekannten Sortiments innerhalb der Gruppe im Perspektivplanzeitraum 1965 - 1970 ermittelt werden.

3. Sukzessive Auswertung aller fertiggestellten Projekte und Speicherung der Koeffizienten auf Karten. Von der VVB Chemieanlagen wurde festgelegt, daß jedes neue Projekt einer Chemieanlage nach Fertigstellung auf seinen Ausrüstungsbesatz hin ausgewertet wird und eine Anlagenkarte angelegt wird, aus der u. a. die Struktur des Ausrüstungsbedarfs hervorgeht. Im gleichen Sinne müßten die Voraussetzungen für die maschinelle Datenverarbeitung geschaffen werden. Diese Arbeit ist ungeheuer wichtig, da sie eine wichtige Sammlung von Elementar-Koeffizienten darstellt, auf die man später im Zusammenhang mit der Ermittlung von Plankoeffizienten für die Gruppen zurückgreifen kann. Außerdem können sie als Grundlage für die Ermittlung eines exakteren Berichtskoeffizienten für einen Perspektivplanzeitraum von großer Bedeutung sein. Gerade jetzt hat sich gezeigt, wie sehr eine solche Sammlung fehlt. Man mußte in sogenannten Feuerwehreinsätzen Planungsunterlagen schaffen.
   Auf dem jetzt von der VVB beschrittenen Weg kann man die Unterlagen kontinuierlich schaffen.

4. Untersuchungen über die Bestimmung der optimalen Nomenklatur der Ausrüstungen für komplette Chemieanlagen für Perspektivplanzwecke, nach der weitere Verflechtungskoeffizienten durch Auswerten von Projekten ermittelt werden und nach der der perspektivische Bedarf an Ausrüstungen für komplette Chemieanlagen den vorgelagerten Stufen gemeldet werden soll.
   Es besteht in dieser Frage ein gewisser Interessengegensatz zwischen Abnehmer und Lieferer. Der Abnehmer hat kein unmittelbares Interesse, dem Lieferer den Ausrüstungsbedarf möglichst spezifiziert anzugeben. Der Lieferer, z. B. die VVB Armaturen, ist dagegen sehr daran interessiert, nicht nur zu wissen, wieviel Armaturen insgesamt benötigt werden, sondern ihre Untergliederung einmal nach Stahlguß, Grauguß usw. und

zum anderen nach Schiebern, Ventilen usw. Es geht also darum, nach welcher Nomenklatur der Zulieferer den Ausrüstungsbedarf für den Perspektivplan verlangen kann und nach welcher nicht. Das setzt Untersuchungen darüber voraus, in welcher Nomenklatur die liefernden Zweige den Ausrüstungsbedarf für Perspektivplanzwecke unbedingt benötigen und welche Detailangaben für Perspektivplanzwecke überflüssig sind.

5. Untersuchung über die Möglichkeit der Quantifizierung der Auswirkungen des technischen Fortschritts in der Chemie bzw. in den ausrüstungsliefernden Zweigen auf die Verflechtungsbeziehungen zwischen kompletten Chemieanlagen und Teilausrüstungen. Der technische Fortschritt ist neben der bereits gezeigten Ursache der Veränderungen des Produktionssortiments der wichtigste Faktor, der auf die Veränderung der Koeffizienten einwirkt.
6. Untersuchungen über die Möglichkeit des Einsatzes der maschinellen Datenverarbeitung für die Speicherung und Auswertung der Ausrüstungsverflechtungskoeffizienten pro Anlage bzw. Anlagengruppen.

Die hier in groben Zügen gezeigte Problematik der Ermittlung des Ausrüstungsbedarfs für den Bau von kompletten Chemieanlagen zeigt deutlich, wie komplex, wie weit verzweigt das Problem der Effektivität der Akkumulation ist.

Hermann Stiebe, Berlin

Wechselbeziehungen zwischen Militarismus und ökonomischer Basis in Westdeutschland

In Westdeutschland ist der staatsmonopolistische Kapitalismus zur ökonomischen Basis des aggressiven Militarismus geworden. Der gegenwärtig beschleunigt fortschreitende Militarisierungsprozeß der Wirtschaft ist ein Ergebnis der eingetretenen Wechselbeziehung zwischen dem aggressiven Militarismus und seiner ökonomischen Basis. Die Rüstungsausgaben, die direkten und die indirekten, sind, mit dem Haushaltsjahr 1961 beginnend, sprunghaft angewachsen.

1961 23,0 Mrd. Mark[1]
1964 39,4 Mrd. Mark

Die direkten Rüstungsausgaben betrugen im gleichen Zeitraum 12,9 Mrd. Mark bzw. 20,5 Mrd. Mark. Die Höhe der direkten Rüstungsausgaben hat damit im Jahre 1964 und auch für den Plan 1965 genau die Höhe des Ausgabevolumens des Bundeshaushaltes von 1948 erreicht. Das waren ca. 1/3 der Gesamtausgaben des Bundeshaushaltes für 1964.

Werden davon der Einkauf von Waffen, Ausrüstung und Gerät aus dem Ausland sowie Löhne und Gehälter abgerechnet und auch die Unterhaltsausgaben, die nicht die Produktion der Industrie und Landwirtschaft berühren, so verbleiben ca. 35 - 40 % der Gesamtmittel der direkten Rüstungsausgaben zum Bau bzw. Aufkauf von Rüstungsprodukten aus der eigenen Industrie. Die technische Revolution im Militärwesen gebietet ein schnelles Anwachsen der Ausgaben für die Ausrüstung, für Waffen und Gerät. Bei der gegenwärtigen Entwicklung des westdeutschen Militarismus ist zu beachten, daß dieser mit immer höheren Anforderungen an seine ökonomische Basis herantritt. Die besondere Aggressivität, sein Machtanspruch innerhalb der NATO und der ihm eigene Chauvinismus und Revanchismus drücken sich auch in dem Bestreben aus, eine eigene leistungsfähige, in sich geschlossene ökonomische Basis zu haben, die willens und fähig ist, ihn mit allen dem neuesten Stand der Technik und Wissenschaft entsprechenden Erzeugnissen auszurüsten. Solange die deutschen Militaristen

1 Vgl. E. Kaemmel, in: Deutsche Außenpolitik, Heft Nr. 4/1961

auf die ökonomischen und wissenschaftlich-technischen Potenzen der anderen imperialistischen Staaten, vor allem der USA, angewiesen sind, sind sie beengt in ihrer Handlungsfreiheit. Der technische Fortschritt hat zur Folge, daß bei gleichbleibendem Aufwand für Lohn und Verpflegung die Kosten für die Ausrüstungen, Waffen und Gerätschaften mit enormen Tempo zunehmen.

Für einen Soldaten gerechneter Kostenanstieg an Ausrüstung, Waffen und Gerät:

1963 zwischen Mot.-Schützen mit ca. 15.000 Mark und Luftwaffe und technischen Verbänden einschließlich Raketentruppen bei 20.000 Mark

1964 je nach Waffengattung bereits zwischen 25.000 Mark und 30.000 Mark

1966 ist geplant, die Kosten durchschnittlich auf 50.000 Mark zu erhöhen.

Dieses Geschäft mit der Rüstung hat vor allem für das hochkonzentrierte Monopolkapital in Westdeutschland scheinbar lohnende Aussichten der Verwertung, da mit der Übernahme der Rüstungsproduktion eine weitere Kapazitätsauslastung der bestehenden Anlagen ermöglicht wird, die Abschreibungszeiten vermindert werden und neue Investitionen vorbereitet und durchgeführt werden können. Das wird begünstigt durch den Staat, der einerseits selbst als Auftraggeber und -abnehmer auftritt, andererseits einen gewissen Schutz vor unliebsamer Konkurrenz gegenüber den Rüstungsproduzenten durch eine Reihe von Vergünstigungen der Steuerabführung, Zölle und Kreditgewährung und -verzinsung verspricht. Das Einsteigen in das Rüstungsgeschäft ist weiterhin begünstigt durch die Vorbereitung des aggressiven westdeutschen Militarismus auf eine atomare Kriegsführung in nahezu allen Zweigen der Industrie. In Westdeutschland sind bereits ca. 8 - 10 %[1] der gesamten Industrieproduktion Rüstungsproduktion, oder noch klarer, 25 - 30 % aller Beschäftigten sind daran beteiligt.

Es ist nahezu unmöglich, bei der Auslastung der Produktionskapazität, der Ersatz- und Neuinvestitionen in der Industrie abzugrenzen, ob sie ein Erfordernis der zivilen Ansprüche waren oder vom Militarismus hervorgerufen sind. Dabei ist notwendig zu beachten, daß nicht nur über die Umverteilung des Staatshaushaltes die Kosten der Rüstung gedeckt werden, sondern die Industrie aus eigener Initiative wesentliche Mittel und Kapazitäten bereitstellt, um den Bedarf des Militarismus zu befriedigen. Sowohl der Staatshaushalt als

1 Vgl. Imperialismus - heute, Berlin 1965, S. 466

auch die Industrie wenden diese Mittel nicht einfach zur Kostendeckung der Rüstungsproduktion auf, sondern lassen sie als Kapital nach den Gesetzen der Konkurrenz und Profiterzielung für diese Aufgabe arbeiten. Die Rüstungsproduktion unterliegt den Gesetzen der Kapitalverwertung; sie ist nur eine besondere Anlagesphäre des Kapitals, die unter den Bedingungen des staatsmonopolistischen Kapitalismus eine Art Ventilfunktion innehat. Ein Grundsatz, den leider die Verfasser des sonst umfassenden Werkes "Imperialismus - heute" nicht genügend beachteten, als sie auf den Seiten 463/464 darangingen, die Rüstungsproduktion einzuschätzen, denn sonst hätten sie nicht die Gegenüberstellung von Rüstungsausgaben und Bruttosozialprodukt als einen aussagefähigen Beweis erachtet.[1]

Es ist heute unter den Bedingungen des staatsmonopolistischen Kapitalismus auch nicht mehr richtig, in der Rüstungsindustrie einen Teil der Abteilung I zu sehen. Sowohl in der Abt. I - Produktion von Produktionsmitteln - als auch in der Abt. II - Produktion von Konsumtionsmitteln - haben sich jeweils Teile für die Rüstung herausgebildet, die auch nicht einmal mehr innerhalb der Abteilungen abzugrenzen sind, weil erst der Einsatz des erzeugten Produktes sichtbar macht, wofür es produziert wurde. Der Direktor des Forschungsinstitutes für Wirtschaftspolitik der Universität Mainz, Erich W e l t e r , der schon unter dem Faschismus ein Experte der Kriegswirtschaft war, schrieb in seinem Buch "Der Staat als Kunde": "Die Ausrüstung moderner Streitkräfte erfordert Lieferungen von so vielfältiger Art, daß davon beinahe alle Zweige der Wirtschaft erfaßt werden. Das gilt nicht nur für handelsübliche Waren und sogenanntes 'weiches' Gerät, sondern auch für 'hartes' Gerät und Waffen aller Art. Nur der Laie glaubt noch, einen scharfen Trennungsstrich zwischen ziviler und militärischer Fertigung ziehen zu können."[2]

Nach westdeutschen Angaben betrug im Jahre 1964 der Zugang an industriellen Anlagen ca. 22 Mrd. Mark.[3] In der Grundstoff- und Produktionsgüterindustrie sind die Investitionen verstärkt worden. Auf Seite 19 des IfO-Wochenberichtes, Nr. 51/52, heißt es: "... wobei vor allem die chemische Industrie, die Kautschuk- und asbestverarbeitende Industrie sowie die Bereiche der Ziehereien und Kaltwalzwerke überdurchschnittliche Wachstumsraten erzielten."
Unter den heutigen Bedingungen der Entwicklung des westdeutschen

1 Vgl. Imperialismus - heute, Berlin 1965, S. 464, Tabelle 60
2 Vgl. E. Welter, Der Staat als Kunde, Heidelberg 1960, S. 320
3 Vgl. Wochenberichte der Ifo-Institutes München, IfO-Schnelldienst, Nr. 51/52, 1964

Militarismus wäre es ein Trugschluß, diese Investitionssteigerung nur der erhöhten Nachfrage des zivilen Marktes zuschreiben zu wollen. Vielmehr sollte daraus geschlußfolgert werden, daß es sich bei diesen Zweigen um die in Westdeutschland wachsenden Rüstungsanforderungen handelt, die mit dazu anregten, das Produktionsvolumen noch weiter zu erhöhen.

Die westdeutsche Wirtschaftspresse spricht vom Jahr 1964 als von einem "goldenen Chemiejahr"; die Produktion von Kunststoffen und Chemiefasern verzeichnete Wachstumsraten von mehr als 20 %. Die Investitionen sind gegenüber 1963 im Jahre 1964 von 2,5 auf 2,8 Mrd. Mark gestiegen; 1965 wird mit weiterem Ansteigen gerechnet. Die technische Revolution auf den Gebieten des Militärwesens stellt neue Anforderungen auch an die Chemie, weil der ständig wachsende Mechanisierungsgrad, die zunehmende hohe Beweglichkeit der Verbände und Truppenteile, notwendig geworden ist. Neue Treibmittel und Sprengstoffe werden benötigt. Dabei sollte nicht vergessen werden, daß auch die chemischen Massenvernichtungsmittel einen besonderen Platz bei der beabsichtigten Kriegsführung des westdeutschen Militarismus einnehmen sollen. Auch eine Reihe von Ausrüstungsgegenständen, z. B. für die allgemeine Versorgung, u. a. Verpackungsmaterial aller Art, Transportmaterial und Gerätschaften werden, um sie noch leichter, platzsparender und widerstandsfähiger zu gestalten, aus chemischen Produkten gefertigt.

Der schmutzige Krieg in Vietnam hat für die westdeutsche Chemie, allen voran die wiedererstandene IG-Farben-Gruppe, bewirkt, daß augenblicklich die Kapazität für chemische Kampfstoffe, im wesentlichen für sogenannte Exporte, ausgelastet ist. Dadurch beteiligen sich westdeutsche Konzerne an der Ermordung wehrloser Menschen, indem sie mit ihren "Erzeugnissen" direkt töten oder die Lebensgrundlagen vernichten.

Besonders deutlich ist die wachsende Anforderung des Militarismus auch in der Elektroindustrie. Dieser Zweig war schon zur Vorbereitung und Durchführung des 2. Weltkrieges, besonders durch die Konzerne AEG, Siemens und Telefunken, stark rüstungsexponiert. Die gleichen Konzerne waren nach relativ kurzer Zwangspause, von 1945 - 1954, wieder in die Rüstungsproduktion eingestiegen. Jedoch erst ab 1962, als der westdeutsche Militarismus sich relativ stabilisiert hatte, gewinnen die Zweige der westdeutschen Elektroindustrie einen fühlbar wachsenden Einfluß im Rüstungsgeschäft. Der Militarismus fördert diese Entwicklung auch weiterhin, denn nur dadurch kann er diesen Zweig seiner ökonomischen Basis fester binden und ausnutzen.

Dieser Zweig stagnierte in der Entwicklung bis 1964 einige Jahre. Im Jahre 1963 war seine Entwicklung sogar rückläufig (2 %). Erst 1964 trat wieder ein konjunktureller Aufschwung ein, besonders in den Zweigen der Meß- und Regeltechnik, des Nachrichtenwesens und anderer Investitionsgüter für die Automation. Dieser Aufschwung ist einerseits ein Ergebnis der zunehmenden Anforderungen der technischen Revolution des zivilen Bereiches, und andererseits zeigt er die Entwicklungstendenz und Anforderung des militärischen Bereiches. Keine moderne Armee kann heute auf Erzeugnisse insbesondere der Meß- und Regeltechnik verzichten; ihre Bedeutung nimmt neben dem traditionellen Bedarf an Elektroausrüstungen stark zu. Der nachfolgende Vergleich soll diese besondere Entwicklungstendenz verdeutlichen:

Anzahl elektronischer Bauelemente in Ausrüstungen von Militärflugzeugen (in Stück)[1]

1940 Bombenflugzeug B 17 und B 29	1.000
1960 Bombenflugzeug B 58 "Hustler"	100.000
1964 Jagdflugzeug F 104 G "Starfigther"	300.000

Es ist anzunehmen, daß, durch die erhöhten Forderungen des Militarismus begünstigt, eine weitere Investitionstätigkeit in der Elektroindustrie, besonders auf den obengenannten Gebieten, eintreten wird.

Zeigen die vorstehenden zwei Beispiele, die beliebig auf andere Zweige ausgedehnt werden könnten, die Wirkung der direkten Anforderung des Militarismus an die ökonomische Basis, so soll mit dem 3. Beispiel darüber hinaus eine besondere Erscheinungsform, die immer mehr Bedeutung gewinnen wird, veranschaulicht werden, die man als verdeckte Anforderung bezeichnen kann. Hierbei handelt es sich, auf die Thematik dieser Beratung bezogen, um Anforderungen, die Kapazitätsauslastungen und Investitionen fördern, indem auch das Endprodukt einer vorläufigen zivilen Nutzung zur Verfügung steht, obgleich sein wirklicher Zweck eindeutig militärischen Anforderungen genügen soll. Diese Form wird vom Militarismus in Westdeutschland deshalb in zunehmendem Maße praktiziert, weil damit die Verschleierung des Militarisierungsprozesses vor der Öffentlichkeit noch wirksamer gemacht werden soll.

Die Bauwirtschaft hatte 1964 ein Bauvolumen von ca. 69 Mrd. Mark, und dieses lag ca. 15 % über dem von 1963. Obwohl das seit langem anstehende Problem der chronischen Nichtauslastung der Kapazitäten

1 Vgl. Militärwesen, Heft Nr. 7/1965, S. 1003

auch damit nicht gelöst wurde, stiegen die Investitionen bei stagnierender Beschäftigtenzahl um 1 % über die des Jahres 1963 auf insgesamt 8 %.[1] Die direkte Anforderung des Militarismus an diesen Zweig besteht in Bauten für Rüstungszwecke mit einem Volumen von 1962 - 1964 zwischen 1,5 und 2,1 Mrd. Mark. Obwohl diese Summe schon doppelt so hoch ist wie die Mittel, die für den sogenannten sozialen Wohnungsbau ausgegeben werden, so offenbaren sie nur einen geringen Teil der tatsächlich durchgeführten Baumaßnahmen für den Militarismus. Die verdeckten Anforderungen nehmen in diesem Zweig den größten Teil der Gesamtanforderung ein;- einmal versteckt unter der Bezeichnung "öffentliche Gebäude", wofür die Baugenehmigungen 1964 um 11 % anwuchsen, andererseits getarnt als Baumaßnahmen für die imperialistischen Besatzungsmächte. Weiterhin ist typisch, daß auch Baukapazitäten gebunden werden für den sogenannten Mehrzweckbau. Ein charakteristisches Beispiel dazu: Am 4. 12. 1964 wurde in Bochum nach Düsseldorf ein sogenannter Parkbunker errichtet, der über alle technischen Anlagen eines Atombunkers verfügt. Der Kostenaufwand wird mit mehr als 20 Millionen Mark angegeben. Sein gegenwärtiger Nutzungszweck ist Hochgarage. 70 weitere dieser Art sind geplant. Sie sollen vorerst u. a. auch als Kühlhäuser und Warenlager genutzt werden.

Unter Bezugnahme auf den zunehmenden Verkehr in Westdeutschland erfolgt auch ein nach strategischen und taktischen Gesichtspunkten zielgerichtetes Baugeschehen für das Straßennetz. Hierfür wurden 1964 rund 3 Mrd. Mark angelegt, nicht gerechnet die Ausgaben der Länder und Gemeinden.

Die genannten Fakten zeigen, wie die Militaristen ihre ökonomische Basis beeinflussen, was sie ihr abverlangen und wie sie es zu tarnen versuchen; indem sie Teile der nach militärischen Gesichtspunkten geforderten Erzeugnisse, Anlagen und Einrichtungen vorläufig der zivilen Nutzung überlassen, wälzen sie den größten Teil der Kosten auf den zeitweiligen Nutznießer ab.

Die angeführten Beispiele sollen in diesem Rahmen genügen, um zu zeigen, daß bei der Kapazitätsauslastung, bei der Investition und der Investitionsstruktur der Militarismus mit seinem ständig wachsenden Forderungen immer mehr an Einfluß gewinnt. Damit wird die Rüstungsproduktion zu einem Ausgleichsbecken, welches

den Kapitalverwertungsprozeß fördern,
die Krisenerscheinungen ausgleichen,
die Kapazitätsauslastung stabil halten oder erhöhen und
Investitionen anreizen soll.

1 Vgl. DWI-Bericht Nr. 5/1965, S. 15

Für einige Teile aller Zweige der Industrie hat der Militarismus heute eine konjunkturfördernde Funktion, aber für andere Teile, die sich nicht auf seine Belange umgestellt haben, wirkt er genauso hemmend wie in der Sozialpolitik, Kultur, Bildung, zivilen Wissenschaft und Kommunalpolitik, um nur einiges anzuführen. Der Militarisierungsprozeß verdient unsere ganze Beachtung; aber damit sollte immer bedacht werden, daß die Rüstungsproduktion den gleichen objektiven Gesetzen des Kapitalismus unterliegt wie der gesamte Produktionsprozeß unter den Bedingungen des staatsmonopolistischen Kapitalismus. Deshalb ist die Rüstungsproduktion keine Alternative, um sich aus der Krisenumklammerung zu lösen; sie kann diese auch nicht mildern, sondern verschleiert nur den Zeitpunkt des Auftretens. Kapital bleibt auch als Rüstungskapital in seinem Inhalt vollständig erhalten.

Günther Hoell, Berlin

Technischer Fortschritt und Investitionen in der westdeutschen Landwirtschaft

Die sich gegenwärtig in raschem Tempo durchsetzende technische Revolution erfaßt auch die Landwirtschaft der kapitalistisch hochentwickelten Länder und bewirkt dort tiefgreifende Umwälzungen in der materiell-technischen Basis, die wiederum ihrerseits zu umfassenden sozial-ökonomischen Veränderungen führen. Allgemein kann festgestellt werden, daß die Landwirtschaft in diesen Ländern ihre aus früherer Zeit her bekannte Stagnation überwunden hat und relativ schnell ablaufenden Entwicklungsprozessen unterworfen ist. Produktivkräfte und Produktionsverhältnisse entwickeln sich bedeutend rascher als früher.

Natürlich gibt es dabei Unterschiede gegenüber der Durchsetzung der technischen Revolution in der Industrie, was Erscheinungsformen, Tempo und Intensität betrifft. So besteht u. a. ein bedeutender Unterschied darin, daß die Industrie zur Automatisierung übergeht, während für die Landwirtschaft die Mechanisierung typisch ist. Weitere Unterschiede gibt es hinsichtlich des Grades der Mechanisierung der Produktion und des Niveaus der Arbeitsproduktivität. Auch existieren beachtliche Niveauunterschiede zwischen den einzelnen Ländern, was vor allem damit zusammenhängt, daß diese neuen Entwicklungsprozesse zu unterschiedlichen Zeitpunkten einsetzten. So begannen in der Landwirtschaft der USA und Kanadas sich diese Prozesse bereits verstärkt in der 2. Hälfte der dreißiger Jahre durchzusetzen und wurden durch den II. Weltkrieg stark stimuliert. In den imperialistischen Ländern des kontinentalen Westeuropa setzte dieser Prozeß erst verstärkt nach dem II. Weltkrieg ein, besonders mit den fünfziger Jahren. Es ist hier nicht der Raum gegeben, die damit zusammenhängenden Probleme näher zu untersuchen. Hier soll die Feststellung genügen, daß die technische Revolution auch die Landwirtschaft der kapitalistisch entwickelten Länder erfaßt und sich gegenwärtig vor allem als ein Prozeß des Übergangs vom Manufaktur- zum Maschinenstadium durchsetzt, der gleichzeitig mit einer starken Elektrifizierung und Chemisierung der Agrarproduktion verbunden ist.

Von dieser Feststellung ausgehend, sollen nachfolgend einige Probleme der Mechanisierung und Investitionstätigkeit in der westdeutschen Landwirtschaft behandelt werden. Einmal ist die starke Mechanisierung der Landwirtschaft das herausragende Moment dieser Entwicklungsprozesse; zum anderen scheint es erforderlich, die Ausführungen von Dr. Neelsen über die Entwicklung der Investitionen unter dem Einfluß der technischen Revolution Westdeutschlands, die sich hauptsächlich auf die Industrie bezogen, durch Angaben über das Investitionsgeschehen im agrarischen Sektor zu ergänzen.

Dabei sei mir einleitend eine allgemeine kritische Bemerkung erlaubt, die sich auch auf die anderen Referate bezieht. Mir scheint, daß es nicht länger angeht, bei politökonomischen volkswirtschaftlichen Untersuchungen einfach die Probleme der Landwirtschaft auszuklammern. Natürlich hat die Landwirtschaft - wie übrigens andere Zweige auch - ihre spezifischen Eigenheiten; aber immerhin ist sie ein sehr wichtiger und großer Bereich der materiellen Produktion und ein wichtiges Glied des gesamtgesellschaftlichen Reproduktionsprozesses. Und gerade unter den heutigen Bedingungen der raschen Entwicklung der Produktivkräfte wird die Landwirtschaft immer enger und umfassender durch die Vertiefung der gesellschaftlichen Arbeitsteilung in den volkswirtschaftlichen Reproduktionsprozeß einbezogen. Das verlangt, in die Untersuchung vieler volkswirtschaftlicher Zusammenhänge auch die Probleme der Landwirtschaft einzubeziehen.

Nun zurück zum zu behandelnden Problem: Wie gesagt, es vollzieht sich, beginnend mit den fünfziger Jahren, gegenwärtig in der westdeutschen Landwirtschaft ein umfassender Prozeß der Mechanisierung der Agrarproduktion. Obwohl sich im Zuge der technischen Umwälzung alle Elemente und Seiten der Produktivkräfte entwickeln, ist die Mechanisierung bisher eindeutig die entscheidende Seite dieses Prozesses. Ein Ausdruck dafür ist das starke Ansteigen der Maschinenbestände in der westdeutschen Landwirtschaft. Hierfür einige diesen Prozeß charakterisierende Angaben:[1]

Maschinenart	Bestandsentwicklung (Stück)		
	1949	1960	1962
Vierrad- u. Kettenschlepper	76.373	797.105	972.000
Schlepperpflüge	-	600.783	773.000
Drillmaschinen	358.635	457.863	443.000
Mähdrescher	-	92.551	89.000
Fördergebläse	-	85.914	130.000
Melkmaschinen	5.608	291.339	392.000

Im Ergebnis dieser Entwicklung hat sich der Maschinenausstattungskoeffizient der westdeutschen Landwirtschaft bedeutend erhöht, wobei dieser in den einzelnen Betriebsgrößengruppen natürlich stark unterschiedlich ist. Am weitesten fortgeschritten ist die Mechanisierung der Antriebskraft, was sich in der starken Verbreitung von Traktoren zeigt. Allgemein kann gesagt werden, daß die Motorisierung der Zugkraft in den Betrieben über 20 ha LN nahezu abgeschlossen ist und in den Betrieben von 10 bis 20 ha LN vor dem Abschluß steht. Lediglich in den Betrieben unter 10 ha ist die Motorisierung schwächer entwickelt. Die energetische Basis der westdeutschen Landwirtschaft ist daher heute in einem hohen Maße motorisiert, wobei sich diese natürlich in der für den Kapitalismus typischen Widersprüchlichkeit durchsetzte.

Obwohl sich auch die Bestände an Arbeitsmaschinen bedeutend erhöhten, ist demgegenüber jedoch die Mechanisierung der unmittelbaren Arbeitsprozesse zurückgeblieben. Hier zeigt sich eine deutliche Überlegenheit der Betriebe über 20 ha LN, und hierunter vor allem derjenigen über 50 ha LN. Besonders was hochproduktive Maschinen, wie Kombines, betrifft, werden diese hauptsächlich von den Betrieben über 50 ha LN benutzt. Lediglich bei Mähdreschern haben auch die Betriebsgrößengruppen über 15 ha LN größere Bestände. Besonders hinsichtlich der Verwendung von Arbeitsmaschinen werden also die Grenzen der Mechanisierung in den kleineren Betrieben deutlich sichtbar.

Einen groben Überblick über die Anwendung von Maschinen in den einzelnen Betriebsgrößengruppen vermittelt die Tabelle auf S. 212.

Durch dieses relativ rasche Anwachsen der Maschinenbestände hat sich der Mechanisierungsgrad in der westdeutschen Landwirtschaft merklich erhöht. Leider gibt es keine umfassenden Angaben über den Grad der Mechanisierung der einzelnen Arbeiten bzw. Produktionsprozesse. Nur für die Getreideernte liegen derartige Zahlen vor, die besagen, daß derzeitig rund 60 % der Getreidefläche mittels Mähdrescher abgeerntet wurden.

Aber gerade unter westdeutschen Verhältnissen täuschen die hohen Maschinenbestände über den tatsächlich erreichten Grad der Mechanisierung, da die Masse der Maschinen infolge der besonderen Eigentumsverhältnisse nicht voll ausgelastet werden kann.

1 Vgl. Der Volkswirt, Frankfurt/Main 1964, Nr. 8, S. 271 - Angaben für 1962 geschätzt

Umfang der Anwendung betriebseigener Landmaschinen in den einzelnen Betriebsgrößengruppen in der westdeutschen Landwirtschaft 1960[1]

Maschinenart	Anteil der Betriebe in den einzelnen Größengruppen, die betriebseigene Maschinen benutzen (in Prozent)				
	bis 10 ha	10-20 ha	20-50 ha	über 50 ha	insgesamt
Schlepper	30,0	79,1	91,2	94,5	42,5
Schlepperpflüge	32,2	69,1	86,8	95,7	47,7
Stallmiststreuer	1,0	12,4	35,4	46,8	7,9
Drillmaschinen					
Gespannzug	16,9	50,1	59,4	57,4	29,9
Schlepperzug	5,4	14,0	21,2	41,7	9,4
Dreschmaschinen	15,2	30,8	36,4	41,6	21,7
Mähdrescher	15,6	19,7	37,8	77,8	19,9
Melkmaschinen	7,5	44,5	74,1	78,5	23,9
Kraftstromanschluß	72,6	95,2	97,6	97,0	80,8

1 Vgl. Wirtschaft und Statistik, Statistisches Bundesamt Wiesbaden 1962, Nr. 11, S. 643 ff. Ergebnisse der Landwirtschaftszählung 1960

Eine ungefähre Vorstellung über den erreichten Mechanisierungsgrad können aber nachfolgende Angaben der Landwirtschaftszählung 1960 vermitteln, die auf der Grundlage der Einsparung von Arbeit erfaßt wurden:

Mechanisierungsgrad in der westdeutschen Landwirtschaft 1960[1]

Mechanisierungsgrad (in Prozent)	Anteil der Betriebe nach Größenklassen (ha LN) in %					
	2 - 10	10 - 20	20 - 50	50 - 100	100 und mehr	insgesamt
	Getreide- und Hackfruchtbetriebe					
unter 20 %	31,8	10,0	1,4	0,1	0,5	13,3
20 bis 30 %	23,6	13,6	3,0	0,4	0,3	13,5
30 bis 40 %	32,4	36,4	19,7	5,0	0,8	31,4
40 bis 50 %	12,0	37,9	58,1	48,4	16,8	36,0
50 bis 60 %	0,2	2,1	17,1	41,3	57,1	5,5
60 und mehr %	.	.	0,7	4,8	24,5	0,3
	Zuckerrübenanbaubetriebe					
unter 20 %	8,5	2,0	0,4	-	-	2,6
20 bis 30 %	30,5	9,2	1,8	0,4	-	10,3
30 bis 40 %	52,3	57,8	21,4	4,7	1,9	42,4
40 bis 50 %	8,4	29,7	63,7	51,7	27,0	36,1
50 bis 60 %	0,3	1,3	12,5	42,4	66,7	8,4
60 und mehr %	-	.	0,2	0,8	4,4	0,2

Bemerkung: Der Mechanisierungsgrad gibt hierbei an, welcher Anteil des Arbeitsbedarfs durch Mechanisierung eingespart worden ist. Als Basis für die Berechnung gilt ein Betrieb, in dem nur gespanngezogene Maschinen und Geräte eingesetzt sind und die Handarbeit nur schwach mechanisiert ist. Dieser Betrieb hat den Mechanisierungsgrad Null.

1 Vgl. Grüner Bericht 1965 der Bundesregierung, Drucksache des Deutschen Bundesrates 29/65, S. 202

Dieser bedeutende technische Fortschritt war und ist mit tiefgreifenden Veränderungen in der westdeutschen Landwirtschaft verbunden. Es ist hier nicht der Platz, diese Veränderungen im einzelnen zu analysieren. Hier soll nur auf einige wesentliche Abweichungen hingewiesen werden. So erhöhte sich im Verlaufe dieser technischen Umwälzung insbesondere die Kapitalintensität der Landwirtschaft. Das Bruttoanlagevermögen je Vollarbeitskraft stieg in der westdeutschen Landwirtschaft bis 1962/63 auf 18.995 DM. Damit übertraf die Kapitalausstattung je Arbeitskraft in der Landwirtschaft bereits leicht die in der Industrie, die bei 18.284 DM lag. Ungeachtet der unterschiedlichen Struktur des fixen Kapitals, der bedeutend voneinander abweichenden organischen Zusammensetzung des Kapitals in der Industrie und Landwirtschaft, die bei der Einschätzung beachtet werden müssen, zeigt sich darin eine neue Entwicklungstendenz, die viele neue Probleme aufwirft.

Ein weiteres wichtiges Resultat dieser technischen Umwälzung ist das rasche Anwachsen der Arbeitsproduktivität. Die gestiegene Kapitalintensität und die Chemisierung der Landwirtschaft führten zu einer schnellen Erhöhung der Arbeitsproduktivität. Bemerkenswert ist dabei, daß die Arbeitsproduktivität in der Landwirtschaft schneller als in der Industrie wuchs. So stieg die Arbeitsproduktivität in der westdeutschen Landwirtschaft von 1950 bis 1962 um 140 %, während sie sich in der Industrie um ca. 90 % erhöhte. Nebenbei bemerkt vollziehen sich ähnliche neue Entwicklungstendenzen auch in der Landwirtschaft der anderen entwickelten kapitalistischen Länder.

Es ist offensichtlich: Die westdeutsche Landwirtschaft ist in eine neue Entwicklungsetappe eingetreten, die u. a. dadurch gekennzeichnet ist, daß auch die Landwirtschaft in den Prozeß der technischen Revolution einbezogen wird.
Diese technische Umwälzung war zwangsläufig mit hohen Investitionen verbunden. Von 1950 bis 1964 betrugen die betrieblichen Investitionen in der westdeutschen Landwirtschaft ca. 33 Mrd. DM. Dabei verzeichnen wir bis 1960/61 eine jährliche Steigerung der Bruttoinvestitionen von 1,4 Mrd. DM auf 3,9 Mrd. DM je Wirtschaftsjahr. Desgleichen stiegen die Nettoinvestitionen von 0,6 Mrd. DM auf 1,7 Mrd. DM. Der Anteil der betrieblichen Investitionen am Brutto-Inlandsprodukt der Landwirtschaft wuchs dadurch von 9 auf 20 % an.

Bemerkenswert ist aber, daß seit Anfang der sechziger Jahre die jährlichen Investitionen stagnieren bzw. merklich zurückgegangen sind (siehe Tabelle).

Entwicklung der betrieblichen Investitionen in der westdeutschen Landwirtschaft von 1951/52 bis 1962/63 (in Mill. DM)[1]

Jahr	Bruttoinvestitionen	Nettoinvestitionen
1951/52	1.405	595
1952/53	1.064	195
1953/54	1.106	206
1954/55	1.831	881
1955/56	1.910	900
1956/57	2.299	1.179
1957/58	2.313	985
1958/59	2.758	1.150
1959/60	3.152	1.371
1960/61	3.874	1.775
1961/62	3.853	1.530
1962/63	2.994	1.180

Darin drückt sich augenscheinlich eine Verschlechterung der ökonomischen Lage der Bauern im Ergebnis der bauernfeindlichen staatsmonopolistischen Bonner Agrarpolitik aus. Auch widerspiegelt sich darin die Tatsache, daß die Hemmnisse für den technischen Fortschritt in bäuerlichen Betrieben stärker denn je zutage treten. Durch diese umfangreichen Investitionen stieg der Wert des fixen Kapitals in der Landwirtschaft beträchtlich an. Nach Schätzungen des Bonner Landwirtschaftsministeriums betrug Mitte 1961 der Zeitwert der in der westdeutschen Landwirtschaft angewandten Maschinen rund 12,3 Mrd. DM und der der Wirtschaftsgebäude 27,0 Mrd. DM.

Hinsichtlich ihrer Struktur werden die Betriebsinvestitionen seit Beginn der fünfziger Jahre durch ein eindeutiges Überwiegen der Investitionen für Maschinen, und hierunter für die Motorisierung, charakterisiert. Von den genannten 33 Mrd. DM wurden rund 24 Mrd. DM, also mehr als zwei Drittel, für Maschinenkäufe verwandt; die wesentlichste Position hierunter sind die Investitionen für die sog. Motorisierung, d. h. für die Anschaffung von Traktoren, auf die knapp 13 Mrd. DM entfallen. In den letzten Jahren machen sich aber stärkere strukturelle Veränderungen bemerkbar; d. h., der Anteil der Investitionen für Arbeitsmaschinen und Gebäude wächst, was mit

1 Vgl. 3. Grüner Plan der Bundesregierung (1958), München, Bonn, Wien 1958, S. 31;
Grüner Bericht der Bundesregierung 1964, Drucksache des Deutschen 4. Bundestages, 4. Wahlperiode IV/1960, S. 48

der Veränderung der Schwerpunkte und Richtungen des technischen Fortschritts in der westdeutschen Landwirtschaft zusammenhängt.
Neben diesen Betriebsinvestitionen erfolgten noch jährlich wachsende bedeutende Aufwendungen für wasserwirtschaftlich-kulturtechnische Arbeiten, für die Flurbereinigung und dergleichen, die ihrem Charakter nach zu einem bedeutenden Teil Investitionen sind. Im Wirtschaftsjahr 1957/58 betrugen diese größtenteils vom Staat (Bund, Länder, Gemeinden) finanzierten Aufwendungen 1,2 Mrd. DM und stiegen bis 1963/64 auf 3,2 Mrd. DM an.

Insgesamt kann somit festgestellt werden, daß die Investitionen in der westdeutschen Landwirtschaft seit Beginn der fünfziger Jahre beträchtlich gestiegen sind. Eine rasche Entwicklung der Investitionen, die Dr. K. Neelsen besonders im Bereich der Industrie analysierte, ist im abgeschwächten Maße auch für die westdeutsche Landwirtschaft bis Anfang der sechziger Jahre nachweisbar. Während aber gegenwärtig die Industrie von einer neuen Investitionswelle erfaßt wird, gehen in der Landwirtschaft die Investitionen seit einigen Jahren zurück.

Es ist hier nicht der Platz gegeben, die Ursachen dieser unterschiedlichen Entwicklung näher zu untersuchen. Hier soll nur darauf verwiesen werden, daß sich in dieser Investitionsentwicklung in der Landwirtschaft stärker denn je die Folgen der Ausplünderung der Bauern durch die Monopole und den Bonner Staat niederschlagen.

Abschließend noch einige Bemerkungen zu den Quellen dieser Investitionen. Für die Finanzierung der Investitionen wurden von den Landwirtschaftsbetrieben sowohl eigene als auch in starkem Maße fremde Mittel eingesetzt.

1. Ein bestimmter, allerdings geringer Teil der Investitionen wurde aus erwirtschafteten Eigenmitteln finanziert. Nicht selten erfolgte dies, was selbst in westdeutschen Veröffentlichungen offen zugegeben wird, besonders bei den kleineren Betrieben auf Kosten des Lebensstandards. Aber die Umstände zwangen zur Maschinenanschaffung, um die bäuerliche Existenz vorerst einigermaßen zu sichern. In den großen kapitalistischen Betrieben erfolgte dies aus entsprechenden Profiten.
2. Eine große Rolle bei der Finanzierung der Investitionen spielten Substanzverkäufe. So haben nach Schätzungen des (West-) Deutschen Bauernverbandes die Bauern für über 10 Mrd. DM Land verkauft und den größten Teil dieser Mittel für Investitionen verwendet.

3. In den kleineren bäuerlichen Betrieben spielt auch der verbreitete Nebenerwerb eine nicht unbeträchtliche Rolle bei der Finanzierung der Investitionen.
4. Ein wesentlicher Teil der Investitionen wurde auf Kreditbasis finanziert, wie die hohe Kreditbelastung der westdeutschen Landwirtschaft zeigt. Hervorzuheben ist u. a. dabei vor allem die Tatsache, daß die kleineren bäuerlichen Betriebe hierfür vielfach die teuren kurzfristigen Kredite verwendeten, da ihnen langfristige Investitionskredite schwer zugänglich sind. Durch diese Kreditaufnahme verstärkt sich die ohnehin labile Lage der bäuerlichen Betriebe.
5. Nicht unwesentlich ist schließlich auch die Tatsache, daß der Bonner Staat durch verschiedene Maßnahmen (z. B. Zinsverbilligung etc.) die Investitionen stimulierend beeinflußte. Es geschieht dies keineswegs im Interesse der Bauern, sondern im Interesse des Finanzkapitals. Die zersplitterte Agrarproduktion mit ihrer geringen Akkumulationsmöglichkeit ist gegenwärtig ein Hemmnis für die Verwertung bestimmter, mit der Landwirtschaft verbundener Gruppen des Monopolkapitals. Daher versucht der Bonner Staat, durch verschiedene staatsmonopolistische Maßnahmen die Akkumulationsbasis in der Landwirtschaft im Interesse der Monopole zu erweitern, was natürlich zwangsläufig Auswirkungen auf das Investitionsgeschehen hat. Dabei ist dies natürlich ein sehr widersprüchlicher Prozeß, da Monopolkapital und Staat auf der anderen Seite durch ihre bauernfeindliche Politik und wachsende Ausplünderung der Bauern die Akkumulationsmöglichkeiten der Bauernschaft bedeutend einengen.

Mit diesen Ausführungen konnte nur ein allgemeiner Überblick über technischen Fortschritt und Investitionen in der westdeutschen Landwirtschaft gegeben werden. Die Beachtung und eingehende Erforschung dieser Probleme ist aber ein wichtiges Erfordernis bei der Untersuchung der Entwicklungstendenzen der gesellschaftlichen Reproduktion in Westdeutschland unter den Bedingungen der technischen Revolution. Nicht zuletzt werden damit auch neue theoretische Grundlagen für eine konstruktive Bündnispolitik geschaffen.

Klaus Mueller-Bülow, Berlin

Zu Problemen der Entwicklung des Aufwandes an vergegenständlichter Arbeit unter den Bedingungen forcierter Automatisierung im westdeutschen Fahrzeugbau

Angesichts der technischen Revolution gewinnt nicht nur die Einsparung an lebendiger Arbeit, sondern auch die von vergegenständlichter Arbeit für den Sieg des Sozialismus-Kommunismus im ökonomischen Wettbewerb immer größere Bedeutung. Entsprechende Untersuchungen in führenden Industriezweigen der imperialistischen Staaten sind daher von höchstem praktischem und theoretischem Interesse, stehen aber noch ziemlich am Anfang.

Im folgenden sollen anhand der Situation im westdeutschen Fahrzeugbau einige Probleme der Entwicklung des Aufwandes an vergegenständlichter Arbeit im Verlauf forcierter Automatisierung skizziert werden.

Als Marx die Theorie der organischen Zusammensetzung des Kapitals entwickelte, ging er davon aus, daß die Steigerung der Produktivkraft der Arbeit darin besteht, daß der "Anteil der lebendigen Arbeit vermindert, der der vergangenen Arbeit vermehrt wird", wobei die lebendige Arbeit um mehr abnimmt als die vergangene zunimmt.[1] Trotz der nach wie vor äußerst großen Bedeutung der Senkung des Aufwandes an lebendiger Arbeit wird die von Marx angesprochene Art und Weise der Steigerung der Produktivkraft der Arbeit verändert. Es treten in entscheidenden Zweigen imperialistischer Staaten und besonders bei maßgebenden Monopolen - vor allem im Zusammenhang mit verstärkter Automatisierung - auch Tendenzen des Absinkens konstanten fixen und konstanten zirkulierenden Kapitals je Erzeugnis auf.

Zunächst einige Bemerkungen zur Entwicklung der Anlagekosten im westdeutschen Fahrzeugbau. Berechnungen unter Einbeziehung der entscheidenden Monopole können nicht vom Nettoproduktionsvolumen ausgehen (keine Zahlenangaben). Die exaktesten Angaben vermittelt die Relation von Brutto-Anlage-Vermögen und Umsatz, jeweils zu Preisen von 1950. Die so ermittelte Intensität des Anlagevermögens pro DM Umsatz betrug 1950 im Fahrzeugbau 0,6, in der Daimler-Benz AG und in

1 Vgl. Karl Marx, Das Kapital, Bd. III, Berlin 1953, S. 289/90

der Volkswagenwerk AG ebenfalls 0,6 (Brutto-Anlage-Vermögen / Westmark Umsatz). Im Jahre 1963 war die Intensität des Anlagekapitals in allen drei Fällen auf 0,4 DM BAV pro DM Umsatz gesunken (also um ca. 1/3 gegenüber 1950).

In diesem Zusammenhang ist ein Wort zur Auslastung der Produktionskapazitäten erforderlich. Sie spielt bei der Entwicklung der vergegenständlichten Arbeit je Erzeugnis natürlich eine entscheidende Rolle. Eventuelle Überkapazitäten ergeben sich einmal unmittelbar aus den kapitalistischen Produktionsverhältnissen, spiegeln u. a. den Widerspruch zwischen Produktion und Markt wider. Andererseits ist die möglichst vollständige Kapazitätsauslastung keineswegs ausschließlich von der zyklischen Entwicklung abhängig. Vielmehr besteht ein entscheidender Effekt der modernsten Technik gerade darin, mit ihr die Produktionskapazitäten immer besser nutzen zu können. Das hängt u. a. mit der Art und Weise der Kontrolle, der Wartung und Pflege zusammen, ergibt sich insgesamt aus der Möglichkeit, den Produktionsablauf mittels der Elektronik mehr und mehr zu optimieren, die diskontinuierliche Produktion zu überwinden.

Daß der westdeutsche Fahrzeugbau in der Nachkriegsperiode bisher kaum nennenswert von der zyklischen Entwicklung betroffen wurde, schließt also brachliegendes Anlagekapital nicht aus, läßt aber gleichzeitig den Schluß zu, daß eine verbesserte Auslastung der Anlagen sehr stark ein Ergebnis der Einführung neuer Technik ist.

Westliche Untersuchungen über die Kapazitätsauslastung gaben die Möglichkeit, ihre Rolle bei der Entwicklung der Intensität der Anlagen je DM Umsatz im westdeutschen Fahrzeugbau wenigstens annähernd zu berücksichtigen. Es ergibt sich, daß die sinkende Tendenz des Anlagevermögens pro DM Umsatz seit 1950 weitgehend auf eine verbesserte Ausnutzung des fixen Kapitals zurückzuführen ist.

Die Entwicklung des Aufwandes an vergegenständlichter Arbeit muß hier unbedingt dargelegt und konkret belegt werden, hängt auf das engste mit der Entfaltung der kapitalistischen Widersprüche zusammen. So ist der seit Beginn der 60er Jahre zunächst ansteigende Aufwand an fixem Kapital je Erzeugnis bei Opel und Ford (Köln) keine zufällige Erscheinung. Beide haben als Tochtergesellschaften großer amerikanischer Fahrzeugmonopole mit Beginn der 60er Jahre außerordentlich stark investiert, um bessere Positionen im Konkurrenzkampf mit den westeuropäischen Automobilmonopolen vorzubereiten. Das war zunächst mit steigenden Anlagekosten je Produkt verbunden, da es hier weniger um die unverzügliche Ausdehnung der Erzeugung geht. Im Verlauf des sich gegenwärtig außerordentlich verschärfenden Konkurrenzkampfes zwischen den Gruppen des imperialistischen Fahrzeugbaus werden ähnliche Tendenzen höchstwahrscheinlich auch für die großen westdeutschen Automobilunternehmen in naher Zukunft sichtbar werden.

Walter Ulbricht umreißt das Problem wie folgt:[1] "Die großen Monopolgruppen haben die technische Revolution nicht in erster Linie zur Steigerung der Industrieproduktion ausgenutzt. In dieser Hinsicht stoßen sie auf verschiedene Schranken. Sie haben sie vor allem ausgenutzt zur Steigerung der Masse des Profits, zur Erhöhung der Profitrate, zur gewaltigen Ausdehnung der erweiterten Reproduktion, die es ihnen gestattet,die neue Technik in großem Maßstab in die eigenen Grundfonds einzuführen."
Diese Konzeption kann, wie das Beispiel Opels zeigt, nicht ohne Auswirkungen auf die Entwicklung des Aufwandes an konstantem fixem Kapital je Produkt bleiben. Gerade hieran wird die große Bedeutung der Wechselwirkung zwischen Ökonomie und Politik bei der Entwicklung der Anlagekosten deutlich.

Es entstehen hier von den Produktionsverhältnissen ausgehende Tendenzen einer verzerrten Durchsetzung der Erfordernisse der modernen Produktivkräfte.

Andererseits macht die verstärkte Einführung der Automatisierung aber auch unabhängig von den bestehenden Produktionsverhältnisse unter Umständen eine außerordentlich starke Erhöhung des Anlagevermögens notwendig, so daß der Produktionsausstoß in Abhängigkeit von der Produktionswirksamkeit der Investitionen nicht sofort entsprechend verstärkt werden kann.

Dadurch bedingt die Automatisierung zwischenzeitlich gleichbleibenden oder nur langsam sinkenden Aufwand an fixem Kapital je Erzeugnis. Bei der Installierung besonders komplexer Anlagen kann es höchstwahrscheinlich auch zu einer vorübergehenden Erhöhung des Aufwandes je Produktionseinheit kommen.

Die Untersuchungen zeigen, daß besonders im Verlauf der Umstellung der Produktion auf Automatisierung unabhängig von den bestehenden Produktionsverhältnissen offenbar nicht von einer fortlaufend wachsenden Einsparung der Anlagekosten je Produkt ausgegangen werden kann. Real und erforderlich ist aber mindestens gleichbleibender - und im Zusammenhang mit der verbesserten Auslastung der Anlagen durchaus sinkender - Aufwand an konstantem fixem Kapital je Erzeugnis. Diese Situation trifft für den westdeutschen Fahrzeugbau zu.

1 Vgl. W. Ulbricht, Antwort auf aktuelle politische und ökonomische Fragen (Schlußwort auf der 7. Tagung des ZK der SED zum ersten Punkt der Tagesordnung); ND, Ausgabe B, 6. 12. 1964, S. 4, Sp. 1

Unverkennbar ist in vielen Fällen der mit den Tendenzen zu sinkenden Anlagekosten je Erzeugnis verbundene fallende Investitionsaufwand je Erzeugnis. Wir wollen das an zwei Beispielen veranschaulichen:

In der Adam Opel AG erfolgte die Bearbeitung der Teile der Rücklaufrolle bisher so, daß die Teile dieser Rolle als Schmiedestücke einzeln in 10 Bearbeitungsmaschinen gegeben wurden, die 1 150 000 Westmark kosteten. Gegenwärtig erbringen drei Automaten im Wert von zusammen 345 000 DM die gleiche Tagesleistung, nämlich 4500 Stück. Der Investitionsaufwand je Erzeugniseinheit sank also von 256 auf 77 Westmark und das bei gleicher Tagesleistung.[1]

Im Volkswagenwerk wurden ursprünglich 30 000 Motorenstößel mit 22 Automaten im Gesamtwert von 3 Millionen Westmark erzeugt. Heute besorgen das 3 Stufenpressen im Werte von zusammen 452 000 Westmark.[2] Wie das Beispiel zeigt, gelang es im Volkswagenwerk, die Investitionskosten je Motorenstößel von 100 Westmark auf 15 Westmark zu senken. Es sei darauf verwiesen, daß wir es hier mit dem Übergang von spanabhebender zu spanloser Fertigung zu tun haben, der insbesondere im Zusammenhang mit der komplexen Automatisierung im westdeutschen Fahrzeugbau Bedeutung erlangt. Im vorliegenden Beispiel betrug die Materialeinsparung 77 Prozent (nur noch 5 Prozent Abfall gegenüber 82 Prozent zuvor). Die Einsparung an Maschinenkosten machte 85 v. H. aus. Die Investitionskosten je Erzeugnis sinken also in einer Reihe von Fällen auf 15 Prozent oder auch auf 30 Prozent des bisherigen Aufwandes ab. Dieses Ausmaß dürfte extrem hoch sein, aber weitaus öfter erzielt werden als bekannt.

Es folgen nun einige Hinweise über den Aufwand an Material und Energie im westdeutschen Fahrzeugbau.

Sinkender Aufwand an fixem Kapital je Erzeugnis kommt, wie sich eben zeigte, auch dadurch zustande, daß die vorhandenen Anlagen im Verlauf der technischen Entwicklung weniger materialintensiv werden. Dadurch verringern sich die "täglichen Durchschnittskosten" der angewandten Maschinerie (Marx). Bezogen auf das Produkt, müssen wir von Tendenzen des Absinkens der gesamten vergegenständlichten Arbeit sprechen. Dabei sinkt der Anteil des zirkulierenden Kapitals hauptsächlich durch Erhöhung des Nutzeffektes des fixen, trägt aber umgekehrt auch zu sinkenden Aufwendungen an fixem Kapital bei. In diesem Sinne läuft der sinkende Materialaufwand je Erzeugnis also

1 Vgl. K.-H. Stefan, Technik der Automation, Berlin 1960, S. 73
2 Vgl. Geschäftsbericht 1960/61 des Vorstandes der IG-Metall für die VRD, Frankfurt/Main, S. 64

nicht einfach neben sinkender Anlageintensität her. Beide Prozesse bedingen einander. Es zeigen sich auch im Fahrzeugbau außerordentlich starke Tendenzen zur sinkenden Material- und Anlagenintensität, die von Kunststoffen ausgehen. Dennoch macht der Eisen- und Stahlverbrauch auch gegenwärtig noch den weitaus größten Teil der Materialaufwendungen aus. Von 1950 bis 1963 erhöhte sich dieser in der westdeutschen Automobilindustrie auf mehr als das Sechsfache. Diese Entwicklung vollzog sich keineswegs kontinuierlich, sondern zeitweilig sprunghaft, worin sich die erhöhten Anforderungen an den Materialverbrauch im Verlauf der Einführung automatischer Anlagen und Verfahren in den Produktionsprozeß ausdrücken. Besonders starke Erhöhungen im Materialverbrauch werden in den Jahren 1955, 1958 und 1960, aber auch 1963 erkennbar, stehen also in engem Zusammenhang mit den Tendenzen der Einführung neuer Technik innerhalb bestimmter Perioden, die im einzelnen für den Fahrzeugbau bzw. die Metallverarbeitung untersucht wurden, ohne hier darauf eingehen zu können.

Insgesamt kann man sagen, daß auch die Bewegung des zirkulierenden Kapitals eine Erhöhung der organischen Zusammensetzung des Kapitals im Verlauf der verstärkten Einführung automatischer Verfahren und Anlagen in die Produktion widerspiegelt. Daß es gerade im Verlauf dieser Erhöhung zu sinkendem Aufwand des Anteils vergegenständlichter Arbeit je Erzeugniseinheit kommt, zeigt sich auch an der Entwicklung des Materialaufwandes je Fahrzeug. Der Gesamtverbrauch pro Fahrzeug sank von 1950 bis 1963 auf 73 %, der Verbrauch für Ersatzteile, Ausschuß etc. sogar auf knapp 50 Prozent. Letzteres veranschaulicht gut die zunehmende Qualitätsarbeit durch das Anwachsen der automatischen Kontrolle und der Rückkopplung als wesentlichen Elemente, die die Automatisierung begrifflich einschließt.

Die Einführung automatischer Verfahren und Anlagen bedingt auch Veränderungen im Aufwand und in der Struktur von Kohle, Gas, Öl und Strom. Insbesondere führt die Elektrifizierung der Produktion zur sparsamen Nutzung von Brennstoffen, von entsprechenden Betriebsanlagen usw. Diese Prozesse spiegeln sich im westdeutschen Fahrzeugbau deutlich wider.

Verbrauch von Kohle, Heizöl, Gas und Strom im westdeutschen Fahrzeugbau[1]

Jahr	Kohle (1000 t SKE)	Heizöl (1000 t)	Gas (Mill. m^3)	Strom (Mill. kWh)
1953	441	.	106	696
1954	499	14	122	829
1955	571	22	136	1041
1956	618	72	146	1234
1957	542	93	148	1376
1958	528	229	158	1544
1959	531	277	164	1799
1960	537	409	210	2310
1961	536	461	218	2610
1962	594	598	236	3051
1963	604	673	257	3427
1963 (1954 = 100)	121	4807	242	492

Diese Aufwandsentwicklung ist im Verhältnis zu der in der gesamten Industrie und auch zu der in der chemischen Industrie und dem Maschinenbau außerordentlich stark. Im Kohleverbrauch sind die Proportionen noch relativ ausgeglichen, ebenso bei Gas. Anders verhält es sich mit der Entwicklung des Heizöl- und Stromverbrauches.

Niveau des Verbrauches von Kohle, Heizöl, Gas und Strom in der gesamten Industrie, der Chemie, dem Maschinenbau und dem Fahrzeugbau Westdeutschlands im Jahre 1962 (1954 = 100)[2]

	Kohle	Heizöl	Gas	Strom
Industrie gesamt	110	964	124	180
Chemie[3]	112	1294	132	215
Maschinenbau	84	2435	114	186
Fahrzeugbau	119	4271	193	368

1 Vgl. Statistisches Jahrbuch d. BRD 1957, S. 243-44; 1958 S. 211; 1960 S. 246; 1963 S. 252/53; 1964 S. 263 und 266; Bemerkungen: Gas: Verbrauch von Orts- und Kokereigas, 1963 einschl. Luftfahrzeugbau; jeweils ohne Saarland und Westberlin.
2 Ebenda, siehe Verbrauch von Kohle etc.
3 Einschl. Chemiefasern

Die Investitionsmaßnahmen im westdeutschen Fahrzeugbau haben also im Verlauf der verschiedenen Phasen technischer Entwicklung zu einem absolut und relativ besonders schnellen Anwachsen des Heizöl- und Elektrizitätsverbrauches geführt. Im Zusammenhang mit der breiteren Einführung teilautomatischer Verfahren und Anlagen wuchs beispielsweise der Heizölverbrauch von 1957 bis 1958 sprunghaft an. Das gleiche trifft für den Elektrizitätsbedarf von 1959 auf 1960 zu. Gleichzeitig bedingt die verstärkte Installierung komplexerer automatischer Anlagen ab 1960/1961 ein weiteres beachtliches Anwachsen des Verbrauches an Heizöl und Elektrizität. Die sinkende Bedeutung des Gasverbrauchs im Verlauf der geschilderten Investitionsmaßnahmen wird gerade in seiner relativ gleichbleibenden Entwicklung deutlich. Zwar ist der Kohleverbrauch seit 1958/59 auch wieder angestiegen, liegt aber 1963 nach wie vor unter dem Niveau von 1956.

Diese Entwicklungstendenzen spiegeln erneut eine beachtliche Erhöhung des fungierenden konstanten Kapitals in der Bewegung seines zirkulierenden Teiles wider. Auch sie drücken also eine Erhöhung der organischen Zusammensetzung des Kapitals vom Standpunkt der vergegenständlichten Arbeit aus.

Gleichzeitig kann keine Rede davon sein, daß diese erhöhten Anforderungen sich auch kostenerhöhend niederschlagen oder daß man das Gesetz der Erhöhung der organischen Zusammensetzung negiert, wenn man nicht auch zu einem Steigen dieser Aufwendungen je Produkt gelangt. Wie schon die sinkende Anlagenintensität so beweisen auch die anderen Elemente der auf das Produkt übertragenen vergegenständlichten Arbeit, daß ihr Fallen je Erzeugnis besonders bei der Automatisierung immer mehr eine Grundbedingung der steigenden organischen Zusammensetzung des Kapitals wird.

Verbrauch von Kohle, Heizöl, Gas und Strom pro Einheit Produktion (Fahrzeug) im westdeutschen Fahrzeugbau

Jahr	Kohleverbrauch pro Fahrzeug in Tonnen SKE	Heizölverbrauch pro Fahrzeug in Tonnen	Gasverbrauch pro Fahrzeug in m^3	Stromverbrauch pro Fahrzeug in kWh
1953	0,89	-	215,8	1417,5
1954	0,73	0,02	179,2	1217,3
1955	0,62	0,02	149,7	1145,2
1956	0,56	0,07	135,7	1146,8
1957	0,44	0,08	122,1	1135,2
1958	0,35	0,15	105,7	1032,7
1959	0,31	0,16	95,4	1046,5
1960	0,25	0,19	102,1	1124,8
1961	0,25	0,21	101,4	1219,7
1962	0,25	0,25	100,2	1294,9
1963	0,23	0,25	96,3	1284,4
1963 (1954 = 100)	26	1250	45	90

Natürlich wird niemand behaupten wollen, daß es im Verlaufe der Strukturveränderungen auch des Energie- und Brennstoffverbrauches nicht zu kostenerhöhenden Tendenzen einzelner Positionen kommen kann. Im Gegenteil, sie sind sogar eine Bedingung insgesamt sinkenden Aufwandes: "Die Faktoren der Produktion dürfen überhaupt niemals metaphysisch (das heißt ohne inneren Zusammenhang zueinander - der Verf.) betrachtet werden", schrieb Arsumanjan.[1] Eine unerläßliche Bedingung sinkenden, beziehungsweise stagnierenden Aufwandes an Kohle ist das zunächst im Prozeß der Umstellung erfolgende Anwachsen des Heizölverbrauchs. Aber der Heizölverbrauch bietet gegenüber dem Kohleverbrauch wesentlich bessere Möglichkeiten rationeller Ausnutzung, schließt günstigeren Einsatz von fixem Kapital ein.

Eine andere wichtige Tendenz besteht darin, daß der Prozeß des Übergangs zur verstärkten Teil- und komplexen Automatisierung naturgemäß zwischenzeitlich ein Ansteigen des Energieverbrauchs beinhaltet. Das zeigt sich gerade an der Entwicklung des Stromverbrauchs pro Erzeugnis bis 1958 und nach 1958. Indes sollte man die Phasen des Übergangs zu automatischen Verfahren nicht mit dem Zeitraum identifizieren, wo nahezu vollautomatisch produziert wird.

1 Vgl. Aktuelle Probleme der Ökonomie, Presse der Sowjetunion, Ausgabe A, Nr. 31 vom 13. März 1964, Sonderbeilage Nr. 1, S. 13

Es sei abschließend für die kommenden Jahre auf folgendes hingewiesen: Es kann kein Zweifel darüber bestehen, daß die von den imperialistischen Staaten relativ erfolgreich angewandte neue Technik in hohem Maße Einsparungen an lebendiger und vergegenständlichter Arbeit ermöglicht hat und noch mehr ermöglichen wird. Die tatsächlichen Einsparungen sind überhaupt nicht erfaßbar und ermöglichen den Monopolen in einem größeren Ausmaß, gegen die Arbeiterklasse und ihre Organisationen vorzugehen, wie sich das bereits in Westdeutschland andeutet.

Im Zusammenhang damit besteht besonders auch in dem internationalen kapitalistischen Fahrzeugbau eine starke Zunahme des Kampfes um die politische und ökonomische Macht.

Die US-Fahrzeugmonopole halten gegenwärtig eine Jahresproduktion von mindestens 300 000 Fahrzeugen eines Typs für die Existenzbedingung einer Automobilfabrik.[1] Das französische Industrieministerium hat erklärt, in Frankreich müßten, um der amerikanischen Konkurrenz gewachsen zu sein, Jahresproduktionseinheiten von mindestens 600.000 bis 800 000 Kraftwagen angestrebt werden. Der Präsident der Renaultwerke in den USA - Vincent Gorb - hat erklärt, innerhalb der EWG würden lediglich fünf bis sechs europäische Automobilfirmen (PKW-Hersteller) lebensfähig bleiben.

Die hier sichtbare Tendenz zur schrankenlosen Ausdehnung der Produktion schließt gegenwärtig das Bestreben der maßgebenden Monopole ein, Kapazitäten zu schaffen, deren nur sehr mangelhafte Auslastung von Anfang an einkalkuliert wird. "Ziel der Fordwerke (Köln) ist es, in vier bis fünf Jahren, bei einer Ausnutzung der Kapazitäten von nur 50 Prozent gerade noch existieren, bei 60 Prozent noch verdienen und ab 70 Prozent noch Reserven bilden zu können."[2] Nach Finanzdirektor Layton (Ford) "muß man auch in Europa lernen, mit dieser nicht voll ausgelasteten Kapazität leben und noch existieren zu können". Moneta meint, "das Ziel wird sein müssen, die Struktur innerhalb der europäischen Automobilindustrie so zu gestalten, daß sie - wie die amerikanische - eine Zeitlang mit der Ausnutzung der maximalen Produktionskapazität von nur 60 bis 80 Prozent noch rentabel arbeiten kann".[3]

Wie Layton weiter erklärt, ist dazu "jedoch eine rationelle Fertigung mit Serien, die eine größtmögliche Kostendregression erlauben, neben einer entsprechenden kapitalmäßigen Ausstattung erforderlich".[4]

1 Das bedeutet eine Tageskapazität von 1250 Wagen nur dieses einen Typs. 1962 erzeugte das Volkswagenwerk 4650 Kraftwagen pro Arbeitstag, Fiat 3320, BMC 2700, Renault 2350. Dagegen General Motors 17600 und Ford 9600.

2 Vgl. E. Moneta, Die europäische Automobilindustrie. Unternehmungen und Produktion, Baden-Baden 1963, S. 98

3 Ebenda

4 Ebenda, S. 125

Mehrwertgesetz und Konkurrenzkampf führen über die Tendenz zur schrankenlosen Ausdehnung der Produktion also dazu, daß investiert wird, um mit einer auch sehr geringen Auslastung der Kapazitäten noch rentabel arbeiten zu können. In dürren Worten gesagt: Die Tendenz nationaler und internationaler Zentralisation voll unter Anwendung staatsmonopolistischer Maßnahmen, unter Anwendung starken ökonomischen und politischen Drucks, langfristige Kapazitätserweiterungen in den entscheidenden Unternehmen gewährleisten (Erfordernisse der Automatisierung), daß mit deren teilweise geringer Auslastung von Anfang an gerechnet wird. Durch eine außerordentlich hohe Produktivität wollen die Giganten des Fahrzeugbaus in schlechten Zeiten überleben und unter günstigen Verwertungsbedingungen desto mehr Profit machen. Das scheint uns das entscheidende Prinzip der maßgebenden Monopole des kapitalistischen Fahrzeugbaus zu sein. Es soll mit Hilfe brutaler politischer, ökonomischer und ideologischer Maßnahmen gegenüber allen fortschrittlichen Kräften durchgesetzt werden. Es dürfte auch für die anderen Industriezweige weitgehend zutreffen.

Aus dieser Konzeption der Monopole folgt, daß mit einem aus den kapitalistischen Widersprüchen resultierenden steigenden Aufwand an fixem Kapital je Erzeugnis in den kommenden Jahren gerechnet werden muß.

Die führenden Monopole werden dabei den staatsmonopolistischen Wirkungsmechanismus so auszunutzen versuchen, daß nicht sie von den dadurch entstehenden Verlusten betroffen werden, sondern die Werktätigen. Besonders in Westdeutschland gibt es dafür schon jetzt deutliche Anzeichen.

Peter Zodtke, Berlin

Bemerkungen zum Einfluß des technischen Fortschritts auf die bürgerliche Wachstumstheorie

Die Entwicklung der letzten Jahre, die erfolgreiche Durchsetzung der technischen Revolution innerhalb des staatsmonopolistischen Kapitalismus mußte dazu führen, daß die bürgerlichen Ökonomen, speziell die Wachstumstheoretiker, den technischen Fortschritt als solchen direkt zu erfassen suchen, ihn als Wachstumskomponente betrachten.

Bei den gegenwärtigen Industriemonopolen ist die gegenseitige Überbietung mit technischen Weiterentwicklungen und Neuentwicklungen meines Erachtens nach zur wirkungsvollsten Konkurrenzform geworden. Jedes Monopol und kapitalistisches Unternehmen unterliegt einem ständigen Druck, immer Neues hervorzubringen. Wenn auch unter den staatsmonopolistischen Bedingungen der heutigen hochentwickelten kapitalistischen Länder der Extramehrwert relativ stabil ist, der Konkurrenzdruck innerhalb der nationalen und internationalen Monopole führt zu laufenden Anstrengungen, den Marktanteil durch technisch weiterentwickelte oder neue Produkte zu erhalten und zu erweitern. Der Forschungswettbewerb in allen expansiven Industriezweigen ist wohl in der Tat weit wichtiger geworden als etwa die Preiskonkurrenz. Die Teilnahme der Monopole an der allgemeinen Profitrate hängt weniger von Preis- und Wertfragen ab als von dem Stand der technischen Revolution. Es sind die Laboratorien und die Anwendung der Forschungsergebnisse, die darüber entscheiden, wer den größten Umsatzanteil, die höchsten Profite erringt, die darüber entscheiden, wie das Wirtschaftswachstum eines Landes aussieht.

Dieser Umstand hat ökonomisch und gesellschaftlich schwerwiegende Folgen. So können z. B. nur die stärksten, konsolidierten Monopole sich den neuen Konkurrenzbedingungen gewachsen zeigen und entsprechende Forschungsaufwendungen bringen. Man rechnet damit, daß 1970 etwa 60 % ihres Umsatzes von Erzeugnissen getragen werden sollen, die sich jetzt im Entwicklungsstadium befinden oder noch nicht bekannt sind. Bei Bayer waren es 1960 50 % der Erzeugnisse, die erst in den letzten 10 Jahren entwickelt worden sind. Schon vor dem II. Weltkrieg beschäftigten 13 amerikanische Monopole nicht weniger als ein Drittel des gesamten Forschungsstabes eines Landes.

Der technische Fortschritt gestaltet die Produktion produktiver, d. h., er muß zur Steigerung der Arbeitsproduktivität führen. Er veranlaßt weitere zusätzliche Investitionen von Monopolen und kapitalistischen Unternehmen, die an den erhöhten Gewinnchancen teilhaben wollen. Das heißt also, daß das Wachstum des Sozialproduktes - zwar ungleichmäßig, getragen von den Proftinteressen der Monopole -, aber doch aufwärtsgerichtet ist. Der anteilmäßige Beitrag der Wirtschaftszweige am Sozialprodukt ist durch den technischen Fortschritt bestimmt. Das Interesse von Wachstumstheoretikern am technischen Fortschritt ist insofern groß, als hier die Möglichkeit besteht, zyklische Schwankungen (Krisenerscheinungen) mit Strukturfragen und mit ökonomischer Abwertung technisch produktionsfähiger Anlagen etc. zu erklären.

Diese Tatsachen erregen zunehmend das Interesse der bürgerlichen Ökonomen auch aus dem Bemühen der bürgerlichen Ideologen, unsere Zeit als technisches Zeitalter zu charakterisieren und zu entideologisieren. Seidel sagt z. B., daß "die Industrialisierung nicht eine von vielen Produktionsweisen ist, wo Technik in der Gestalt mannigfaltiger Erfindungen auch Verwendung findet, sondern eine Produktionsweise, in der die Technik einfach vorherrscht und die Gesellschaft von der Technik beherrscht wird ... (und) ... der vollen Entfaltung der Technik auf allen Gebieten ohne Ausnahme eigentlich nichts mehr im Wege steht".[1]

Die Beziehungen zwischen Wirtschaft und Technik sind Gegenstand zahlreicher Untersuchungen. Die Literatur, besonders zur Automatisierung, ist umfangreich. Es ist jedoch festzustellen, daß die vorwiegende Beschäftigung mit diesen Beziehungen nicht direkte ökonomische Beziehungen zu erfassen trachtet, sondern vor allem soziale und gesellschaftliche Aspekte. "Moderne Industriegesellschaft", "Technisches Zeitalter", "Der Mensch in der mechanisierten Produktion", "Die Zukunft der Arbeit", "Revolution der Roboter" sind die Themen. Die Stellung des Menschen steht im Mittelpunkt der Betrachtungen. Dies ist verständlich in dem Bemühen, einen Gegenpol zu den wissenschaftlichen Zukunftsvorstellungen über den Menschen, die die sozialistische und kommunistische Theorie gibt, zu finden.

Mehr ökonomischen Darstellungen über die Beziehungen zwischen Wirtschaft und Technik nähern sich die Untersuchungen, die durch die Gewerkschaften in bezug auf den Freisetzungs-, Qualifizierungseffekt u. ä. Probleme erfolgen. Nach wie vor stehen jedoch die Probleme des technischen Fortschritts oft außerhalb der Wirtschaftstheorie der

1 Vgl. B. Seidel, Wirtschaft und Demokratie, Berlin 1954, S. 68 f.

bürgerlichen Ökonomen. Klatt z. B. stellt fest, daß das Problem, wie der technische Fortschritt in Wirtschaftsmodelle und Wachstumsbeziehungen einbezogen werden muß, trotz einer Reihe von Versuchen offenbleibt. Wir können zwar feststellen, daß sich der technische Fortschritt vor allem in seiner Wirkung auf die makroökonomischen Größen, mit denen die Wachstumstheoretiker arbeiten, bemerkbar macht. Man befaßt sich heute weniger mit Keynessianschen Einkommens- und Verteilungsmodellen, sondern geht mehr von Produktionsfunktionen aus. Hier stehen insbesondere die Investitionen im Mittelpunkt. Nach Preiser "... gibt es für das wirtschaftliche Wachstum nur eine einzige, zugleich notwendige und hinreichende Bedingung: eine positive Investition".

Bekannt sind hier die Arbeiten von Domar und Havrod als Grundlage und Rahmen der modernen Wachstumstheorie unter den Einflüssen des technischen Fortschritts. Ebenso stehen die Relationen zwischen Akkumulation und Sparen im Mittelpunkt von Wachstumsüberlegungen unter den Bedingungen der technischen Revolution, hier besonders für Westdeutschland die Arbeiten von Bombach, Krengel, Solow. Diese stellen jedoch erste, uneinheitliche Versuche dar, die Probleme des technischen Fortschritts für Wachstumsbetrachtungen zu fassen.

Einen Anfang dafür sieht Klatt in einer grundsätzlichen und systematischen, quantitativen Bestimmung des technischen Fortschritts, also einer Systematisierung des technischen Fortschritts. Dieses Problem ist für uns interessant, um z. B. Ausgangspunkte für Möglichlichkeiten des einschätzenden Vergleiches mit den technisch hochentwickelten imperialistischen Ländern zu finden. Wenn ich vorhin den Begriff des Konkurrenzkampfes der Laboratorien für die Monopole gebrauchte, so kann man diesen erweitern. Der friedliche ökonomische Wettbewerb wird durch den Konkurrenzkampf von Wissenschaft und Technik und ihrer ökonomischen Anwendung zwischen den Weltlagern entschieden. Nur wer den technischen Fortschritt am wirtschaftlichsten als Triebkraft für das Wachstum des Nationaleinkommens einzusetzen vermag, kann die Überlegenheit seines Systems bei dem Einsatz neuer Akkumulationsmittel und der Erhöhung des Lebensstandards beweisen.

Um nun die neue quantitative Seite des technischen Fortschritts für die Einbeziehung in Wachstumsbetrachtungen in die Hand zu bekommen, trennt Klatt zuerst die handwerklich-empirische Technik, die die wirtschaftliche Tätigkeit vor der technischen Revolution bestimmt, von der wissenschaftlich-rationellen modernen Technik. Letzteres ist für die Untersuchung maßgeblich. Sie umfaßt gleichzeitig auch den organisatorischen Fortschritt in bezug auf Arbeitsteilung der Produktion, Spezialisierung, Kombination, Kooperation. Klatt gliedert den technischen Fortschritt nun in drei Grundelemente: die Neigung zum Erforschen, die Neigung zum Erfinden, die Neigung zu Neuerungen. Zewis weist darauf hin, daß die Einteilung "erstens die Formulierung wissenschaftlicher Prinzipien, zweitens die Anwendung wissenschaftlicher Prinzipien auf ein gegebenes technisches Problem und drittens die Entwicklung einer Erfindung bis zur kommerziellen Bewertbarkeit" wiedergäbe. Ich gehe nicht auf die auf Verhaltensweisen aufbauenden Ausgangspunkte dieser Betrachtung ein. Klatt sucht nun hier Anknüpfungsmomente für eine quantitative Einbeziehung in die Wachstumstheorie.

Die Neigung zum Erforschen - getragen von Universitäten, Hochschulen, Industrielaboratorien - bereitet nur die Einbeziehung vor. Quantifiziert kann sie nur annähernd werden durch die zur Verfügung stehenden, finanziellen Fonds, die Anzahl der Forschungsstätten und der Forscher. Die Erkenntnisse sind in der Regel so allgemein und grundlegend, daß sie auch kaum patentiert werden können.

Die Neigung zum Erfinden ist dadurch gekennzeichnet, daß sie eine praktische, d. h. betriebsbereite, wirksame Methode anbietet, etwas Neues zu schaffen. Hier kann ein regelrechter Markt entstehen (Patentamt), auf dem die Erfindung einen Preis (Lizenz) erzielt. Typisch ist, daß die Monopole die Erfindung und die folgende Neuerung über die angewandte Forschung verbinden. Bestimmend sind dabei die ökonomischen Bedürfnisse der Monopole und nicht das Erdenken und geistige Verhalten einzelner Forscher oder Erfinder.

Die Neigung zu Neuerungen bedeutet, eine Erfindung wirtschaftlich zu verwerten und somit ein neues Verfahren oder Produkt einführen zu wollen. Die Neuerungen zeigen sich nun in einer Systematisierung (in Anlehnung an Schumpeter und Solo) wie folgt:

1. Herstellung neuer Produkte und Einführung neuer Verfahren
2. Veränderung in der Verwertung und Anwendung alter Verfahren und/oder bekannter Produkte
3. Produktionsveränderungen
4. Produktionsprozeßveränderungen
5. Ausnutzung von Kuppel- und Abfallprodukten
6. Technische Dienstleistungen an die Kundschaft.

Diese systematische Einteilung gilt nur dann als technischer Fortschritt, wenn sie sich auf die Neusetzung der Produktionsfunktion zurückführen läßt, also mit einem Kapazitäts- oder zusätzlichen Nachfrageeffekt verbunden ist. Interessant hierbei ist, daß Klatt den in dieser Einteilung enthaltenen Rationalisierungsmaßnahmen auch

Kapazitäts- oder zusätzliche Nachfrageeffekte zuspricht, d. h., daß diese in die erweiterte Reproduktion als zusätzliche Akkumulationsquelle eingehen können. Also ein ähnlicher Gedankengang wie derjenige von Professor Hauk, der sagte, daß Rationalisierungsmaßnahmen in die erweiterte Reproduktion eingehen und so eine Akkumulationsquelle darstellen können. Dies geht auch aus der Betrachtung der erweiterten Reproduktion Westdeutschlands hervor, wenn man dazu z. B. den Investitionstest des Gfo-Instituts München heranzieht. Demnach sind die Investitionsmotive nur 1955 und 1961/62 der Kapazitätserweiterung überwiegend geschuldet, in allen anderen Jahren seit 1955 überwiegt das Motiv der Investitionen für Rationalisierung, während die Ersatzinvestitionen immer unter den Prozentzahlen der anderen Motive liegen.

Nach dieser Systematisierung wird nun der so zergliederte technische Fortschritt in Modellvarianten einbezogen und untersucht, wenn er Wachstumswirksamkeit zeigt. Ich möchte hierauf nicht weiter eingehen, sondern noch einen Aspekt erwähnen.

Eine wichtige Frage ist für uns, auch Grenzen der Anwendung des technischen Fortschritts innerhalb der kapitalistischen Produktionsverhältnisse auszuweisen, um die ökonomische Überlegenheit unserer Gesellschaftsordnung aufzuzeigen. Meines Erachtens sollten dazu auch die ökonomischen Lehrmeinungen, eben auch gerade die Wachstumsproblematik, genutzt werden, und zwar an Punkten, wo die bürgerlichen Ökonomen selbst Grenzen bewußt oder unbewußt setzen. Klatt versucht, die genannten, in eine bestimmte Systematik gebrachten Elemente in verschiedene Modellvarianten einzuordnen, um ihren Einfluß auf das Wachstum erkennen zu können. Er kommt zu der Schlußfolgerung, daß die dynamische Wirkung, d. h. die Neigung zu Neuerungen, stets größer ist bei freiem Zugang zu den Erfindungen, also bei sogenanntem vollkommenem Wettbewerb. Dieser führt sofort zu Neuerungen, Preissenkungen, Erhöhung der Produktion und Steigerung der Wachstumsraten. Bei Fehlen des Zugangs zu den Erfindungen erfolgt verzögertes Wachstum, ebenso dann, wenn die Erfindungen vorher übersehbar sind. Bei letzterem Zustand wird die Einführung der Erfindungen als Neuerungen so lange verzögert, bis sie profitsicher auf Grund der marktstrategischen Lage eingeführt werden, d. h. verzögertes Wachstum. Nach Klatt ist hier also der freie Zugang zu den Erfindungen - vollkommener Wettbewerb - am günstigsten. Dieser Zustand ist aber im heutigen staatsmonopolistischen Wettbewerb nicht mehr vorhanden. Die Monopole sperren einmal den Zugang für alle anderen zu bestimmten wichtigen Erfindungen. Sie allein können diese, wie anfangs erwähnt, überhaupt durchführen. Die Monopole können auch den Strom von Erfindungen in ihrem Monopol für einen gewissen Zeitraum voraussehen und entsprechend der marktstrategischen Lage profitsicher einsetzen. Das sind aber beides Bedingungen, die nach den Überlegungen Klatts zu verzögertem Wachstum führen, Bedingungen, die für den staatsmonopolistischen Kapitalismus typisch sind.

Dem Zugang zu den Erfindungen sollten in unserer sozialistischen Wirtschaft objektiv keine Grenzen gesetzt sein, um optimales Wachstum zu erreichen. Der freie Zugang zu den Erfindungen ist z. B. über die zentralgelenkte Forschung, zentrale Forschungslaboratorien u.ä. innerhalb der sozialistischen zentralen Planung, besonders den Plan Neue Technik, möglich.

www.ingramcontent.com/pod-product-compliance
Lightning Source LLC
LaVergne TN
LVHW081333011026
849161LV00013BB/2916